干部管理

八步法打造能打胜仗的干部队伍

张小峰　吴婷婷◎著

CADRE
MANAGEMENT

中国人民大学出版社
·北京·

干部管理铁三角：使命、责任与能力建设

在不确定的新时代，一个企业最大的危机、最大的威胁、最大的问题，我认为不是来自外部环境，更不是来自强大的竞争对手，而是来自内部；从内部来讲，又首先是来自干部。如果将企业组织视为一个有机体，企业家就是大脑，员工是手脚，干部则是承上启下的躯干，所以，“正确的路线确定之后，干部就是决定的因素”。干部缺乏使命感、激情衰竭，不愿意持续奋斗，是企业最大的危机；干部责任感缺失，是一个企业最大的威胁；干部不学习、职业能力滞后、领导力不足，是企业转型升级面临的最大问题。

企业最大的挑战就是干部，所以，干部管理才是一个企业人力资源管理的核心。我们经常讲，人力资源是企业的战略资源，但企业真正的战略性资源是干部。

很多人认为“干部”这个词很传统、陈旧，我认为它不是一个传统概念，也不是计划经济的产物，亦不是中国共产党的“专利”。“干部”一词最早来自法语“ cadres”，含义是组织中的骨骼系统，

是组织中的骨干；日语里也有“干部”这个词，是指组织之中的骨干分子。孙中山先生最早从日本将“干部”一词引入到国民党的组织建设中。1922 年 7 月，中国共产党第二次全国代表大会通过的党章中，首次使用了“干部”一词。干部是舶来词，但中国共产党赋予其全新的含义：干部是党的事业的骨干，是人民的公仆。

本书中的干部是狭义的概念，指企业的中高层管理者。干部稳，队伍就不会乱；干部团结，队伍就坚如磐石；干部有战斗力，带头冲锋陷阵，队伍就势不可当，就能持续打胜仗。

所以，在新时代，企业要以不变应万变，要以变应变，最重要的抓手就是干部队伍建设，而干部队伍建设最核心的要素有三项：使命、责任与能力。我将之称为干部队伍建设铁三角。

使命感：为组织激情而生

企业内在的激情、内在的活力来自人的使命感。也就是说，道不同不相为谋，卓越的组织首先是由共同信念者所组成，有共同的信念、共同的追求、共同的价值取向。信念可以令组织产生激情，人有信念、有追求，做事就会奋不顾身，有奉献精神，不为短期利益所困。人有了使命感，才能真正做到为了实现组织愿景与目标，竭尽全力，尽职尽责，持续奋斗。

华为公司将干部的使命和责任明确为：以文化和价值观为核心，管理价值创造、价值评价和价值分配，带领团队持续为客户创造价值，实现公司商业成功和长期生存。

使命感落实到干部管理行为上，主要包括四大方面：（1）践行和传承核心价值观，抓企业文化传承；（2）聚焦客户需求和客户价值实现，抓业务增长；（3）开展端对端业务流程建设和管理改进，抓效率提升；（4）均衡开展组织建设、队伍建设和团队运作，抓能力提升。

责任感：组织理性力量的来源

我认为，责任产生组织的理性（确保战略落地、方向正确），责任胜于能力，责任使得一个企业具有理性的力量。责任是企业的生命线；对于个人来讲，责任是其职业生涯的通行证。一个企业的员工都有对客户负责的责任心，企业所有的漏洞都会有人去补，那么这个企业是不容易被市场和客户抛弃的。另外，一个人只要有责任感，在任何地方都会有机会，职业生涯就会有前景。从这个角度讲，责任大于能力，责任成就卓越。

在一个企业的转型变革时期，干部如果不愿意担责，转型就难以成功。所以，中国企业最大的威胁是干部没有责任担当。中高层干部应该是负责任的表率，责任高于一切，要重塑责任体系。

能力建设：迎接全新挑战与机遇

我们说责任是价值创造的前提，能力是责任担当的基石。卓越的组织是由一批志同道合、具有职业意识和职业能力的人组成的，是由心怀责任、敢于担当的人组成的。卓越的组织需要卓越的能力和互补性的干部团队，在当今变化错综复杂的时代，中高层干部应具有以下能力。

洞察力

中高层干部承担着经营责任，因此应能够敏锐地洞察商业机遇、发展机会，尤其是在经济结构化转型时期，干部要有对市场机会和机遇的敏锐感知、对客户需求的洞察、对行业发展趋势的洞见。

决断能力

决断能力是一个干部责任感的体现，该拍板时能够拍板。干部在关键时刻要敢于决断，勇于拍板。企业发展到一定时期，干部往往变得唯唯诺诺，不像创业时那样有决断能力。今天，外部环境变化太快，干部如果不能抓住机遇，提高决策能力，机会就会稍纵即逝。

愿景与价值观影响力

在质变时代，在数字化与智能化时代，企业要以内在的确定性来应对外部的不确定性，而内在确定性来自回归初心，来自使命愿景，来自做好自己，需要靠文化价值观体系，用共同的价值理念、共同的使命愿景来引领企业方向，从而凝集员工力出一孔去实现组织的目标。国外将之称为愿景影响力，华为称为文化影响力。

任正非在一篇文章里说："战争打到一塌糊涂的时候，高级将领的作用是什么？就是要在看不清的茫茫黑暗中，用自己发出微光，带着你的队伍前进；就像希腊神话中的丹科一样把心拿出来燃烧，照亮后人前进的道路一样，越是在困难的时候，我们的高级干部就越要发出生命的微光，发挥主观能动性，鼓舞起队伍必胜信心，引领队伍走向胜利。"

华为的干部管理纲要里，第一条就是干部是文化的继承者和文化的影响者。我认为，很多企业的干部没有成为文化的影响者和文化的率先垂范者。一个企业的思想权和文化权是企业最大的管理权。企业需要重塑愿景影响力，需要有精神领袖进行思想的传递，才不至于在迷茫时期迷失方向，才能在混沌时期找到企业发展的道路。干部要用心来燃烧，每个干部的心都燃烧起来，这个企业一定是充满激情的，一定会正能量压倒负能量，从而能持续打胜仗。

跨界竞合力

数字时代，企业必须基于客户价值跨越产业边界、跨越企业边界去思考产品和服务的创新。企业和外部之间是开放的能量交换场，企业的产业链价值链之间也是相互交叉、相互交集的系统，企业的资金流、物流、金融流、人才流、信息流融为一体。在这样一个开放的有机的生态圈里，干部要能够跳出原专业领域、产业领域以及企业的局限，既要有跨界思维又要有跨界融合力与领导力。

未来企业之间不会仅仅是你死我活的竞争，而是走向合作、妥协和相互依存，在既竞争又合作中实现多赢，并共同维护竞争秩序。这要求企业干部既要有竞争意识又要有开放合作意识。

跨部门、跨职能合作能力

在产业互联网时代，特别要强调干部的跨部门合作能力。现在中国企业面临的一个很大的问题就是干部有团队领导能力，能带着自己的团队管好一块自留地，但要进行跨部门合作，聚集各个“诸侯”一起干点更大的事，就谁也不服谁，这就是跨部门合作能力不够的表现。

企业是内在协同体系，协同产生价值。产业互联网时代，组织作为网状系统，很多工作都是项目式的，总部是平台系统，为一线打仗提供支持服务，各个业务部门自动自发协同。这尤其需要干部具备跨部门、跨职能的合作能力，具有高度协同意识。

真实领导力

企业越是面临各种错综复杂的矛盾，越是要回归本位，坚守价值立场和价值底线，坚守内心道德诉求，做到言行一致。在大数据时代，人与人关系透明，要求干部与客户、顾客、内部员工等价值链上的各相关利益者建立透明的价值创造关系，把机制制度放在阳光下，在组织内部营造透明决策、民主决策的氛围，集聚群体智慧，激发组织内在活力，并能把握住节奏。干部职位越高，所占据的资源越大，若干部失控，则组织失控。

这就要求管理干部，一方面具有“灰度”驾驭能力，在混沌中找到方向，在黑白之间找到平衡点，驾驭内外部矛盾关系；另一方面具有道德力量，有道德修养，依靠道德而不是潜规则进行自我约束，施行阳光政策。干部要能够掌控自我，实现自我管理。

跨文化领导力

中国企业越来越国际化，如何应对多元化和国际化也是一个重要命题。企业如何把有不同信仰的人集聚在一起，如何与合作共事的外国人的思维方式和行为方式融合，这些是全新的挑战。这就对领导干部跨文化的沟通能力、跨文化的理解能力提出了全新要求。

干部稳则企业稳，干部强则企业强，组织最大的财富是干部队伍，干部队伍建设是组织能力建设的核心，“定方向、建组织、出干部”是企业可持续发展的根本保障。优秀的企业在干部管理方面有着成熟的做法。本书在总结大量优秀企业实践的基础上，系统地构建了干部管理体系，为企业开展干部队伍建设提供了先进的理念和可操作性的方法，是企业家和人力资源从业者不可多得的教练书。

受张小峰等新生代厚爱，草就拙文为序，以期为本书的出版摇旗呐喊，让更多的企业家及人力资源从业者更加重视和关注干部这个决定企业战略成功的核心要素。

彭剑锋

中国人民大学教授

《华为基本法》起草小组组长

华夏基石管理咨询集团董事长

前言

干部管理十大误区

中国历来重视干部队伍建设，“为政之要，惟在得人”“育材造士，为国之本”。毛泽东同志讲“正确的路线确定之后，干部就是决定的因素”，干部对于一个国家、一个组织的发展具有战略性意义。习近平总书记指出，一个国家能不能不断培养出优秀领导人才，在很大程度上决定着这个国家的兴衰存亡，必须努力造就一支忠诚干净担当的高素质干部队伍。

从军队到政府，从政府到企业，“干部”越来越受到业界的重视。2018 年可以称为企业界的“干部元年”，不单单来自华为、小米、美团和阿里巴巴的声音，更来自华夏基石咨询团队的实战感知。

2018 年 7 月，任正非在华为总裁办邮件中明确指出：把原来在人力资源部具体管人的权限拿出来，设立一个总干部部。总干部部本身是要管人的，管全局范围协调干部队伍，管跨领域成长、流动，管干部能力成长，管干部的后备平衡体系。未来华为将有人力资源体系和总干部部体系两个系统。

无独有偶，2018 年 9 月，雷军在小米上市不久也发出内部邮件，宣布小米最新的组织架构调整和人事任命：新设集团组织部和参谋部，其中组织部将负责中高层管理干部的聘用、升迁、培训和考核激励。组织部和参谋部的设立符合雷军所说的："没有老兵，没有传承。没有新军，没有未来。让每一个有能力、有抱负、有冲劲、敢担当的年轻人，都能在战争中学习战斗，在战斗中快速成长。"

时光再向前推移，有百度、京东将人力资源体系打造为新三支柱，主要负责"组织、干部和文化"体系建设，再早些有阿里巴巴的政委体系，让"支部建在连队上"，通过政委＋组织部的方式，打造了一支阿里铁军。不管是什么样的企业，这些案例都表明在组织中"干部"的价值和意义越来越大。

干部是谁？华为提出干部是业务发展与组织建设的火车头，担负着发展业务、构建组织、带领与激励团队的使命与责任。阿里巴巴要求每一位干部都兼具眼光、胸怀和实力，保持高昂的工作热情，忠诚于公司的发展目标，努力实现高绩效。

时代在变，对干部的要求也在变，在这样的转型变革时期，干部要转型升级，就要做到以下几点：

● 使命驱动，拥有持续奋斗的精神，自我驱动不懈怠，永葆事业激情。

● 有超强的战略执行力，进行战略解码，明确战略责任，实现战略目标。

● 有敏锐的商业洞察力，坚持客户导向，不官僚，不形式主义，爱兵不媚上。

● 有开放包容的胸怀，善于发现并培养人才，带领队伍不断创造高绩效。

● 有自我批判的品格，勇于担当的风格，善于学习，挑战自我。

干部作为组织的第一战略资源，同时也是组织最大的威胁源。可以说，组织最大的危机，来自干部缺乏使命感，激情衰竭，不愿持续奋斗；组织最大的威胁，来自干部责任感的缺失，怯担责，不履责，不作为，官僚主义，远离市场与客户；组织最大的挑战，来自干部不学习，职业能力滞后，领导力不足，难以自我超越。

改革开放四十多年，中国经济步入深水区，不进则退。当前国企、民企均面临干部队伍的一系列问题，例如干部无信念和理想追求，事业激情衰竭；安于现状，不愿意持续艰苦奋斗，不敢提出更高的挑战性目标；占着位子，拿着票子，混着日子；居功自傲，个人大于组织；不学习，无法自我超越；立山头，拉帮结派，以权谋私，更有甚者，不认同组织核心价值观，成为公司的负能量场。这些干部队伍中的普遍现象，正在严重侵蚀组织，影响组织的进一步发展。

干部面临问题，干部管理和队伍建设同样面临问题。继阿里巴巴马云、百度张亚勤宣布退休后，腾讯也开始倡导“退休文化”，越来越多的企业开始思考干部的新老交接和升级换代，希望通过一支更有活力、更有激情、更有动力的干部队伍来迎接外部挑战。

然而，很多企业在干部日常管理中仍然存在诸多误区和困惑，不仅影响了干部管理和队伍建设的成效，同时也影响了企业的长期可持续发展。具体而言，主要有如下几点。

第一，干部、干部管理、干部队伍建设概念不清晰，混为一谈。

“干部”一词来源于法语，民国时期经日语传播至国内。日语中，“干部”即骨干部分，指国家机关、军队、人民团体中的公职人员以及担任一定的领导工作或管理工作的人员。20 世纪初，“干部”一词被孙中山、毛泽东等频繁使用。1922 年 7 月，中国共产党第二次全国代表大会制定的党章中，首次使用了“干部”一词。从此以后，在中国共产党和国家机关、军队、人民团体、科学文化部门和企事业单位中担任一定公职的人员都称为干部。随着华为、阿里巴巴、小米的推崇，“干部”逐渐从国有企业引入民营企业。在管理体系中，企业中的干部管理主要包括角色定义、履行责任、能力标准等方面。

干部管理，是指针对干部群体，利用选用育留的人力资源管理理念，通过干部盘点、干部规划、干部选拔、干部任用、干部培养、干部评价、干部激励、干部退出等八大步骤，构建有针对性的管理体系，有效激励干部、激活干部。所以，干部管理是机制，是体系，是具体的管理措施和方法，不因人而异，有其自身的运行逻辑。干部管理八步法让各个机制之间协同联动、环环相扣，激发干部创造价值。

干部队伍建设，就是解决组织用人需求的问题。面向未来，基于企业的战略目标、业务结构、竞争策略、核心能力，以组织的需求为目标，不断去寻找干部队伍现状与理想状态之间的差距，构建并动态运行规划、选、用、育、考、留、退的循环，高效配置，有的放矢。干部队伍建设要针对不同层级，建立层层后备的人才队伍体系，通过分层分类的干部队伍规划与培养，打造企业内部干部发展链和干部成长链。

由于概念不清，国内企业常常热衷于领导力模型，其本质上只是干部管理的基础，主要用于明确企业内部干部标准，便于提升干部能力。还有些企业认为提出正确的领导力标准并据此培养干部便可万事大吉。但能力不意味着一定能创造价值，没有组织平台，没有管理机制，没有人才队伍，领导力模型犹如无根之木，空中楼阁。

因此，打造有效的干部管理体系，首先要区分干部、干部管理、干部队伍建设的概念和内涵，并基于不同体系，制定有针对性的管理措施。

第二，有理念有做法，点状发力，缺乏系统性思考。

中国企业不缺好的理念与做法，但理念没有落到制度与体系建设上，只会成为空谈，成为特殊性、临时性、个别性应对，无法形成稳定规则。

企业经常出现“头疼医头，脚疼医脚”的现象，点状发力，缺乏合力，不断基于问题“打补丁”，看似有一系列的管理措施，实则因为缺乏系统规划，不仅成效不大，甚至“相互打架”。

有些企业在干部队伍建设上关注了选拔，忽略了培养，认为选好人就可以一劳永逸，甚至单纯靠外部挖人解决干部用人需求，缺乏人才内生机制。

管理是一种权力，更是一种责任，因此，要真正激发干部的主体责任意识，让工作成为最大的回报。目前企业的做法过度依靠金钱调动干部积极性，随着物质激励的边际效用递减，干部内驱力会越来越弱。

干部管理中缺乏客观公正的评价机制，干部奖金的高低完全没有依据，全凭老板一张嘴，导致薪酬资源到账不到心。有些企业为避免评价不公正，大搞平均主义，直接损害干部群体的奋斗意愿。

因此，干部管理最终需要回归到制度管理和体系建设，用对干部，用好干部，用活干部。依靠机制的合力而非一时的理念或个别的领导，才能用制度的稳定性、权威性、长期性确保干部管理成效。

第三，干部档案常缺失，干部盘点走形式，干部规划拍脑袋。

部分企业缺乏定期盘点机制，对队伍整体情况没有全面了解，在提拔干部时对其过往知之甚少。有些企业没有干部档案的概念，缺少基本的干部信息，没有认真记录工作履历、考核、价值观践行、奖励、培养、性格特质等情况。

华为公司人力资源部会定期收集员工在工作中的绩效数据，人才管理部对每个干部的能力，比如决断力、商业洞察、战略风险承担等方面进行综合评估，党委会对商业违规事件进行调查。人力资源部每月把这些数据提供给行政决策团队，每月针对干部选拔召开例会，查找岗位空缺，盘点干部能力绩效，选拔干部到对应岗位。

华夏基石在常年咨询与调研中发现，多数企业的干部盘点沦为形式，甚至没有干部盘点机制。企业常常将述职和考核当作盘点工具，完全失去了对干部队伍的实时了解和掌控。

盘点的目的在于掌握企业当下及未来的用人需求、干部队伍的全貌，寻找差距，进而提出有针对性的干部工作规划和使用建议。缺少了盘点，企业的干部规划就真的是“拍脑袋”了。

干部管理缺乏规划也是一个问题，多数企业缺乏面向未来的干部队伍数量、结构、能力规划，缺乏面向未来的干部能力发展规划。

当然，档案、盘点和规划误区与企业中人力资源角色转型有关，大部分企业的人力资源陷入当下的事务性工作，难以思考未来的发展。我们建议企业在干部管理中首先要建立完善的干部档案，并实现电子化、信息化、动态化、数字化，同时基于干部现状和组织需求之间的差距加强盘点，思考未来的业务规模和业务结构下干部队伍的排兵布阵，确定数量 - 质量 - 结构方面的规划，并为后续的管理机制导入奠定基础。

第四，干部选拔中难以有效平衡人治与法治。

干部选拔的方式有多种，如竞聘、选聘、委任、双选。很多企业采取双选和委任的方式，便捷高效。但是这种选拔方式大多关注当期业绩，忽略长期潜能。由用人部门一把手推选，虽然便于发现人才，但主观意识强，且极易形成裙带和山头，不利于后续的组织协同。

大部分企业依靠领导识别人才，这种方式对处于初创期的中小企业是适用的，但随着企业发展、规模扩大，领导识人的弊端会越来越大。

● 管理幅度有限，领导不可能有精力深入了解所有人，不利于发掘高潜质人才，也不利于多元干部队伍建设。

● 主观选拔，对评委要求极高，存在领导者个人主观偏见，晕轮效应、近因效应等使领导识人的准确性下降，难以选拔出优秀人才，甚至出现“老好人/任人唯亲/刻板印象”等。

● 权力过分集中，容易造成媚上，一旦领导完全掌握用人权，将诱发员工表演的可能性，被赏识的可能是会表现的人，“交际大师”走上干部职位，强化官本位。

● 群体强化，少数人决定多数人的命运，裙带关系林立，企业公权变为私权，导致山头主义和圈子文化。

华为在选拔干部时，坚持三权分立方式，三权即建议权、评议权和否决权。准确地说，应该称为建议权和建议否决权、评议权和审核权、否决权和弹劾权。建议权由负责直接管辖的组织行使，评议权由华为大学行使，审核权由代表日常行政管辖的上级组织（有建议权的组织的上级部门）行使，党委在干部选拔任命的过程中行使否决权，在干部日常管理过程中行使弹劾权。

这样就明确了干部选拔过程中由谁提名，由谁发起建议，怎样提出建议，由谁进行审核评议，谁可以提出否决意见。让三大权力分别由不同的组织行使，相互制衡，避免干部选拔一言堂。

同时，在选拔过程中要坚持综合能力评价，业绩是考察干部的主要因素，但不是决定因素，尤其在面向未来的用人需求时不能忽视潜力的考察，业绩代表过去，潜力代表未来创造价值的可能。

选拔干部，应当在绩效的基础上同步考察核心价值观、能力、品德。

- 绩效是必要条件和分水岭。只有业绩领先团队中的业绩领先者可以被提拔。
- 核心价值观是基础，挑选干部的时候必须着力选拔那些在核心价值观方面与企业同心同德的人。
- 潜能是关键成功要素，干部必须有较高的基础素质和能力。高层干部必须强调决断力，如果方向失误将全盘皆输。中层干部必须强调理解力，以上接战略和下接执行。基层干部必须强调执行力，如果执行出了问题，所有战略都是空中楼阁。
- 不符合品德要求的干部必须实行一票否决。品德更多地侧重于对商业行为准则的遵从，干部必须杜绝贪污、腐败、拉帮结派。

仅仅依靠干部标准和选拔措施是不够的，干部管理的主要任务是建立一个人才辈出的机制，并维持机制的良好运行。给每一位候选人同样的竞争机会，在统一的规则下，能者上，平者让，庸者下，赛马不相马，让快马脱颖而出，让慢马受到鞭策。

赛马机制就是将外部的市场竞争压力无阻碍地传导到企业内部，市场竞争是残酷的，商场如战场，干部一旦远离市场、远离客户、远离一线员工，将给企业埋下致命隐患。此外，要建立压担子、自我批判、末位淘汰、吐故纳新的竞争及退出机制，有效传导竞争压力。海尔总裁张瑞敏曾就干部必须接受监督制约提出，“用人不疑，疑人不用”在市场经济条件下是导致干部放纵自己的理论温床。通过赛马赛出了人才就用，但用人不能不监督。封建社会靠道德力量约束人，如忠义、士为知己者死，市场经济则靠法制力量，目前企业的制度还不够健全，需要强化监督、制约制度。“无法不可以治国，有章才可成方圆”，越是有成材苗头的干部，越是贡献突出的干部，越是委以重任的干部，越要加强监督和管理。

当然，严格按照程序和标准选拔干部，可能适用于专业技术干部和通用性管理干部，对于专家级人才、市场突围性人才和企业家人才没有太大的作用。华为在 2016 年摆脱常规的干部选拔程序，由董事会成员直接推举 50 名优秀青年人才进入干部队伍。针对牛人和人物，要摆脱条条框框，避免按图索骥式的核心干部选拔。

由此可见，对于干部选拔，首先要“法治”，有标准，有规则，有程序，这样才能保证干部选拔的规则导向，让员工知道如何能够成为干部，提高工作的主动性和责任心。但是对于顶尖技术人才、市场突围性人才、准企业家，就要摆脱规则，不拘一格降人才。

第五，干部任用终身制，缺少可上可下 / 可再上可再下机制。

现在很多企业施行干部任期制，周期从两年到五年不等，然而，缺少可上可下的机制，加之绩效考核不到位，极有可能造成干部任用终身制，形成干部队伍的“堰塞湖”。

一旦出现干部任用终身制，必然出现论资排辈，占位平庸，职务能升不能降、待遇能高不能低的问题。追根溯源还是观念落后、出口不畅、机制僵化。如果庸者不能下，能者就不能上，最后牺牲的是企业与集体的利益。

干部退出不畅导致的弊端显而易见：公权容易被部分人垄断为

私权，导致以权谋私、山头派系林立；干部队伍老化，思想僵化，改革成为空谈，最后错失市场机会而面临淘汰出局风险；无退出则无压力，无压力则易怠惰，滋生享乐主义，丧失奋斗激情；干部职位有限，部分人占着位置不作为，导致优秀的年轻人晋升无望愤然离去。

华为实行非常严格的干部末位淘汰机制，每年同一系统同一层级的干部按绩效排队，排在后面的 10% 要换掉，这就是一种机制的压力。

大部分企业干部管理没有解决退出问题，导致干部任用终身制，也有部分企业过分关注干部退出，定期有排名，次次要淘汰，但是没有上升机制，导致干部弄虚作假，关注眼前业绩，忽略长期价值，在任时一片风光，卸任后千疮百孔。此外，业绩好坏也容易受到外部环境和组织能力的影响，如果没有“再上”的机制，就可能错杀优秀人才。所以，仅仅关注退出机制还不够，要真正建立干部能上能下、能再上能再下的机制。让在位的干部有上升通道，有淘汰压力，同时让淘汰的干部有再次发光发热的机会，真正构建起干部活水工程。

华为就强调“烧不死的鸟是凤凰”，鼓励不断给予干部机会，合理试错，充分评估干部。

总之，干部任用和退出机制的建立是一个系统工程，需营造文化氛围，给足机会，明确规则和业绩标准，公正评价，一视同仁，最后实现干部队伍有进有出，可上可下，可再上可再下，始终充满活力。

第六，干部成长有培训无培养，角色错位，能力滞后。

不得不承认，企业中多数干部的能力还有较大的提升空间。许多干部尚未实现角色转型，仍以“销售员”“工程师”“专家”的角色在思考问题，带着极强的个人色彩开展工作。有的干部缺乏基本的管理技能，行业及业务洞察、客户需求及技术趋势把握等方面的综合素养也不够，选拔后难以胜任。

在干部培养方面，企业大多有基于领导力模型开发的培训课程，但仅有课程培训是不够的。干部队伍的角色转型和能力升级，需要系统化的培养体系。要通过商业驱动力与盈利模式的梳理，提出相应的领导力模型，结合商业驱动力层面的战略要求和干部盘点后的个人现状，明确能力差距，然后采取有针对性的培养措施。培养措施非常丰富，包括培训、自学、进修、小组学习、考察学习、岗位实践、导师制、轮岗、项目历练、行动学习等方式。

大多数企业在培养干部时容易走入以下误区：

- 没有领导力模型，干部培养没有计划，常常为组织不需要的能力额外付费，浪费精力和成本。
- 缺乏差距对标分析，没有个性化能力提升方案，采取“上大课”“随大流”的培养方式，难以达到理想效果。
- 培养方式单一，缺乏系统思考，大多停留在课程培训层面，较少采用行动学习、导师制、轮岗等方式，理论和实践难以有效结合，培养了一群纸上谈兵的干部。

经过多年实践，我们认为干部培养方式可以着重聚焦以下四种：

课程学习、行动学习、导师制和轮岗。

● 课程学习。目的在于提升专业化能力，弥补干部专业知识和技能层面的不足，解决专业化的问题。

● 行动学习。可以提升干部解决问题的能力，提升系统性思考和经营管理复合型能力，有利于打造多元化、复合型干部队伍。

● 导师制。对于导师而言，可以提升对问题的掌控力并改进领导风格，通过传授经验，进行个性、领导能力和管理风格方面的辅导，有利于优化自身的管理方式，提升领导能力；对于学员而言，配置行政导师和业务导师，不仅有利于增强日常工作能力，更有利于内部组织稳定。

● 轮岗。通过增加跨行业、跨部门工作经验，接受挑战性工作任务，可以丰富干部的职业经历，提升全局工作管控能力，也可以有效激发干部释放潜能，有助于企业挖掘高潜力、高驱动、高价值干部。

第七，干部考核过于关注业绩，忽略潜能和价值观。

绩效管理模式盛行已久，多数企业内部形成了较完善的绩效管理模式，但是针对干部的绩效考核仍然存在一些误区，比如：

● 过于关注业绩，忽略潜能和价值观。

● 组织业绩和干部个人业绩的关联性不够或区分度不高，难以有效评价。

● 干部队伍考核下紧上松，高层级干部缺乏使命感和责任感，躺在功劳簿上混饭吃。

- 绩效考核沦为形式，指标不合理，结果不公正，应用不充分。
- 考核关注当期业绩，忽视长期绩效价值。

评价干部，应当在考核绩效的基础上同步考察核心价值观、能力、品德。

任命干部时，要签订业绩责任合同，一般包括任期业绩责任合同和年度业绩责任合同。任期合同决定任期满后的去留，年度合同决定奖金的多少和基薪的调整。

在价值观考核层面，要开展干部的价值观自评和他评，并通过反思与总结，提升价值观契合度，让符合企业价值观的干部陪伴式发展。

此外，培训积分、导师培养任务考核、行动学习等也要纳入干部考核。华为针对干部有严格的知识和能力标准，不符合能力评议的，没有经过培训积分认证的，将缺少更高层次的升迁和发展机会。

在进行业绩评价时，根据不同层级的干部，要区分企业层面和部门层面的业绩，同时要区分业绩指标、管理指标、任务指标等短期和中长期价值指标，真正有效、合理、公正、动态地评价干部。

第八，过分强调物质激励，忽略工作认可和职业发展。

干部激励中普遍存在薪酬结构单一、非货币化激励不足、缺乏长期性分享薪酬的问题。单一物质激励存在边际效用递减效应，要长期调动干部积极性，必须建立多元、全面的激励体系，使薪酬激励效用最大化，将物质激励与精神激励相结合、短期激励与中长期激励相结合，灵活运用多种激励手段，构建全面激励体系。

物质激励优先向管理者倾斜，精神激励常态化，工作上给责任、给权力、给机会，并配套多种管理者能力培养和发展措施。

● 发展激励：进入干部序列，就有机会从基层升到中层，从中层升到高层。

● 物质激励：除工资奖金外，可以配套专项福利、津补贴、利润分享、任期奖励、分红、股份等多种形式。

● 文化激励：塑造干部承载发展的文化，激发干部使命感和责任感，淡化权力观念，让干部得到更多尊重和认可。

● 目标激励：合理设定目标，配套资源保障，让干部带队达成工作结果，鼓舞士气，实现自我超越。

● 关怀激励：针对干部设计关怀项目，在住房、医疗、子女成长、老人照顾等方面给予支持。

不过，任何外在的激励因素都是次要的，而且是边际效用递减的。干部激励就是要树立标杆，引导氛围，让干部转变角色认知，肩负使命，履行职责。同时，要让工作本身、责任感、团队发展、目标达到等成为干部最大的激励因素。

第九，干部退出通道不畅，方式单一。

打破干部任用终身制，就要将干部评价和干部退出真正结合起来。目前有的企业没有退出机制，有的企业退出方式过于单一，强制色彩浓厚，常常导致“退出一个干部，培养一个对手”，所以干部退出通道要明确，而且要增加多种方式和手段。完善退出机制，畅通干部出口，能推动干部队伍新陈代谢，有效防止消极惰怠，防止干部队伍能力退化和思想僵化，同时也可以有效打破圈子文化，增强队伍活力，打造高效干部队伍。

经过多年总结，我们认为干部退出主要有以下几种方式。

- 考核罚退：年度和任期考核不达标的干部，要进行末位淘汰。
- 期满轮换：同一岗位连续任职多年的进行轮换，退出当前职位。
- 问责强退：出现重大事故或造成重大影响，启动问责，强制退出。
- 价值观 / 红线退出：价值观评价不合格或有触犯红线行为，直接退出干部队伍。
- 到龄退出：鼓励干部队伍年轻化，到龄触发退出机制。
- 自愿选退：自身提出退出申请，合理安置。

需要注意的是，干部退出是退出岗位，不是退出公司；干部退出不单单是公司机制，也可以是干部自发行为。

所以，对于公司要求退出岗位的干部，要给机会，加以培养，鼓励其再次胜任；对于自愿退出的干部，要给足面子，提供配套政策，实现“台上风光，台下舒坦”。

第十，只关注现役干部队伍，忽视后备干部队伍建设。

后备干部队伍建设直接影响企业干部选拔的有效性，关系到不胜任的干部下了之后有无替代人选，业务扩张之后是否有人可用，同时对干部的事业发展积极性有极大调动作用。但许多企业只顾低头走路，不管抬头看天，或者缺乏后备机制，或者在后备机制上存在诸多问题：

●备而不管：建立了后备机制，但偏重于选拔，缺乏对后备干部有计划、有针对性的培养。

●备而不变：后备干部机制不能动态管理，人员有进无出，导致企业资源浪费。

●备而不用：检视后备梯队是否成功，主要看是否将其培养为具备胜任能力的成熟干部，后备干部是否得到任用。由于缺乏用人规划、缺乏后备池清零机制，部分后备干部长期得不到提拔任用，积极性受到打击，人才流失风险加大。

建立后备干部梯队，就是完善后备干部队伍及继任计划，当干部岗位空缺时，能够快速有效地选拔候选人；后备体系的建立令干部对未来的发展更有方向感，有利于干部发展和成长；干部退出机制也需要后备队伍的配套，否则后继无人，绩效考核和退出机制沦为形式。

企业在建立后备机制时，要完善干部梯队，让次一层级的优秀者成为现级的后备，同时实现后备池的动态更新，为高效选拔奠定基础。

建立后备机制，就是要打造企业干部人才辈出的机制，通过公平、公正、透明的竞争规则，给机会，给平台，让优秀干部能够脱颖而出。

当然，建设后备干部队伍也要关注选拔、培养和激励考核，要和常规干部一视同仁，甚至要加责任，加担子，促进人才快速成长。

面临新的多变环境，企业除了后备梯队以外，还需要建立青年干部快速发展通道，通过公开选拔、训战结合、定期淘汰和轮换等方式，真正让青年干部脱颖而出，实现干部队伍年轻化。

当然，不同行业不同企业的场景不同，干部管理各有差异。总之，干部作为组织核心人力资源，肩负着传承组织文化、承载组织战略、带队伍培养人才的重要使命与责任，构建系统的干部管理体系是打造组织能力、激活人才队伍的关键抓手，准确认识干部管理误区才能着手构建一套科学规范且行之有效的干部管理体系。

基于此，华夏基石提出干部管理三部曲和干部管理八步法。所谓三部曲，即明确干部、干部管理和干部队伍建设，通过干部夯实基础，通过干部管理构建机制，通过干部队伍建设打造一支高效能干部团队。干部管理八步法，则通过干部盘点、干部规划、干部选拔、干部任用、干部培养、干部评价、干部激励、干部退出等八大环节，系统构建各层级各类型干部的全生命周期管理模式，真正实现干部管理提升干部活力，干部管理推动干部成长，干部管理引领干部发展，让每一家企业都能够打造一支素质优良、敢想敢拼、高效作战、自我超越的干部队伍。

感谢导师彭剑锋教授对本书的悉心指导和鼎力支持。感谢章扬、殷超、张泽宇、王晓阳、梁思凡、王涛、傅飞强、潘鹏飞、白光林等人对本书资料搜集和分享的极大支持。

目录

第九章
干部任用：疑人要用，用人要疑

第十章
干部培养：训战结合，突破自我

第十一章
干部评价：德能勤绩廉全面评价

第一篇

干部

时代一直在发展，农业时代、工业时代、信息时代、数字时代，一代代的历史脉络中，总是有独属于时代的一些特征，也催生了无数的管理理论和典型实践。

管理升级，从来不是一蹴而就的，总是在“进两步，退一步”的进程中螺旋式发展。不过也不用担心，当火车发动起来的时候，各个要素都会找到自己的位置。

“火车跑得快，全靠车头带”，商业企业的管理升级还要依靠以企业家带头的干部队伍身体力行、率先垂范。这是干部队伍的使命责任，更是干部队伍的远大追求。

让我们从“干部”的定义出发，一同走进干部的世界。

// 第一章 //

干部：关键的少数

关于干部的重要性，经常被引用的一句话是毛泽东讲的“正确的路线确定之后，干部就是决定的因素”。这一具有中国特色的组织智慧不仅在中国共产党的建设过程中具有非凡意义，在中国的社会管理和企业管理中也发挥着重要作用。

不仅是国有企业，华为、阿里巴巴等民营企业也将干部管理作为重要的组织方式。在华为的人力资源管理体系建设中，干部政策、干部管理一直是重要组成部分。2018 年，华为更是将干部管理从人力资源管理体系中单拎出来，成立了“总干部部”。

不过，我们在咨询实践中却发现，尽管不少人认同干部队伍建设、干部管理的重要性，但对于干部的定义不尽相同。在党政机关事业单位中，干部一般和职务、职称相关，在企业里，干部一般是指管理者、经理人。那么，在这些不同称谓的背后，在中国的管理场景中，究竟是如何定义干部的？在企业转型升级过程中，干部应该扮演什么角色，履行什么职能，发挥什么作用？这些值得大家深入思考，所以在本书中，我们首先从干部的定义开始讨论。

一、什么是干部

“干部”一词最早源自法语“ cadres”，为外来谐音词，意为框架、骨干。后被日本引进，主要含义是组织的骨骼系统、骨干分子。这一概念在 20 世纪初被孙中山引入国民党，也是指组织中的骨干分子、中坚分子。这也是“干部”一词在中国最早的使用。

1922 年，中国共产党第二次全国代表大会正式将“干部”一词写进了决议和党章。党的十二大以后，正式对干部做了定义，即“干部是人民的公仆，是革命的中坚力量”，并明确在机关企事业单位，中专以上学历的纳入干部序列，在部队里排级以上算作干部。

随着时代的发展，干部的词义不断扩展，中国共产党和国家机关、军队、人民团体等部门和企事业单位中担任一定管理职务的人员都称为干部，意即带队伍、培养人才者，团队的领导者，企业的管理者。通俗一点讲，有职务的才是干部。

随着华为、阿里巴巴、小米、美团等民营巨头对干部群体的关注，在数字时代，干部的定义更宽泛了，指的是企业中的骨干分子，包括管理者、技术创新者和具有特殊技能的专家人才。

因此，我们认为，在组织中从事管理工作的，能够带领队伍促进企业发展的核心人才和关键成员，都应该算作干部。干部要抛弃过去的职务属性，变为组织中的核心人才。骨干人才也应该属于大干部概念的范畴。

二、干部：骨干部分

组织中的关键成员、从事管理工作、需要带队伍等都是对干部的重要定义，与此相关的还有管理者、领导者、经理人等概念，对这几个概念的内涵、来源加以明确，能帮助我们更深刻地理解干部是什么，为什么在中国的语境下要强调使用干部一词。

1. 管理者

管理是分工和组织的手段，管理工作由来已久，自从有了人类集体劳动就产生了管理。管理者是指在组织中直接参与和帮助他人工作的人，是履行管理职责的人。

管理者通过其地位和知识，对组织负有贡献的责任，因而能够实质性地影响组织经营及达成成果。

管理者必须对组织的结果负责，而不仅仅是监督指导，与管理者相对应的是非管理者。管理者是对从事管理工作的人的较为中性的统称。

由此可见，管理者更多的是能够促成组织实现目标的人，多以关注事为主，而干部除此之外，还要关注组织中的文化和人才队伍。

2. 领导者

领导的含义有两个：一个是领先，表现出众；另一个是引领其他人，成为一个组织团队的首领，是团队组织的决策者，决定组织的各项事务。

领导者指的是能够实现领导职能的人，是具有领导力的人。晋升到一个管理岗位不会自动产生一名领导者，大部分企业管理者，甚至董事长和首席执行官也不一定是好的领导者。

领导者要想有效地行使领导职能，仅靠制度化的、法定的权力是远远不够的，必须拥有令人信服和遵从的高度权威，才能对下属产生巨大的感召力和潜移默化的影响力。

领导者的概念更加强调在不确定的环境下带领团队取得突破的能力，而管理者更倾向于在确定的环境中按照确定的方法，以高效率的方式实现既定的目标。简而言之，管理者不一定能够成为真正的领导者，而领导者一定能够成为管理者。管理者与领导者的区别详见表 1-1。

表 1-1 管理者与领导者的区别

维度	管理者	领导者
对目标	计划和预算	确定方向
对组织	集聚和配备人员	协调目标、思想与行动一致
对员工	控制和解决问题	愿景感召与目标激励
对环境	保持有序和可预见性	洞察未来，促进变革

由此不难看出，领导者是干部中的佼佼者，是干部队伍的领头羊和启明星。

3. 经理人

职业经理人是一种职业，指在一个所有权、法人财产权和经营权分离的企业中承担法人财产的保值增值责任，全面负责企业经营管理，对法人财产拥有经营权和管理权。

经理人将经营管理工作作为长期职业，具备一定职业素质和职业能力，由企业在职业经理人市场中挑选，予以聘任和使用。

“职业经理人”一词引入我国后，在国企及部分地方政府得到了快速应用。在华润集团、中粮集团、中化集团和深圳公务员中成功实践后，职业经理人的概念得到越来越广泛的应用。

职业经理人是管理者群体中的优秀部分，是干部的头部群体，优秀的职业经理人有机会成为一名领导者。

4. 干部的定义

通过以上比较不难发现，干部是区别于管理者、领导者、经理人的独特概念。干部是在组织中担任一定管理工作的核心人才，履行计划、组织、沟通、协调、控制和激励职能；同时也要具备经营能力及管理能力，对组织绩效、个人绩效、员工绩效负责；除了要实现组织绩效目标之外，还要在企业文化的传承、人才队伍的培养、企业的可持续发展等方面贡献价值。

干部作为组织中的关键成员，对战略的实现起着决定性作用，而干部群体本身具有与其他员工群体相区别的特质，因此需要建立专门的管理体系以发挥其作用，包括选、用、育、考、留、退各个环节及其管理机制。

数字时代，企业确定了正确路线以后，干部才是决定因素。干部是一个企业经受外部风险和应对不确定性的压舱石。干部队伍团结稳定、清正廉洁、有凝聚力、有奋斗精神，就能带领企业员工去奋斗。因此，未来的人力资源管理中干部的作用会越来越大。

// 第二章 //

干部角色：自我与组织发展

提及干部的角色，多数读者不太容易理解。方便起见，我们先从“角色”和“管理者角色”的概念出发，帮助大家思考一下，干部应该是什么样的角色定位。

“角色”最初由拉丁语“rotula”派生出来，一直是戏剧舞台中的用语，指演员在舞台上按照剧本的规定所扮演的某一特定人物。当发现舞台上的戏剧是人类现实社会的缩影时，“角色”这一概念被行为科学借用过来。

一、管理者的十种角色

众所周知，管理包括计划、组织、指挥、协调、控制，但是作为管理者，很难界定需要协调什么，协调性的工作占比多少。所以，明茨伯格主张从管理者的角色来定义管理者应该履行的管理职能。

明茨伯格在《管理工作的本质》中指出，角色就是属于一定职责或者地位的一套有条理的行为。他将管理者的工作分为3大类10种角色（见表2-1）。3大类为人际关系方面的角色、信息传递方面的角色和决策制定方面的角色。在10种角色中，有3种直接来源于正式的权力，并涉及基本的人际关系，分别为名义领袖、领导者、联络者。管理者作为组织中的神经中枢，涉及3种角色，分别为监控者、信息传播者、发言人。当然信息本身并不是终结点，信息是决策制定的基本前提，决策制定方面的角色包括4种，即创业者、危机处理者、资源分配者和谈判者。

表2-1 管理者的10种角色

角色	描述	特征活动
人际关系方面		
名义领袖	象征性的首脑，必须履行许多法律性或社会性的例行义务	迎接来访者，签署法律文件
领导者	负责激励和动员下属，负责人员配备、培训和交往的职责	实际上从事所有的有下级参与的活动
联络者	维护自行发展起来的外部接触和联系网络，向人们提供恩惠和信息	发感谢信，从事外部委员会工作，从事其他有外部人员参加的活动
信息传递方面		
监控者	寻求和获取各种特定的信息（其中许多是即时的），以便透彻地了解组织与环境	阅读期刊和报告，保持私人接触，作为组织内部和外部信息的神经中枢
信息传播者	将从外部人员和下级那里获得的信息传递给组织的其他成员——有些是关于事实的信息，有些是解释和综合组织中有影响的各种价值观	举行信息交流会，用打电话的方式传递信息

发言人	向外界发布有关组织的计划、政策、行动结果等信息；作为组织所在产业方面的专家	召开董事会会议，向媒体发布信息
决策制定方面		
创业者	寻求组织和环境中的机会，制定改进方案以发起变革，监督这些方案的策划	制定战略，检查会议决策执行情况，开发新项目
危机处理者	当组织面临重大的、意外的危机时，负责采取补救行动	制定战略，检查陷入混乱和危机之时的情况
资源分配者	负责分配组织的各种资源——事实上是批准所有重要的组织决策	调度、询问、授权，从事涉及预算的各种活动和安排下级的工作
谈判者	在主要的谈判中作为组织的代表	参与工会进行合同谈判

二、干部的角色划分

从管理的视角来看，干部应该扮演五种角色。

一是自我管理者。干部首先要学会自我管理，而且自我管理的要求要远远高于员工，要能够践行组织对干部的职责要求。

二是文化管理者。干部对组织文化的传承与实现团队绩效目标同样重要。

三是团队管理者。干部要带队伍，要对团队负责，能够激发激活团队。

四是协作管理者。干部既要有部门内部的协作，还要有部门外部的协作。

五是绩效管理者。干部层面不发挥协调作用，单纯依靠流程和部门间的运转是不可能实现绩效目标的。

按管理者的层级，可以将干部分为高层、中层、基层三个层级（见图 2－1），分别承担企业领导者、经营管理者、业务执行与监督者的角色。

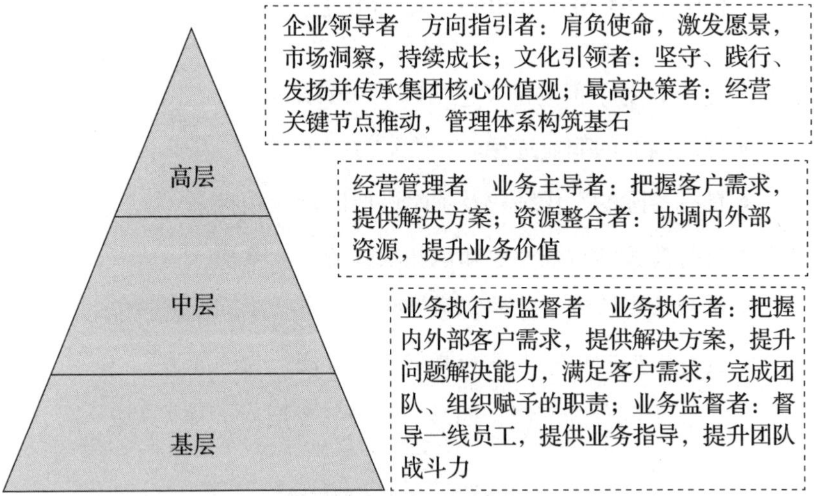

图 2－1　管理者的层级

高层作为企业领导者，是企业发展方向的指引者、文化引领者，同时也是企业经营管理的最高决策者。高层干部以组织价值观的楷模、战略视野和卓越的领导力推动公司发展。

中层作为经营管理者，是企业业务的主导者、业务发展的资源整合者，同时负责各自所辖团队的人力资源管理。中层干部贯彻组织文化和战略，组织开展业务单元 / 部门的经营管理工作，实现管理和业务目标。

基层作为业务执行与监督者，是直面客户并提供解决方案的业务执行者，是提高团队价值的业务监督与指导者。基层干部忠诚尽责，率领部属完成具体管理和专业技术工作任务。

三、案例：华为干部的定义与角色

华为公司对干部的定义包括以下几个方面。

- 遵从同业的职业道德。
- 具有实际的工作绩效及不断进取的创业精神。
- 具有扎实的管理专业知识和较高的专业素质。
- 具有从事管理工作的实际经验及熟练解决问题的技能。
- 具有根据职位特点不断调整个人管理行为的能力。

华为将干部分为三级、四级、五级三个层次，详见表 2－2。

表 2－2 华为干部层级

层级	定位	职责	最低标准
五级	高层管理者	对企业某个运作过程或某项职能负完全的责任，参与制定公司长期战略及宏观指导	达到四级干部的任职标注
四级	中层管理者	对所辖部门的工作质量、时效、成本负完全的责任，参与所辖工作的战略方向、资源分配、成本及时间要求的制定	下属要包含三级干部和普通员工数人，达到三级干部的任职标准
三级	团队管理者	率领一组人员从事某项具体专业或技术工作，既是监督者，又是执行者	达到某专业或技术资格二级标准以上

不同层级的干部对应不同的角色，履行不同的职责，具体如表 2-3 所示。

表 2-3　华为不同层级干部的职责

层级	角色	职责	工作任务
五级	企业决策者	方针管理	• 参与公司目标的制定 • 形成公司策略和方针 • 监督检查公司目标、策略和方针在本系统的实施
		组织与文化建设	• 设计本系统的组织结构及文化导向 • 建立本系统的组织结构并落实文化导向 • 评价组织结构的有效性及组织气氛
		资源建设	• 制定资源建设的公司方针 • 监督公司资源建设方针执行的有效性
		促成决策	• 就内部变动因素促成决策 • 就外部变动因素促成决策
		促进发展	• 个人发展及培养下属 • 公司绩效的改进 • 为公司的长远利益与合作伙伴缔结利益共同体
四级	战略执行者	目标制定与监控	• 制定合理的目标与计划 • 有效实施计划 • 监控及评估工作活动
		组织气氛建设	• 内部工作关系管理 • 外部工作关系管理
		工作资源管理	• 现有资源的管理 • 资源的获取、分配和控制
		影响与促进决策	• 进行决策 • 参与同级决策 • 促进上级决策
		绩效改进	• 本人及员工的绩效改进 • 流程优化

续表

层级	角色	职责	工作任务
三级	任务监督与执行者	工作任务管理	● 制定工作计划 ● 组织实施工作计划 ● 指导和控制工作计划的实施
		组织氛围建设	● 在组织内部建立和保持良好的工作关系 ● 创造、培育和维持良好的外部工作关系
		环境资源管理	● 建立工作环境 ● 保持和维护良好的工作环境
		决策信息的提供	● 搜集、调研和选择所需信息 ● 处理并提供所需信息
		工作流程的执行实施和优化	● 制定流程 ● 实施流程 ● 优化流程
		绩效改进	● 挖掘个人潜力，提高自身绩效 ● 帮助提高下属绩效

四、干部职位职级体系

干部职位是指承担一系列管理工作职责的某一任职者所对应的组织位置，它是组织的基本构成单位。职位由一系列性质相似、所要求能力相近的工作任务构成，强调组织位置，是组织的一个节点，根据组织业务需要设立。干部职位按工作性质一般可分为职能管理类、技术管理类、市场管理类及其他类别。

职级就是一定职位层次所对应的级别。职级是体现能力、业绩、资历的综合标志，同时也是确定员工薪资待遇及其他待遇的重要依据。职级是对不同类别职位进行平衡比较的统一标尺。以职位类别为横轴，以级别为纵轴构成的坐标系，可以衡量、标识担任不同类别职位的员工在组织中所处的位置。同一职级内的各个职位可以基于同一个称谓表示，代表基本任职资格条件相同，比如一级经理人、二级经理人、三级经理人等。

表 2－4 以华夏基石为例对干部职位与职级进行说明。

表 2－4　华夏基石干部职位与职级

<table>
<tr><th>职层</th><th>职级</th><th>技术管理</th><th>生产管理</th><th>市场管理</th><th>职能管理</th></tr>
<tr><td rowspan="3">高管层</td><td>9.3</td><td>院士</td><td colspan="2" rowspan="2"></td><td>董事长</td></tr>
<tr><td>9.2</td><td>国家级大师</td><td>总裁</td></tr>
<tr><td>9.1</td><td>总工程师</td><td>副总裁</td><td>副总裁</td><td>副总裁</td></tr>
<tr><td rowspan="3">总监层</td><td>8.3</td><td rowspan="3">专业
总工程师</td><td rowspan="3">专业院院长</td><td rowspan="3">市场总监</td><td rowspan="2">职能总监</td></tr>
<tr><td>8.2</td></tr>
<tr><td>8.1</td><td>总裁助理</td></tr>
<tr><td rowspan="5">中层</td><td>7.3</td><td>专业院
总工程师</td><td>专业院
副院长</td><td rowspan="3">办事处主任 /
专业线经理</td><td rowspan="3">主任</td></tr>
<tr><td>7.2</td><td rowspan="2">集团
副总工程师</td><td>专业院
院长助理</td></tr>
<tr><td>7.1</td><td>部门
主任 / 所长</td></tr>
<tr><td>6.2</td><td>专业院
副总工程师</td><td rowspan="2">副主任 /
副所长</td><td rowspan="2">办事处主任 /
副主任</td><td rowspan="2">副主任</td></tr>
<tr><td>6.1</td><td>主任工程师</td></tr>
</table>

续表

职层	职级	技术管理	生产管理	市场管理	职能管理
储备层	5.2	副主任 工程师	助理主任 / 所长	办事处 助理主任	助理主任
	5.1				
	4.2				主管
	4.1				
员工层	3				
	2				
	1				

// 第三章 //

干部领导力建设三要素

干部是企业的战略性资源，也是企业最大的财富，干部领导力建设关系到组织生死存亡。德鲁克把干部领导力界定为一种把握组织的使命及动员人们围绕这个使命奋斗并努力实现的能力。华夏基石认为干部领导力建设主要关注三个方面：使命感、责任担当、能力建设。

使命源自责任，使命驱动责任和能力发展，使命与责任是能力价值创造的前提，同时，能力是使命与责任担当的基石。

一、干部使命

干部的使命追求与事业激情是企业从优秀走向卓越的不竭动力源泉。企业的活力来自人才队伍的使命感，卓越的组织由有共同信念者组成。有共同的信念、追求、价值取向，可以让组织和人才充满激情，让干部队伍做事奋不顾身，有奉献精神。企业发展的源泉来自干部的追求，有使命感会展现出以下行为特质。

|洞　察|

干部使命感行为特质

● 认同使命愿景，竭尽全力，全心投入，充满热情，愿意持续拼搏奋斗。

● 面临机遇，勇于挑战，持续创造高绩效，不断提出更高的目标追求。

● 具有自我批判精神和空杯心态，善于学习，不断成长，实现自我超越。

● 遇到困难，不推诿，不退缩，敢于担当，勇于担责。

● 个人利益服从组织利益，一心为公。

● 率先垂范，身先士卒，能够践行并传承公司核心价值观。

● 正确处理工作与生活的关系，既拼搏奋斗，又快乐生活。

● 以客户为中心，以人才发展为己任。

● 心存感恩，忠诚企业，愿意持续付出与奉献。

当然，企业最大的危机来自干部缺乏使命感，激情衰竭，不愿持续奋斗。干部使命感缺失有以下行为表现。

|洞　察|

干部使命感缺失十大表现

● 无信念和理想追求，人生价值迷惘，不知自己要什么，想干什么，热衷于求仙拜大师。

- 事业激情衰竭，工作消极懈怠，总是不在工作状态，被动工作。
- 安于现状，享受生活，图工作安逸舒适，不愿持续艰苦奋斗。
- 对新事业、新业务不愿投入，不愿接受挑战，不敢提出更高的挑战性事业目标。
- 占着位子，拿着票子，混着日子，只求回报，不讲贡献，不再有奉献精神。
- 居功自傲，不自重，不自律，放任自己，无视组织规则，个人大于组织，没有协同合作精神。
- 不学习，没有自我批判精神与空杯心态，不能自我超越。
- 当个人利益与组织利益发生冲突时，不以组织利益为重，全局意识缺乏，拉帮结派，以权谋私。
- 不认同、不践行公司核心价值观，没有感恩心态，抱怨，发牢骚，成为公司负能量场。
- 漠视外部环境变化，自我感觉良好，没有危机感。

干部队伍缺乏使命感就会出现无理想追求，事业心衰减、安于现状，占位不作为、不思进取等问题，久而久之将导致组织活力衰竭、止步不前。

此外，在企业运行的过程中，干部使命感也是贯穿始终的。干部是否具有使命感，不是靠说，而是靠做，不是靠某一个点，而是靠全面发展。一般而言，干部工作中的使命感主要体现在事业发展、组织平台、部门关系、对待自己、对待上级、对待下属、客户价值、合作伙伴、权力赋予、贡献回报等十个方面，如表 3－1 所示。

表 3－1　干部使命感十大维度

维度	缺乏使命感	vs.	富有使命感
事业发展	事业激情衰竭、不愿持续奋斗	vs.	认同使命愿景、持续奋斗
组织平台	无视组织规则、个人大于组织	vs.	忠诚组织、融入组织
部门关系	本位主义、抱怨他人、推卸责任	vs.	主动补位、担责、合作协同
对待自己	不自重、放任、不践行诺言	vs.	善自珍重、高标准、严要求
对待上级	阳奉阴违、添乱不分责	vs.	执行有力、分忧担责
对待下属	不尊重人、负向激励	vs.	正向激励、成全下属
客户价值	海口承诺、权力导向	vs.	客户价值导向与流程导向
合作伙伴	老大心态、不尊重对手与伙伴	vs.	双赢、互利互惠、尊重对手
权力赋予	独断专行、滥用权力	vs.	尊重流程、授权、群体智慧
贡献回报	只知索取、看重个人私利	vs.	奉献精神、企业利益大于一切

企业如何让干部队伍持续保有使命感？可以从以下几个方面入手。

- 确定干部领导力模型时，将使命感作为重要的考量因素，没有使命感的干部，不能担任中高层领导干部。
- 选拔干部时，分类对待，中基层干部重点考察能力、素质、品德、业绩、价值观等维度，高层干部重点考察使命感。
- 激励评价干部时，通过文化和机制的作用，让高层时刻保持危机意识，自我批判，保持使命感和奋斗精神。

● 培养与发展干部时，将使命感作为考量的重要因素，优先给予有使命感的干部更多的发展机会。

● 干部退出时，使命感缺乏的干部应主动让贤，同时不得担任正职职位。

二、干部责任

责任来自信念与核心价值观的坚守，干部的责任能够产生组织理性，组织应该由一群心怀责任感、具有责任担当的人组成，确保战略落地和方向正确。对于企业而言，责任胜于能力，责任是企业的生命线；对于个人来讲，责任是职业生涯的通行证，每一位干部都应有对客户和组织的责任感。

干部的责任担当是什么？在工作中如何体现？应该从以下几个方面去考量。

|洞 察|

干部责任担当的具体表现

● 责任是一种坚守，对价值观的坚守，对客户价值、员工发展、股东回报的承诺。

● 责任是一种敬畏，对自然规律的敬畏，对法律要求守法经营的敬畏，对市场法则的敬畏，对遵守组织制度与规则的敬畏，对履行岗位职责的敬畏。

- 责任是一种担当，敢于拍板决策，抓住发展机遇的担当，勇于变革创新、自我批判与超越的担当。
- 责任是一种用心，用心做事，以精进之心做事。
- 责任是一种完善，对错误的反省，对自我的完善。
- 责任是一种贡献，责任最终体现为组织贡献与价值，体现为有功，对组织持续做出贡献。
- 责任是一种契约，是组织心理契约，忠诚于组织，使组织放心。

当然，干部也会懈怠，失去责任感。失去责任感的干部有以下行为表现。

|**洞　察**|

干部责任担当缺失十大表现

- 对组织价值观不坚守，不承诺，不践行。
- 不拍板，不决策，怕出事，怯担责。
- 不创新，不开拓，不敢承担变革风险。
- 不敢直面矛盾和问题，不想办法，而是找借口，绕着走。
- 遇到分歧和不良言行，旗帜不鲜明，和稀泥，当老好人。
- 对顾客与合作伙伴海口承诺，不以客户为中心，不信守承诺。
- 不关心人才，不培养人才，不承担人力资源责任。
- 关键时刻，危难关头，不敢担当，甚至临阵脱逃。
- 官僚主义，不务实，不深入一线，不贴近员工与客户，不接地气。

● 不以实现组织目标为己任，团队绩效平平，思想保守，工作方法陈旧，懒于创新。

在一个企业的转型变革时期，如果干部不愿意担负责任，转型就难以成功。中国企业最大的威胁在于干部没有责任担当。中高层干部应该是负责任的表率。责任高于一切，应当通过干部领导力建设重塑责任体系。干部工作中的责任感主要体现在事业追求、决策行为、工作方式、对待下属、创新学习、遇到困难、工作职责、协同合作、贡献回报、工作状态等十个方面，如表 3-2 所示。

表 3-2 干部责任感十大维度

维度	逃避责任	vs.	承担责任
事业追求	混日子、得过且过	vs.	挑战目标、开拓进取
决策行为	怯担责、不拍板	vs.	敢担责、敢拍板
工作方式	官僚、形式主义、不接地气	vs.	务实、深入一线
对待下属	不培养、不关心	vs.	带队伍、关心人
创新学习	固步自封、不学习	vs.	勇于探索、自我超越
遇到困难	回避矛盾、找借口	vs.	直面问题、想办法
工作职责	不履责、不作为	vs.	尽职尽责、有作为
协同合作	本位、山头、不协同	vs.	全局意识、跨部门合作
贡献回报	应得心态、不知感恩	vs.	持续奉献、感恩
工作状态	尽力不尽心、不反思	vs.	用力、用心、用命

使命感和责任感作为日常的一种行为表现，很难依靠业绩评价方式判定，华为主要通过劳动态度来评价管理者是否具有使命感和

责任感，如表 3－3 所示。

表 3－3　华为干部使命感与责任感评价指标

	责任心与敬业精神（行为参照）	自检与他检
2.1	热爱本职工作，对工作精益求精，不断学习并提高自身工作能力，推动工作进步	□做到　□需改进　□未涉及
2.2	勇于承担工作责任，不推卸责任，把解决问题作为首要任务	□做到　□需改进　□未涉及
2.3	有风险意识，勇于创新、改进和推动工作，不怕犯错误	□做到　□需改进　□未涉及
2.4	言行一致，切实履行自己作出的承诺	□做到　□需改进　□未涉及
2.5	不玩忽职守，不犯同样的错误	□做到　□需改进　□未涉及
2.6	在工作中敢于坚持原则，善于坚持原则	□做到　□需改进　□未涉及
2.7	情况发生变化或遇到困难时，及时处理或报告有关领导，努力减少损失	□做到　□需改进　□未涉及
2.8	不计较个人得失与个人恩怨，讲真话，不捂盖子，不隐瞒事实	□做到　□需改进　□未涉及
2.9	注重下属的培训培养，言传身教，带好队伍，勇于培养和推荐比自己强的人	□做到　□需改进　□未涉及
2.10	以公司业务需求为重，勇于到艰苦地区和自己不熟悉的环境中工作，不断挑战自我，不断自我完善	□做到　□需改进　□未涉及
⋮	⋮	⋮

三、干部能力

责任是价值创造的前提，能力是责任担当的基石。卓越的组织需要卓越的能力与互补性的优秀干部团队。不同时代、不同行业、不同企业对于干部能力的界定有所差异。总体而言，干部要在混沌中把握未来方向，能够洞见未来趋势，驾驭内外部环境各种复杂矛盾关系，同时能够进退自如，敢于变革创新，敢冒风险有担当，自我批判，自我超越，不断实现组织目标。

数字时代，领袖级企业的干部领导力要具备以下六大要素。

1. 使命愿景感召力

干部队伍要能够坚定信念，牢记初心，不忘使命，通过对未来企业发展的系统思考，形成正确的经营假设，靠使命愿景感召一批志同道合的人，通过使命愿景的传播，让整个人才队伍产生激情，做事奋不顾身，力求实现发展目标。

2. 跨界融合领导力

数字时代，干部队伍要具有前瞻性，能够洞察行业、客户、技术未来的发展趋势，走出传统经验曲线，从连续性思维转向非连续性思维，实现颠覆式创新。

干部队伍要能够包括多元的价值诉求和多样的人才，通过布局整合全产业链，开放无界，利他取势，通过各类资源跨界融合，实现对称性、协同式发展。

3. 开放包容心态

人才取代资本在价值创造中占据主体地位，吸引、激励、保留、发展人才队伍是干部的基本能力要求。只有有开放包容的心态，才能海纳百川，才能并存多元文化，整合人才、人物、牛人、能人为组织服务。只有有开放包容的心态，才能用比自己能干的人，才能懂得妥协，容忍他人缺点，包容创新性失败。

4. 生态共生战略思维

数字时代，战略思维从零和博弈走向竞和共生，构建、领导并参与产业生态是高层级干部所需的核心能力。

5. 分享赋能领导方式

去中心化、去科层、去威权化成为组织变革的趋势之一，在平台型组织模式中，干部不再凭借权力和权威实施领导，而是要凭借资源整合及平台构建能力为员工赋能；干部不再是利益独享者，而是利益与权力分享者，是分享规则的守望者。

6. 自我批判与自我超越的品格

勇于自我批判，才能走出经验曲线，才能有空杯心态。不断学习，适应环境变化，才能持续奋斗。

当然，要想有效履行干部使命责任，需要在发展客户、发展组织、发展自己等三个方面进行系统能力建设。

华为公司干部领导力模型就包括以上三大维度，见表 3 - 4。

表 3 - 4　华为干部领导力模型

领导力九条	发展客户能力	关注客户	致力于理解客户需求，并主动用各种方法满足客户需求
		建立伙伴关系	愿意并能够找出公司与其他精心选择的合作伙伴之间的共同点，与它们建立互利共赢的伙伴关系来更好地为客户服务

领导力九条	发展组织能力	团队领导力	运用影响、激励、授权等方式来推动团队成员关注要点，鼓舞团队成员解决问题以及运用团队智慧等方式来领导团队
		塑造组织能力	辨别并发现机会，以不断提升组织能力、流程和结构
		跨部门合作	为了公司整体利益主动与其他团队合作、提供支持性帮助并获得其他部门的承诺
	发展个人能力	理解他人	准确地捕捉和理解他人没有直接表露或只是部分表达出来的想法、情绪以及对其他人的看法
		组织承诺	为了支持公司的发展需要和目标，愿意并能够承担任何职责和挑战
		战略思维	在复杂模糊的情境中，用创造性或前瞻性的思维方式来识别潜在问题、制定战略性解决方案
		成就导向	关注团队最终目标，关注可以为公司带来最大利益的行动

针对不同层级，在同一维度，华为还明确了不同的能力等级标准。表 3－5 以关注客户为例作了介绍。

表 3－5　华为能力等级标准示例

<table>
<tr><td colspan="2">关注客户
定义：致力于理解客户需求，并用各种方法满足客户需求的行动特征；客户是指现在的客户、潜在的客户和内部客户
维度：对客户理解的深度；采取行动的难度</td></tr>
<tr><td colspan="2">关注客户</td></tr>
<tr><td>层级一</td><td>响应明确的客户需求：
● 准确理解客户简单、直接的需求
● 基于先前的经验、案例或现有的产品，找到解决途径
● 出现紧急情况时可以迅速果断地进行回应</td></tr>
</table>

层级二	**解决客户的担忧，满足客户未明确表达的需求：** • 了解客户不是非常明确或不以简单目的显示的需求 • 在理解客户的需求以及华为产品 / 服务背后原理的基础上，为客户提供解决方案 • 没有现成的产品或服务可以做参考，需要对已有的方法 / 方案进行一定的改进或创造来满足客户的需要 • 决策时要权衡风险
层级三	**探索并满足客户新的需求：** • 捕捉客户的兴趣点，澄清客户的需求 • 通过与客户的合作和互动，并协调华为的资源，共同设计解决方案
层级四	**想客户所未想，创造性地服务客户：** • 从客户的利益出发，研究并引导客户潜在的需求；发掘华为的潜力，提供全新的解决方案 • 为客户的业务模式提供战略性建议，成为客户的长期战略伙伴

为了帮助干部提升能力，始终满足组织发展需要，华为还推出了一套集成领导力开发系统（integrated leadership development，ILD）。

- 继任者计划（talent succession plan，TSP）；
- 新任干部 90 天转身计划（90 days role transformation plan for new managers）；
- 经理人反馈计划（manager feedback plan，MFP）；
- 管理者发展计划（management development program，MDP）；
- 高层个人发展计划（individual development plan，IDP）；
- 个人绩效承诺（personnal business commitment，PBC）。

当然，不同发展阶段、不同行业属性，甚至不同产业属性的企业，其干部领导力模型也有差异，企业在构建自己的领导力模型时，可以采取战略演绎、关键事件访谈、文化推导、标杆企业学习等方式。

// 第四章 //

干部领导力模型构建

干部领导力模型包括素质和胜任能力两个方面，素质为冰山下的性格特质和价值观，胜任能力是胜任干部岗位所需要的知识技能与能力要求。

一、“看得见”的能力和“看不见”的素质

有效履职干部岗位，除了知识、技能、经验等维度之外，还应关注更根本更潜在的因素。麦克利兰的冰山模型（见图 4－1）提出，能区分在特定的工作岗位和组织环境中绩效水平的个人特征就是能力素质。素质模型包括冰山上看得见的部分，即知识、技能，以及冰山下的部分，即价值观、自我形象、特质、动机等。华为针对各层级干部都有明确的任职资格条件，为了寻找更优秀的干部，开发了基于能力素质的领导力模型。

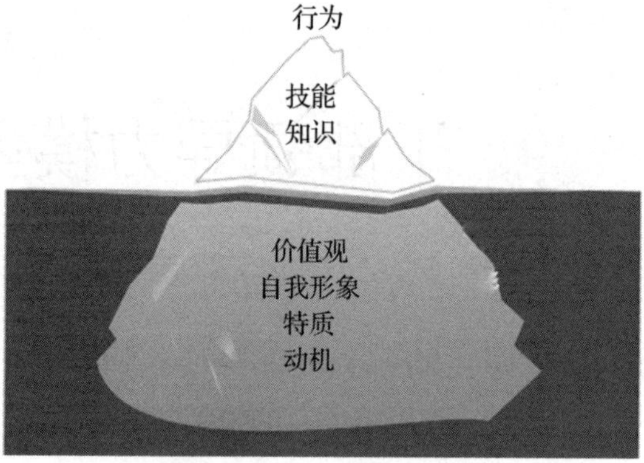

图 4-1　冰山模型

业内对于领导力模型有不同的见解，一种观点认为领导力模型应着重关注知识、技能、能力等可习得的部分，不应关注素质特征。一种观点认为知识、技能、能力为干部任职资格，领导力模型应该关注动机、个性、态度、价值观等隐性素质。当然，也有观点认为，领导力模型应该以混序的方式来思考，能够推动企业发展的显性和隐性因素分别有哪些。我们认为，各种观点都有其适用场景，这里不针对干部任职资格做过多的探讨，主要来谈一谈企业如何构建基于素质和能力的干部领导力模型。

二、四步构建干部领导力模型

领导力模型在干部招聘任用、培训发展、激励晋升、考核评估等模块都有应用。有效的领导力模型，是实现战略目标的需要，是迎接挑战赢得行业竞争的需要，有利于构建企业核心竞争力，创造优秀企业文化，实现组织快速持续增长的目标，同时也有助于加速干部能力开发和培养。

领导力模型的构建，采取定性与定量相结合的方式，综合采用现实归纳与未来牵引，以行为事件访谈法为主要建模依据，同时结合企业战略、文化演绎，以及企业相关文件和制度的导读，并借鉴优秀企业的管理者素质模型。包括四个步骤。

1. 战略演绎

公司的战略目标从未来发展的角度反映了组织对干部能力素质的要求。战略是组织发展的牵引，领导力模型首先要考虑的就是战略要素。根据企业战略和发展阶段，分析和演绎对干部提出的素质能力要求，是干部领导力构建的基础。

|洞　察|

企业战略演绎示例

X 地产的战略定位综合考虑了自身资源与外部环境的匹配关系以及利益相关者的要求和期望，重点明确了公司战略组成定位、行业定位、业务结构定位、发展区域定位和竞争力定位等方面。

- 战略定位：X 地产应稳步推行专业化、标准化、系统化、集团化管理模式，加大对二级单位的业务支持力度，促进地产板块与其他业务板块的联动，实现 1+1 ＞ 2 的协同效应。

战略定位解读：标准化管理是对制度化管理的一种有效运用，保证企业合理配置资源；系统化管理强调管理的全方位和全过程，从整体着眼把握组织的运行规律，分析整合优化，谋求组织的整体利益；集团化管理重视整体性和统一性以及在大系统要素内的互动协同，要求通过创新和发展来形成协同效应。这要求X地产的管理者能“统筹全局”，以全局的眼光看待问题，统筹资源调配，提高“决策能力”，具有“系统思维”和“制度管理能力”。X地产要在中国地产行业保持绝对领先，管理者要具有“领军视野”，树立“业绩导向”，实现“实业化、大重组、高成长”的发展目标。

● 竞争力定位：X地产要成为地产行业“品质”的代名词，以资源整合能力和创新型业务模式为特色，以品牌价值和社会影响力为依托，塑造不可复制的核心竞争力。

竞争力定位解读：X地产的干部能够在竞争的环境中“综合分析”优劣势，建立“客户导向”，以追求客户满意、为客户提供价值为组织的中心任务。X地产树立了高品质的信念和目标，要求全体干部有快速“执行力”，只有这样才能完成目标，将“品质第一”融入产品和服务。这也要求干部要有符合企业利益的理想抱负，有强烈的渴望成功的“事业心”。

…………

通过战略演绎，X地产的干部领导力要素如表4-1所示。

表4-1 X地产干部领导力要素——战略演绎

“十三五”战略	统筹全局、领军视野、系统思维、制度管理、业绩导向、事业心、专业精神、策略能力、影响力、职业精神、客观性……

2. 文化推演

企业文化是一种根深蒂固的价值观，可以在很大程度上指导企业员工的行为，并充当一个企业区别于其他企业的个性化标识。在实际运营过程中，企业文化决定了干部的行为习惯，决定了干部解决问题的思维方式，对干部的素质能力提出了不同的要求。

|洞　察|

企业文化推演示例

● 企业愿景：X 地产脱胎于集团，继承了其优秀的文化基因，集团以“服务社会、造福人类、建设祖国、福利员工”为企业宗旨，以“铸造精品、超越自我”为企业精神。这就需要 X 地产干部有很强的服务意识——“客户导向”，牢固树立对社会和员工的“责任意识”。源于集团强烈的归属感和一体性，必然要求干部具备“组织认同”，在同一信念里赋予干部以神圣感和使命感。干部更应具有为了企业勤勉工作的“奉献精神”，具有“领导魅力”、“团队建设”和“人才培养”能力以及前瞻性的“决策能力”。

…………

通过文化推演，X 地产的干部领导力要素如表 4－2 所示。

表 4－2　X 地产干部领导力要素——文化推演

企业文化	客户导向、责任意识、组织认同、奉献精神、领导魅力、团队建设、人才培养、决策能力……

3. 关键事件访谈

通过对优秀干部进行行为事件访谈，可提炼优秀干部的素质和个性特点。

行为事件访谈法的主要特点在于通过访谈对象描述他们在工作中遇到的最具决定性作用的关键事件，如在产品设计、团队领导、分析问题等方面遇到的若干成功和失败典型事件，他们在实践中的角色及表现，事件最终的结果和影响等，总结访谈对象的思想、情感和行为。

行为事件访谈分析工具（STAR 模型）如表 4－3 所示。

表 4－3　行为事件访谈分析工具（STAR 模型）

情境（S）/任务问题（T）	行动问题（A）	结果问题（R）
描述一种情境，当…… 你为何要…… 当这种情况发生以后，最紧要的时机是什么？	你当时对情况有何反应？ 具体是怎么做的？ 你当时首先做了什么？在处理整个事件时采取了怎样的具体步骤？	事件的结果如何？ 结果是怎样产生的？ 这件事是否引发了什么问题？

优秀的干部访谈应当首先确定访谈对象，根据企业干部层级分别选取各层级代表。在进行行为事件访谈后对文本进行主题分析，可采用编码软件 NVivo 进行词频分析与提取，把企业个性化的领导力胜任特征提取出来并使之概念化。因企业实际情况的变化和企业发展阶段的不同，胜任特征词典的开发需要不断补充和完善胜任特征的定义和行为等级标准。表 4－4 为胜任特征词典示例。

表 4－4　胜任特征词典示例

文本材料（16-0902）	编码
● 我们做管理工作就是要让每个人发挥潜力。管理一个团队，不管是企业还是政府，就是要领导者定目标，定好目标后要抓好班子建设，发现班子成员的特点，发挥其所长。	A1-2（识人善用 2 级）
● A 比 B 能吃苦而且任劳任怨。两个人的责任心也不同，A 更强。要把人的特点研究透，才能更好地安排工作。	B3-2（激励下属 2 级）
● 激励就是价值取向。第一，当时待遇很低，每次绩效考核，我都要给他优秀，以年终奖金弥补工资部分。第二，在他遇到家庭困难，需要处理什么问题时，我会当作自家的事关心一下，给予帮助。所以我有困难的时候他也会帮忙。	B2-2（尊重关爱 2 级）
● 我跟他说，以后你是要去地方负责的，这是我对他最大的期望。年轻人追求自我实现。个人能力发展规划要与企业的规划和发展结合起来，达到高度统一。	B1-2（开发培养 2 级）

为扩大样本量，使提炼出的领导力素质标准更加符合企业实际，建议补充开展全员问卷调查，与访谈所得领导力素质标准进行交叉验证。

4. 标杆企业学习

根据同行知名公司、其他行业优秀公司的领导力素质模型及部分理论研究成果，总结干部素质要求的普遍规律。标杆企业领导力模型摘要如下。

|**洞　察**|

标杆企业领导力模型摘要

万科：

● 基本素养：工作观念、管理技能、专业技能；

● 管理自己：职业精神、学习能力、适应能力；

● 管理他人和团队：激励式领导、人际沟通、团队意识、企业意识；

● 管理任务：解决问题、成就导向、组织执行、专业胜任程度。

龙湖：

● 高层管理人员通用素质：战略思考、哲学思辨、变革管理、领导能力；

● 管理人员通用素质：自适应力、系统分析及解决问题能力、理性创新、发展他人、团队管理、影响能力。

海尔：

● 远景部署、理性决策、战略承接、构建运营能力、横向整合、部署教育、洞察市场；

…………

最后，将行为事件访谈中出现频次较高、反映公司战略文化要求、体现公司对领导者要求的胜任特征纳入模型，通过专家小组讨论加以验证，得到领导力素质模型。需要注意的是，要通过多次沟通与研讨，让各层级干部参与进来，共同优化领导力模型。

我们认为采用何种方法建模、选取什么样的样本、如何对胜任力进行命名和分类等都不是最重要的问题，重要的是建立的模型为使用者理解并且深入人心，从而改变他们的行为和态度，提升工作绩效。

三、优秀干部领导力模型示例

他山之石可以攻玉，建议从本行业、其他行业、其他组织机构选取标杆加以借鉴，以验证企业领导力模型的科学性。表 4－5 为一些标杆企业的领导力模型。

表 4－5　领导力模型示例

标杆企业	领导力模型
宝洁	高瞻远瞩、授人以渔、全情投入、鼓舞士气、卓越执行
壳牌	具有远见和号召力、领导他人共创佳绩、尊重包容各种不同、激励辅导发展员工、勇敢坚定百折不挠、显示良好人际效率、力求表现个人卓越、随时把握扩大商机、以客户利益为重
IBM	致力于成功：对客户的洞察力、突破性思维、渴望成功的动力 动员执行：团队领导力、直言不讳、协作、决策能力 持续动力：发展组织、人才培养、个人奉献、对事业的热情
通用电气	活力、鼓动力、决断力、执行力、激情
联想	设定挑战性的目标、有效领导和发展他人、庆祝成功、直接沟通、快速执行
华为	发展客户能力：关注客户、建立伙伴关系 发展组织能力：团队领导力、塑造组织能力、跨部门合作 发展个人能力：理解他人、组织承诺、战略思维、成就导向
中粮	高境界：业绩导向、学习成长、阳光诚信 强合力：协同共赢、组织发展、资源整合 重市场：系统思考、变革创新、客户导向
华润	赢得市场领先：为客户创造价值、战略性思维、主动应变 创造组织优势：塑造组织能力、领导团队、跨团队协作 引领价值导向：正直坦诚、追求卓越
腾讯	客户导向：把握需求、关注客户、创造价值 个人形象塑造：职业操守、个人情商 组织发展：团队管理、变革管理、人才培养 执行力：工作管理、流程管理

四、干部领导力模型案例

下面介绍某集团DOCC（develop organization，develop career，develop customer）领导力模型。

发展组织（develop organization）：干部，首先要以组织利益保障为出发点，从组织发展角度来思考问题，承接组织战略，加强部门协同，提高部门内员工能力。

发展事业（develop career）：干部，首先要是业务能手，要善于学习和创新，不断钻研本职工作，发挥匠人精神，做更优秀更专业的自己。

发展客户（develop customer）：作为服务公司，以客户为中心，及时响应客户合理需求是干部恪守的准则。

1. 发展组织

从对企业、对本职工作、对业务、对其他部门、对下属等角度，全方位阐释领导干部在发展组织方面应该具备的能力，并进行细致描述。表4－6为发展组织干部领导力模型。

表4－6　发展组织干部领导力模型

要素	内涵	行为表现
忠诚企业	遵纪守法 企业认同 组织至上	1. 遵纪守法：廉洁自律，诚实守信，是非分明，言行一致 2. 企业认同：遵守公司各项规章制度，服从公司各项工作安排，忠于企业，具有企业认同和荣誉感 3. 组织至上：组织利益高于一切，面对利益诱惑或各方压力不妥协，个人利益与组织利益相冲突时，优先考虑组织利益

续表

要素	内涵	行为表现
责任担当	务实肯干 勇于担当 敢做决策	1. 务实肯干：积极完成个人所承担的工作任务，不推诿、不敷衍、不拖沓；主动推动职责交叉或模糊的工作，不把问题抛给领导 2. 勇于担当：遇到困难任务时能挺身而出，承担重责；承认个人过错并承担相应的责任，不找借口或将责任推给他人；敢于承担下属工作失误产生的责任与后果，为下属提供有力支撑 3. 敢做决策：不回避推脱决策责任，敢于承担决策后果
开拓进取	视野广阔 不忘初心 迎接挑战	1. 视野广阔：保持广阔的视野，了解行业最新动态，优化业务领域内工作开展方式 2. 不忘初心：不因取得了一定成绩而惰怠，坚持最初的目标和承诺，不轻言放弃 3. 迎接挑战：不断自我反省，愿意接受并承认自己的不足，以更严格的标准要求自己并不断提升；给自己施压，始终保持激情与干劲
大局意识	整体意识 团队协作 相互补台	1. 整体意识：从业务的整体角度看待问题，从企业的整体角度看待问题，避免自说自话 2. 团队协作：保持协作意识，推动部门间协作，反对部门本位主义或短期行为 3. 相互补台：打破部门墙、流程桶、职能域，在必要时刻迎难而上，积极补位，不推诿扯皮
人才培养	识人用人 关心下属 授权赋能	1. 识人用人：了解下属，正确评估下属，根据下属的长处和不足分配相应的工作任务 2. 关心下属：关怀下属的工作和生活，包容下属，并帮助下属认识其发展需要 3. 授权赋能：针对下属能力和特点，通过培训、指导、经验分享、授权、反馈、提供资源支持、分派挑战性任务等方式帮助下属提升能力

2. 发展事业

从战略落实、自我实现等角度，全方位阐释领导干部在发展事业方面应该具备的能力，并进行细致描述。表 4－7 为发展事业干部领导力模型。

表 4－7　发展事业干部领导力模型

要素	内涵	行为表现
事业心	提出愿景 专注事业 业务精通	1. 提出愿景：提出激动人心的团队目标和员工个人发展目标；向团队成员宣传愿景，为实现目标提供必要支持，以此获取团队成员的认同 2. 专注事业：喜欢自己所从事的工作并保持长期的投入，对共同的愿景和目标充满热情，身体力行地向团队成员展示期望的态度和行为，以获取团队的信任 3. 业务精通：熟练掌握业务技能，营造高绩效团队氛围，通过积累成功经验增强团队凝聚力
执行力	目标管理 高效执行 结果导向	1. 目标管理：制定清晰、明确的业绩目标和行动计划，确保组织战略能够得到有效分解与落实；保持目标实现过程中的一致性 2. 高效执行：理解上级工作指示与要求，坚决贯彻落实；制定清晰的工作计划并按计划完成工作；积极创造条件或寻求解决办法完成困难的工作任务，不找任何借口推脱责任 3. 结果导向：一切工作以提升效率和实现目标为导向，以业绩结果和贡献作为评价工作成效和进行激励的主要依据
敬业奉献	爱岗敬业 认真负责 奉献精神	1. 爱岗敬业：喜欢自己所从事的工作并保持长期的投入，在专业领域内不断学习和研究，始终保持和提升自己的专业技能 2. 认真负责：兢兢业业，一丝不苟，忠于职守，尽职尽责，严格按照标准和要求开展工作 3. 奉献精神：把本职工作当成一项事业来热爱和完成，从点点滴滴中寻找乐趣；努力做好每一件事，善待每一个人

续表

要素	内涵	行为表现
学习创新	开放学习 主动创新 拥抱变化	1. 开放学习：保持开放心态，敢于质疑现状，愿意接受不同的观点和意见；重视学习与自我完善，不断更新知识结构；乐于将自己的经验与他人共享 2. 主动创新：创造有利于创新的环境，能够接受新思想并尝试不同的方法；利用创造性的思想和新奇的方法解决问题；容许创新产生错误和损失，认同并奖励改进绩效的行为 3. 拥抱变化：不因循守旧，接受外界的变化，并作出快速反应；提出清晰的、有说服力的方向和想法，制定切实可行的变革方案，将变革思想转化为行动；逐步实施变革，积累组织成员变革的成功经验
专业精神	专注专业 精益求精 持续改进	1. 专注专业：在专业领域内不断学习和研究，始终保持和提升自己的专业技能 2. 精益求精：不断改进方法和流程以提供更高质量的产品和服务，在专业领域内形成自己的核心竞争力 3. 持续改进：不满足于现状，认为永远存在更好的方法；持续改善工作方法和业务流程、不断解决问题以提升内部效率；推动公司或部门建立持续改进的机制和文化

3. 发展客户

从客户理念、自我认知、客户态度、自我要求、情绪管理等角度，全方位阐释领导干部在发展客户方面应该具备的能力，并进行细致描述。表 4－8 为发展客户干部领导力模型。

表 4-8 发展客户干部领导力模型

要素	内涵	行为表现
以客为尊	职业素养 客户思维 贴心服务	1. 职业素养：遵守职业道德和职业规范，遵守公司行为规范，在思想、语言与行为上与职业要求和公司行为规范要求保持一致 2. 客户思维：换位思考，理解、尊重客户的感受和需求；打破自我中心的思维模式，尝试从客户的角度和立场考虑问题，促进相互理解 3. 贴心服务：以真诚的心去体会客户的需求，处处让客户感觉舒心
自尊自爱	坚持原则 自我认同 不卑不亢	1. 坚持原则：尊重规则，按照规则办事；公平公正地对待每一个客户 2. 自我认同：认可自己的工作价值，自我尊重，自我理解 3. 不卑不亢：同客户交流的过程中有礼有节、不急不火
积极主动	洞察客户 快速响应 主动服务	1. 洞察客户：真诚地关心客户；积极主动地了解客户需求；善于洞察并能正确理解客户的心理，包括明确表达的内容和隐含的内容 2. 快速响应：面对客户的问询，能及时提出应对方案并予以实施 3. 主动服务：想客户所想，急客户所急，提前预判客户需求，主动提供相关服务
注重细节	精品意识 精心细致 关注细节	1. 精品意识：超越一般标准，执着地追求高品质，敢于向最高服务标准发起挑战 2. 精心细致：为客户提供服务的过程中精雕细琢、细致入微 3. 关注细节：细节决定成败，确保客户服务无小事，对细节的处理体现服务的质量和水平，注重细节、追求卓越
正能量	正直谦虚 阳光开朗 疏解压力	1. 正直谦虚：诚实正直、信仰坚定、表里如一，不自欺欺人，谦虚谨慎，不虚夸自负 2. 阳光开朗：阳光心态，乐意与人相处，充满笑容，沉稳冷静不抱怨，态度积极，自信自强 3. 疏解压力：善于掌握自我，善于调节情绪，以乐观的态度应对工作中的压力

五、干部领导力模型的应用

领导力素质模型构建完成后，最重要的是将其应用于人力资源管理，尤其是干部管理的全过程，通过制度和机制的稳定性与权威性加以落实，在日常管理中逐步提升各级干部的领导力。

1. 领导力素质模型的应用——招聘和选拔

企业只有选择符合企业战略、文化等要求的人，才能使组织产生稳定的高绩效。而要选对人，关键在于能够客观、准确地评价一个人的内在素质与能力。一个人的内在素质及能力不可能在有时间等限制的招聘中全部考核到，必须突出重点。我们建议将领导力要求纳入招聘考察中。

- 面试前：确定拟招聘的岗位和职责，界定岗位所需的素质，根据素质要求设计相关问题和评价表，挑选候选人。
- 面试中：运用评价中心技术来识别候选人素质。
- 面试后：将通过评价中心测评了解到的候选人的素质与拟招聘岗位的素质要求进行比对，挑选出与岗位要求最匹配的合适人选。

2. 领导力素质模型的应用——后备干部培养计划

从员工的角度出发，当员工考虑未来可能担任的领导岗位时，可以比照这些素质来发展自己。从企业的角度出发，基于素质来培养和选拔后备干部，已经被证明是科学有效的方法之一，业绩代表过去的价值创造能力，素质和潜力代表未来创造价值的能力，因此需要将领导力素质模型应用于后备干部的选拔与培养。

- 找出关键的领导岗位。
- 明确这些关键岗位所需的素质。
- 评价潜在候选人在关键岗位所需各项素质上的表现。
- 评价候选人晋升的可行性或者找出未来在哪些方面需要提高。
- 选出每个关键岗位的提名候选人。
- 制定进一步的素质提升计划并付诸实施。

3. 领导力素质模型的应用——培训与发展

将领导力标准作为培训目标，为培训与发展工作奠定基础，制定领导力发展计划，启动学习资源库、领导力课程体系及能力提升项目。

4. 领导力素质模型的应用——绩效管理

以领导力素质模型为基础确立的绩效考核指标，是包括态度、知识、技能、个性等胜任能力在内的一个考核体系，是绩效考核的一种新思路。领导力素质评估可以帮助干部明确未来发展方向，把硬指标和软指标结合起来。

- 评价干部在这些素质上的表现。
- 找出每个干部最需要提高和改进的素质。
- 同干部本人进行讨论分析，制定行动计划以提高相应素质。
- 在能力成熟后，可以基于素质对工作表现进行评价，再配合业绩的硬指标，对干部进行整体评估。

- 参考评价结果，制定干部未来的晋升和发展方向。

5. 领导力素质模型的应用——薪酬体系

基于胜任力的薪酬体系，是以个人的胜任力为基础进行设计的。对领导力进行科学评估，将评估结果作为确定干部工资水平的主要依据，形成以个人胜任力为基础的报酬分配方式。

// 第五章 //

干部管理的权力与责任

2018 年，华为将干部部从人力资源部中独立出来，成为总干部部。任正非说："未来华为公司人力资源管理总的体系包括人力资源体系和总干部部两个系统，它们不是对立的关系，而是两个分工各有侧重、相互协同的系统。"

华为的干部体系拥有规则的建议权和执行权，通过各级干部将规则应用在各部门的实际管理中。不同于人力资源体系的块状组织，干部体系属于线条组织，包括总干部部和各个业务部门的干部部，是公司整个干部管理的 COE（人力资源专家中心）体系，核心是管好后备干部的选拔、培养、考核、弹劾、配股、调薪等。

总干部部成立后，华为干部体系从服务中心变成了权力中心，干部体系也从前台走到了后台。总干部部要加强干部管理的理念、标准和授权原则的建设，导向科学的管理。

从分工来讲，华为人力资源体系管规则，包括规则的建议、对规则执行的监督；干部体系则主要管人，总干部部在全局范围协调干部队伍，管跨领域成长、流动，管干部能力成长。

从服务对象来看，人力资源体系主要以员工为中心，包括招聘、培养、发展、激励、退出等相关工作；干部体系则以干部为中心，管好现任和后备干部的选拔、培养、考核、弹劾、退出等相关工作。

华为之后，小米成立组织部负责组织发展和干部管理，美团成立干部部负责干部全生命周期的管理。其他企业由于发展阶段和规模的不同，一般将干部管理职能隶属于人力资源体系。

当然，无论独立与否，干部管理的相关工作应该同薪酬、绩效、招聘、培训一样，成为独立运行的任务模块。

一、干部的管理机关与职责

企业的高管、人力资源部、企业大学、各级干部都是干部管理体系的构成部分，在干部管理体系中承担相应的角色与职责（见表 5－1）。

表 5－1　干部管理职责

角色	职责
企业高管	• 干部管理体系的理念、政策、制度、流程的审批 • 中层及以上干部选拔任免、使用决策；考核与激励方案的审批 • 中层及以上干部培养
人力资源部	• 干部管理体系的构建与完善 • 干部职数编制和岗位设置，监督检查干部职数控制情况和选拔任用情况 • 干部选拔、任用、培养、激励、考核的组织者 • 储备干部队伍建设，包括选拔标准、考察、选拔、培养与使用工作

续表

角色	职责
企业大学	• 干部培训体系构建 • 干部培训组织 • 干部培训资源整合
各级干部	• 依照干部管理体系，享受权益，履行责任，参与培养，接受考核与盘点 • 提升自身能力水平，参与企业大学相关课程 • 对干部管理体系提出针对性优化建议

二、干部管理权限

干部管理权限一般包括提名、选拔、任免、使用、考核、培养、激励、盘点、退出等。

干部管理体系的权责分配一般遵循“主官责任、下管一级、差异管理、专业权威”等原则。

|洞　察|

干部管理权限确定原则

主官责任：

● 各部门正职作为各层次的主官，承担部门内全部责任；

● 各部门副职和储备干部为主官提供必要支持，协助主官开展日常工作。

下管一级：

● 总监对分管副总裁负责，班子成员对正职负责；

- 部门长对总监负责，班子成员对正职负责；
- 各部门储备层对部门正职负责。

差异管理：

- 谁负责谁建议，谁使用谁激励；
- 总监以上干部、董事长在任免程序中有一票否决权；
- 培养目的之外，中层及以上干部、总裁/总经理统一调配，储备层由总监调配。

专业权威：

- 任职标准评议、业绩考核、价值观考核、能力培养、轮岗、盘点与退出等模块，由人力资源部建立管理体系，进行专业例行管理；
- 例外管理由人力资源部牵头，总裁办公会审定，形成决议后固化流程与程序，形成例行管理机制。

不同企业的干部管理体系有不同的权限分布。表5-2为某集团公司干部管理权限表。

表 5-2 干部管理体系权限表

岗位	提名	选拔与任免		使用			考核	培养		激励		盘点	
	建议权	任职标准评议	否决权	审核任免权	日常使用权	调岗权	业绩/能力/价值观考核权	能力培养	轮岗	日常激励	中长期激励	盘点	退出
总监	副总裁	人力资源部	董事长	总裁	副总裁	总裁	总裁/副总裁/人力资源部	人力资源部	总裁	副总裁	董事会	人力资源部	人力资源部
副总裁	总裁	人力资源部	董事长	总裁	总监	总裁	总监/人力资源部	人力资源部	总裁	总监	董事会	人力资源部	人力资源部
主任	总监	人力资源部	无	总裁	总监	总裁	人力资源部	人力资源部	总裁/人力资源部	总监	董事会		
副主任	主任	人力资源部	总裁	副总裁	主任	总裁	人力资源部	人力资源部	总裁/人力资源部	主任	董事会	人力资源部	人力资源部
助理主任	主任	人力资源部	无	总监	主任	总监	人力资源部	人力资源部	总监	主任	董事会	人力资源部	人力资源部

说明：本表单仅为示例，各企业在制定权限表时，要根据自身情况而定，同时需将所有干部岗位纳入表中。

第二篇

干部管理八步法

“正确的路线确定之后，干部就是决定的因素。”诚然，干部作为人力资源队伍的核心和骨干，肩负着传承组织文化、承载组织战略、带队伍培养人才的重要使命与责任。构建系统的干部管理体系是打造组织能力、激活人才队伍的关键抓手，在未来数字经济和人力资本时代，应当成为人力资源管理体系的重要课题。

前文提到，干部、干部管理体系和干部队伍建设是三个不同的篇章，其技术要点和操作思路也有本质区别，华夏基石提出干部管理三部曲和干部管理八步法。干部管理三部曲，即明确干部、干部管理和干部队伍建设，通过干部夯实基础，通过干部管理构建机制，通过干部队伍建设打造一支高效能干部团队。干部管理八步法，则通过干部盘点、干部规划、干部选拔、干部任用、干部培养、干部评价、干部激励、干部退出等八大环节，系统构建各层级各类型干部的全生命周期管理模式。

企业构建干部管理体系的核心目的在于，通过“建立机制、给予机会、全面激励、系统激活”的方式，明确管理和发展导向，实现能上能下，多重激励，持续激活，真正实现干部管理提升干部活力，干部管理推动干部成长，干部管理引领干部发展，让每一家企业都能够打造一支素质优良、敢想敢拼、高效作战、自我超越的干部队伍。

// 第六章 //

干部盘点：手中有图，心中有数

干部管理的首要工作就是开展盘点，盘点的目的在于掌握企业当下及未来的用人需求、干部队伍的全貌，进而提出干部管理的工作规划，以及干部的使用建议，其核心在于寻找差距。

在管理实践中，多数企业的干部盘点沦为形式，常将述职和考核当作盘点工具，甚至没有干部盘点机制，完全失去了对干部队伍的实时了解和掌控。这就导致企业提拔干部时对候选人的过往一知半解，缺少干部的基本信息、工作履历、考核情况、价值观践行、奖励、培养情况、性格特质等资料。

华为公司人力资源部会定期收集干部在工作中的绩效数据，对每个干部的能力，比如决断力、商业洞察、战略风险承担等进行综合评估，党委会对商业违规事件进行调查。人力资源部每月把这些数据提供给行政决策团队，每月针对干部选拔召开例会，查找岗位空缺，盘点干部能力绩效，选拔干部到对应的岗位。

干部盘点也有大盘点与小盘点之分。大盘点指的是建立干部胜任能力标准，对所有的干部能力素质进行测评，评估干部个人能力现状，找出现有能力与目标能力之间的差距，据此提出干部发展建议及使用建议。小盘点是指明确组织对干部的数量需求，通过盘点组织现有干部及其胜任能力状况，明确供需差距，作为下一周期干部管理工作的依据。

大盘点一般以任期为周期开展盘点，小盘点一般以年度为周期开展盘点。

一、夯实干部档案基础

企业要建立干部档案，实现干部发展全过程留痕管理，增强管理针对性，提高效率，为后续的干部盘点及干部管理提供基础依据。

1. 基本信息

基本信息主要包括但不限于干部姓名、性别、出生年月、籍贯、民族、政治面貌、家庭住址、学历、专业、毕业院校、专业职称等。

2. 工作履历

工作履历主要包括现所在部门、现任职位、工作经历（含公司内外）。其中，工作经历需明确工作起止时间、工作单位、职位、职位调整情况及原因、主要工作内容与突出贡献等。

3. 价值观评价记录

拥有价值观评价系统的企业，要将干部价值观评价情况作为干部档案的重要组成部分。

4. 任职资格评审记录

干部队伍根据能力可划分为不同级别，如高管层、总监层、中层；根据专业可划分为不同序列，如技术管理序列、市场管理序列、职能管理序列、经营管理序列。不同级别和序列有不同的任职资格要求，干部档案中要包括现所属序列、现职级、干部任职资格评估及调整记录等。

5. 选拔记录

档案中应包括干部各层级选拔的得分或情况、选拔是否成功、选拔后试用期表现等。

6. 培养记录

培养记录主要包括课程学习记录及学分、行动学习课题及结果、导师制表现、轮岗及考核情况等。

7. 考核记录

主要为业绩方面的考核记录，包括各任职岗位、各任期、各年度业绩考核记录。

8. 薪酬记录

从进入干部序列后确定的薪酬起，历次薪酬调整及奖金发放记录。

9. 其他

包括奖惩、个人反思、民主生活会、典型事件、血型等各类特殊信息记录。

企业在建立干部档案时，要充分利用信息化系统，通过数据库技术、数据压缩技术、高速扫描技术等，将纸质文件、声像文件、电子档案等文件归入档案信息库，实现干部档案的大数据管理。这不仅有利于掌握干部队伍全貌，更有利于开展干部盘点，构建干部发展地图。

二、剖析干部胜任力要求

前文讲过，干部是有明确标准的，不同企业有其独特的干部标准。华夏基石干部胜任力模型主要为 CIP 模型，即胜任力主要体现在能力（capacity)、意愿（intention)、特质（peculiarity）三方面。

- 能力因素。主要包括历练、行为和知识。

历练：做过什么，主要是胜任该岗位所需工作经历。

行为：怎么做的，主要是胜任该岗位需要展现的具体行为。

知识：知道什么，主要是胜任该岗位应该具有的流程、组织、服务、专业技术等。

- 意愿因素。主要涉及工作动力匹配，即任职者是否愿意从事某岗位工作，是否喜欢该岗位工作特质等。

● 特质因素。主要涉及性格特质适合与否，判定任职者性格特质与岗位工作所需性格特质是否匹配。

当然，不同企业的干部胜任力标准有所差异。图 6－1 为腾讯干部标准的帝企鹅模型。

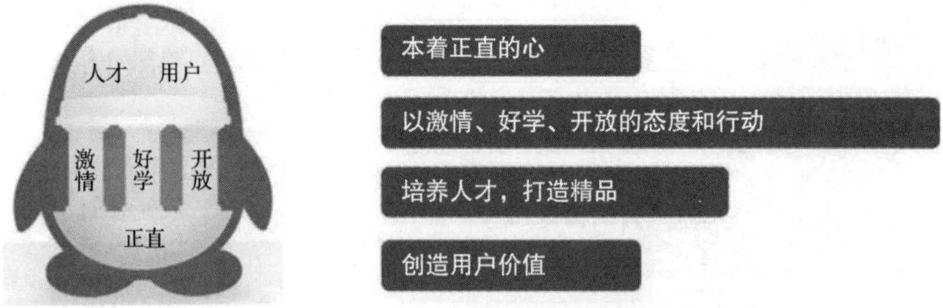

图 6－1　腾讯干部标准的帝企鹅模型

腾讯帝企鹅模型有六个维度，这六个维度不在一个平面上，它的逻辑是本着正直的心，以激情、好学、开放的态度和行动，培养人才，打造精品，创造用户价值。这六个维度下各有两个要素。腾讯的帝企鹅模型应用于干部选拔、发展及考核。

华为也有自己的战略领导力素质模型（见图 6－2），包括三大方面：发展客户能力、发展组织能力和发展个人能力。

发展客户能力包括关注客户、建立伙伴关系；发展组织能力包括团队领导力、塑造组织能力、跨部门合作；发展个人能力包括成就导向、组织承诺、战略性思维、理解他人。

干部盘点要以干部胜任力模型为基础，所以，企业在完善干部档案之后，还需要构建干部胜任力模型。

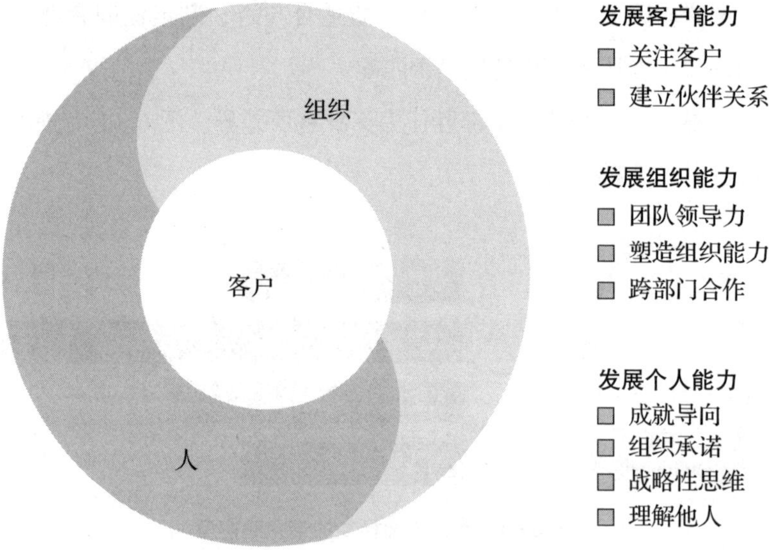

图 6－2　华为战略领导力素质模型

南国置业股份有限公司在人才盘点上聚焦于管理者的岗位胜任力和潜能，把两者作为一级维度指标。岗位胜任力包括绩效结果、领导能力和管理能力三个二级维度；潜能包括价值观、主动性、责任心、学习与创新四个二级维度。企业管理者人才盘点打分表如表 6－1 所示。

表 6－1　南国置业管理者人才盘点打分表

人才盘点打分表					
一级维度	二级维度	等级描述	对应分值	二级维度得分	一级维度总分
岗位胜任力	绩效结果	当期绩效结果为 A	50		
		当期绩效结果为 B	35		
		当期绩效结果为 C	20		
		当期绩效结果为 D	10		

续表

人才盘点打分表					
一级维度	二级维度	等级描述	对应分值	二级维度得分	一级维度总分
岗位胜任力	领导能力	熟悉岗位所需专业技巧和知识，了解公司所需人才素质，并有针对性地激励下属成长	30		
		熟悉下属特点及岗位要求，能够有针对性地制定下属个人成长计划	25		
		熟悉下属的能力及特点，能够用人所长，同下属分享工作技巧及经验	15		
		对下属的成长不管不问，对于下属的能力成长咨询不予解答，从未深入了解下属的能力及特点	5		
	管理能力	涉及部门的日常管理，大部分时间用于分配及审核工作，以及协助解决日常困难	20		
		涉及部门的日常管理，主要通过基层管理者进行管理，计划并安排职责范围内的工作，执行相关政策	15		
		涉及多个业务单元或部门业务的日常管理，主要通过中层管理者进行管理，大部分时间用于协调内外部工作关系、制定业务策略和流程、制定中长期计划等	10		
		涉及公司的总体经营，为达到目标，需进行战略性业务方向决策，在各级管理者之间解决优先权冲突，并分配财务及人力资源	5		
潜能	价值观	评估公司文化及行为方式与外部环境变化的适应性，与时俱进地丰富公司价值观和企业文化的内涵，激发员工的进取心和使命感	30		

续表

人才盘点打分表					
一级维度	二级维度	等级描述	对应分值	二级维度得分	一级维度总分
潜能	价值观	将公司文化融入战略执行过程，鼓舞所属团队士气，规范组织，依据公司价值观和战略塑造和改变现有行为	25		
		身体力行地践行组织价值观和宣传公司文化，成为公司员工的表率	15		
		基本认同公司的文化和价值观	5		
	主动性	工作积极，主动做职责范围之外的事情；主动推动职责交叉或者模糊的工作；遇到困难任务，在别人后退时主动站出	20		
		对于领导交办的工作不推诿、不敷衍、不拖沓；遇到困难时不找借口回避，努力解决问题，而非将问题抛回给领导	15		
		完成职责要求的工作任务，很少做职责之外的事情，不乐意承担领导交办的临时工作	10		
		推卸责任，不愿承担困难的工作任务；遇到问题或责任时总是找借口回避；不愿意承担没有收益的任务	5		
	责任心	具有非常强的责任意识，从不迟到早退；工作注重细节，基本上没有出过差错	30		
		责任意识良好，很少迟到早退；工作认真负责，很少出现低级工作失误	25		
		责任意识一般，偶尔会迟到早退；有时会因为马虎犯一些低级错误	15		
		缺乏责任意识，经常迟到早退；工作中经常出错，重复犯同样的错误	5		

续表

人才盘点打分表					
一级维度	二级维度	等级描述	对应分值	二级维度得分	一级维度总分
潜能	学习与创新	时刻关注行业最新技术、方法和动态，关注企业内外部环境变化，为实现公司的卓越发展，进行突破性创新	20		
		评估现有工作与最佳实践的差距，能够构建适应客户需求的业务流程、业务标准、行为及技能	15		
		深入研究岗位工作职责，结合工作流程，最大限度提升绩效产出，不断优化本职工作所需的知识、技能、技巧	10		
		了解公司业务及管理流程各环节的具体工作标准，能够按照流程及标准开展具体工作	5		

三、组织与人才盘点双管齐下

（一）干部盘点的理念与目的

干部盘点不同于传统的人才盘点，强调组织与个人的双向盘点。干部组织盘点的理念在于，通过客观真实地诊断组织现状，基于干部，对组织战略及匹配的未来架构进行提前规划，提升组织活力。干部人才盘点的理念在于，对现任各层级干部进行识别，确保公司的关键职位由合适的人才担任，并且找出和培养关键职位的接班人选，有效激活高绩效高潜力人才。

当然，盘点的目的不止于此，要根据盘点的结果，针对识别的各类人才采取相应的后续行动，如培养、晋升、降免、激励等。

（二）盘点实施流程

1. 准备阶段

包括选择盘点模式、确定盘点流程、准备盘点工具和组织启动盘点等环节。

通过综合、专业、业务三种视角以及感觉和印象、工具和方法、人才洞察三种过程，可以组合九种人才盘点模式，如图 6－3 所示。

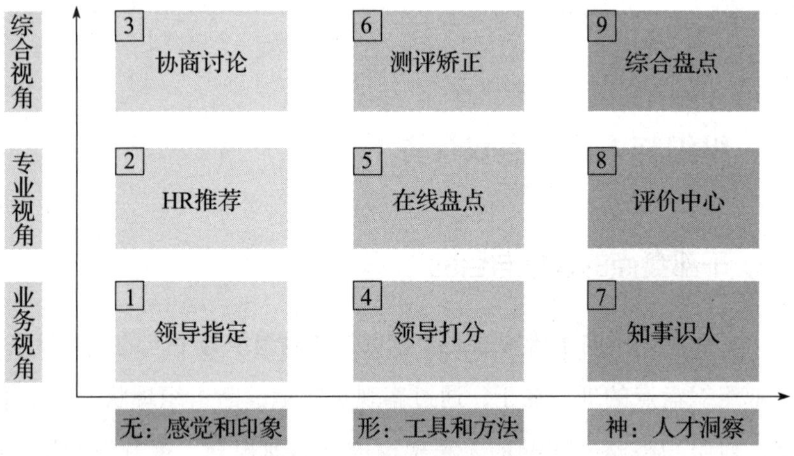

图 6－3　干部盘点模式选择

企业在盘点过程中一般采取评价中心盘点与综合盘点两种模式。

● 评价中心盘点一般使用 360 度评估、管理风格测试、情境模拟、无领导小组讨论、BEI 访谈等评价工具。通过系统的方法，可以掌握更多的干部真实信息。

● 综合盘点则由业务领导者和人才测评专家共同组成评委，在具体的业务场景下评价人才，充分获取参评者的信息。通常使用"在线测评 + 述能会"的模式。综合盘点有诸多好处，比如评委的多样性更能避免主观偏见，围绕真实业务场景更有实际应用价值，干部评价能力在过程中更容易内化，盘点结果的应用更能达成一致意见，等等。

实施盘点前，人力资源部要提前进行讲解培训，准备好干部盘点培训课件和干部胜任力模型，要求评委及参与方积极配合，客观翔实地提供各类资料数据，并对人才评委会的工作进行说明。

2. 实施盘点

企业在确定盘点模式后，要设计盘点内容，同时由人力资源部汇总干部档案，组织干部盘点。

盘点过程中，针对不同群体采取分级盘点，一般而言，高管干部由董事长、首席执行官、人力资源总监、顾问和其他高管组成盘点评审会，集中进行盘点评审，而其他层级干部由相应人员组成评审会开展盘点。

表 6 - 2 为干部盘点工作计划示例。

表 6－2 干部盘点工作计划

序号	计划	内容	说明
1	盘点方案拟定	盘点目的、意义、方法、计划、结果应用等	PPT，包含相应表单设计
2	管理者沟通	与管理者沟通盘点方案，并就盘点方案细节进行讨论确定	盘点时间选择
			盘点方法选择
			测评方法选择
3	盘点基础信息	干部档案（个人基本信息）	组织发展整理
		干部档案（个人履历）	干部个人填写，业务单元审核
4	能力盘点测评方法	胜任力测评	测评内容，测评方式
		潜力测评	测评内容，测评方式
		性格 / 领导风格测评	测评内容，测评方式
5	盘点方案修订	根据管理者反馈确认各部门盘点行动方案	
6	盘点实施	根据盘点行动方案实施盘点	

（三）组织盘点

干部是组织中的核心骨干，在进行盘点前，首先要对干部的载体——组织进行盘点。组织盘点主要从组织架构入手，考察整个组织层面的需求或者组织能力的变化，思考架构和能力的变化会带来哪些干部管理方面的变化。

此外，干部组织盘点还需要同组织发展盘点结合，组织发展盘点要确定未来一年组织结构的调整规划、职责分工，干部组织盘点要考虑干部需求变化、能力变化及干部组织适用性分析。

只有明确了组织架构，才能明确地开展干部盘点。

（四）个人盘点

个人盘点主要关注胜任力标准、价值观、潜力标准、业绩标准、职业发展、离职风险等方面。

1. 胜任力标准

盘点胜任力标准，主要由多类型干部组成评审委员会，采取"评价中心＋综合盘点"的方式进行，其结果作为九宫格中的参考因素。其中，综合盘点一般使用360度评估这一工具。

2. 价值观

通常采取360度评估的方式，从上级、平级、下级、自身等角度出发，对各类型价值观进行评价。有些企业不将价值观评价作为九宫格中的参考因素，有些企业设置27角色图，将价值观、业绩、潜能统一进行考量。

例如，腾讯根据自身文化价值观，从正直、合作、创新、激情四个维度进行评估，作为干部盘点的一个基本输入。

3. 潜力标准

主要对未来的发展潜力进行评判。华为的潜力评价主要为学习力评价，包括以下内容。

（1）变革敏锐力：永不满足，引入新的观点，热衷于创意，领导变革。

（2）结果敏锐力：高能动力，克服万难，打造高绩效团队，激发团队。

（3）人际敏锐力：政治敏锐力，卓越沟通，冲突管理，自我察觉，自我提高，善于组织。

（4）思维敏锐力：视野广阔，无所不用其极，从容面对各种环境，清晰解读思考内容。

表6－3为学习力（潜力）评价表示例，从四个方面进行评价，各涉及五个维度，每个维度可以打1～5分。

表6－3 学习力（潜力）评价表

学习力	思维心智	人际情商	变量创新	结果导向
能力	在相关专业领域有较强的专业能力和视野	对于人际关系有较高敏感度	不满足于现状，持续改善	有较强的自我驱动力和能动性
得分				
能力	具有解决问题的有效方法	能够通过交流有力地影响他人	愿意迎接挑战，不轻易放弃难点	愿意付出足够的努力，能吃苦耐劳
得分				
能力	从容面对复杂模糊的环境	能够倾听和接纳不同意见和负面情绪	善于引入新的观点和方式	具有较高的绩效标准，并激励团队达成
得分				
能力	清晰解读和思考内容	能够自我察觉内在情绪和自我进化	热衷于收集和尝试新的方案和创意	鼓励自己和他人发挥潜力
得分				

续表

学习力	思维心智	人际情商	变量创新	结果导向
能力	善于发现错误，并将此视为改进机会	善于组织和协调各方	能够推动变革	结果导向，不拘泥于方式方法
得分				
总分				

根据总得分，按 20 分及以上、14 ～ 19 分、8 ～ 13 分、7 分及以下，给出高、中、低、弱潜力的评价。

4. 业绩标准

业绩标准的盘点选择业务绩效和管理能力两个维度，采取自评、上级评估、参照评估等方式开展，其中当期业务绩效占比一般不低于 70%，管理能力占比一般不高于 40%，据此综合确定业绩标准。

5. 其他

干部的职业发展和离职风险也应成为干部盘点的重要组成部分。

企业的盘点可采取开门盘点和闭门盘点两种方式。

- 开门盘点。即圆桌会议。根据 ABC 原则，隔级上级（A）为观摩人，直接领导（B）为盘点人，在主持人的引导下，根据被盘点人（C）的绩效和潜力，参考 360 度评估报告进行盘点，最终由观摩人审核，确定本部门的高潜人员以及其余人员所处的位置。盘点以九宫格评分的方式进行，操作过程严格按照机制公平、流程透明的要求执行。在对副总裁进行盘点时，需要所有高管共同讨论才能决定他是否真正具备某项能力。

- 闭门盘点。由观摩人、盘点人、HR 相关人员提取被盘点人的档案数据，根据被盘点人的绩效和潜力确定九宫格位置。

无论是开门盘点还是闭门盘点，都要保证公平公正。

四、干部盘点九宫格

通过干部盘点，可以全方位梳理评价各级干部，提出不同的干部人才池，盘点核心 / 关键岗位继任者，确定干部能力与职业发展计划等。企业在盘点时可借助智能化平台，通过干部盘点系统，将干部人才档案标签化，并匹配组织需求进行人才推荐，实现随时调配。

（一）干部盘点结果

1. 九宫格盘点结果

干部盘点结果一般以人才九宫格的形式进行分类。九宫格用业绩潜能矩阵进行人才盘点，主要包括两个维度：业绩盘点 + 潜能评估。横轴是业绩或一些量化的结果，纵轴是潜力或素质。其中，潜力和业绩按照 20%、70%、10% 为分位值进行划分，分别对应高、中、低三个区间，即前 20% 为高区间，20% ～ 70% 之间为中区间，后 10% 为低区间。

通过九宫格工具，可以有效评判出超级明星、明日之星、表现出色者、中坚力量、稳定贡献者、表现尚可者、待观察者、绩效不佳者、未胜任者九种角色类型（见图 6－4），分别对应不同的管理措施。

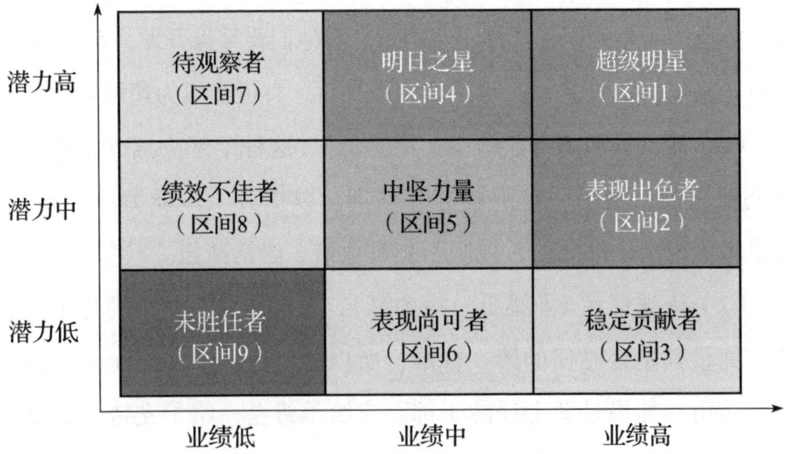

图 6－4　干部盘点结果——九宫格

（1）超级明星（业绩高、潜力高）。针对业绩高、潜力高的干部，要设计多种快速晋升、轮换的方式，鼓励其不断承接更多的管理任务，在薪酬上也要给予足够的回报，让“发动机加满油”。

（2）表现出色者（业绩高、潜力中）。潜力中等的干部，适合在其能力范围内履行职责，给予挑战性的工作，配套培养措施，不断激发他们的潜能，让其成为超级明星，但这类干部有其既定的发展节奏，不可操之过急，避免揠苗助长。

（3）稳定贡献者（业绩高、潜力低）。这类干部保持不变，给予认可和激励，也可以采取轮岗的方式保持其工作的新鲜感和积极性。

（4）明日之星（业绩中、潜力高）。针对明日之星的干部，要谨慎规划下一个职业发展，多给予指导，让其按照自身的成长速度，成为超级明星。

（5）中坚力量（业绩中、潜力中）。这类角色占据了干部队伍的多数，企业中一半的干部都是中坚力量。对他们要重点开发，系统培训，争取让其成为明日之星，当期能力提升后，有机会成为超级明星。

（6）表现尚可者（业绩中、潜力低）。这种干部应减少管理职责或调整岗位，给予一定的辅导和培训，以提升工作能力，必要时，可以考虑退出干部队伍，以吸引新鲜血液，激活队伍。

（7）待观察者（业绩低、潜力高）。干部作为企业中的骨干，业绩是衡量其是否胜任的第一标准，所以业绩低的干部要淘汰，退出干部队伍。如果是新上任的干部，应给予机会，给予支持，鼓励其提升业绩。如果是成熟型干部，暂时淘汰，待其业绩提升时还可重新进入干部队伍，甚至成为超级明星。

（8）绩效不佳者（业绩低、潜力中）。这类干部要从干部队伍中淘汰，降职降薪，同时给予一定的绩效辅导期，调整岗位后，如果绩效仍然较差，可能不会有机会再次进入干部队伍。

（9）未胜任者（业绩低、潜力低）。这类干部要尽快从干部队伍中淘汰，甚至从组织中淘汰，但是在淘汰前要确保有继任者。

|洞　察|

A企业的领导力九宫格

A企业结合绩效等级和潜力能力得出了领导力九宫格图。图6-5显示了A企业衡量绩效的维度，表6-4列出了A企业衡量绩效的指标。表 6-5 列出了 A 企业四个层级的九宫格人力盘点情况，图 6-6 显示了企业九宫格人力分布。

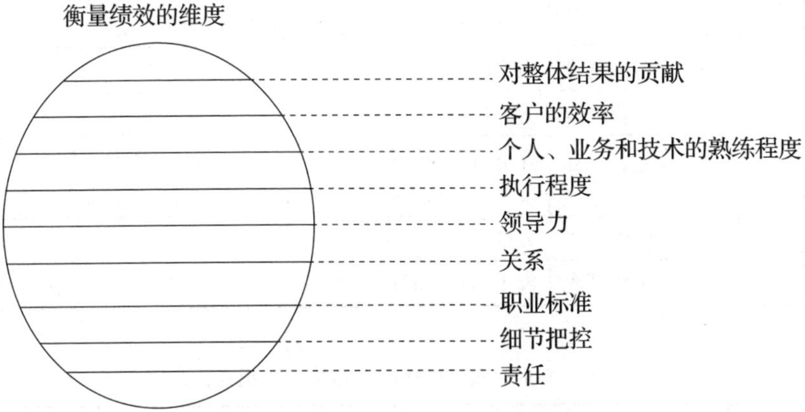

图 6-5　A 企业衡量绩效的维度

表 6-4　A 企业衡量绩效的指标

等级	指标	指标维度
一线经理	领导技能	工作计划、知人善任、分配任务、激励员工、教练辅导、绩效评估
	时间管理	时间规则
	工作理念	管理性工作意识
部门总监	领导技能	甄别人才、授权能力、评估一线经理、教练辅导、全局性思维
	时间管理	时间规划
	工作理念	管理者思维
事业部副总经理	领导技能	突破专业、沟通技巧、内部协作与竞争、制度职能、战略能力
	时间管理	花时间学习专业外的知识
	工作理念	大局意识、重视未知领域

续表

等级	指标	指标维度
事业部总经理	领导技能	战略规则、管理不同部门、多方协调、利益平衡与协调、长短期目标平衡、欣赏支持性部门
	时间管理	虚实结合
	工作理念	盈利视角
集团高管	领导技能	评估财务预算和人员配置、教练辅导、评估投资组合策略、评估资源与核心能力、发现与管理新业务
	时间管理	大量沟通
	工作理念	善于学习、间接成功

表 6－5　A 企业四个层级的九宫格人力盘点汇总表

领导层级		方格1	方格2	方格3	方格4	方格5	方格6	方格7	方格8	方格9	总计
一线经理	人数所占比例	46	66	27	12	120	2	20	41	23	357
		13%	18%	8%	3%	34%	1%	6%	11%	6%	
部门总监	人数所占比例	15	12	10	1	32	6	3	14	3	96
		16%	13%	10%	1%	33%	6%	3%	15%	3%	
事业部副总经理	人数所占比例	3	2	3	0	6	0	0	1	0	15
		20%	13%	20%	0%	40%	0%	0%	7%	0%	
事业部总经理	人数所占比例	0	0	1	0	4	0	0	1	0	6
		0%	0%	17%	0%	67%	0%	0%	17%	0%	
总计人数	人数所占比例	64	80	41	13	162	8	23	57	26	474
		14%	17%	9%	3%	34%	2%	5%	12%	5%	

说明：因四舍五入，有的比例总和超过 100%。

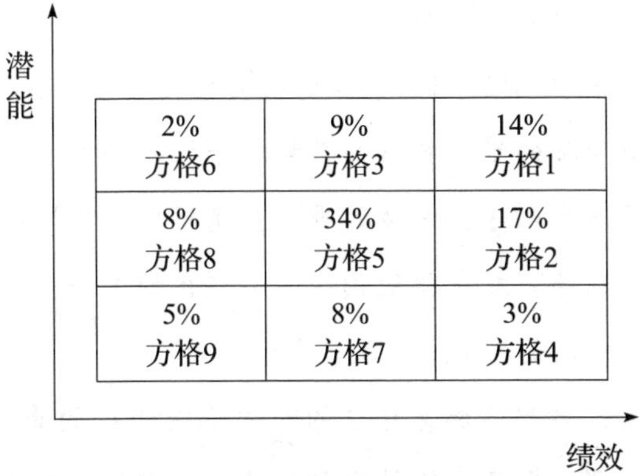

图 6－6　A 企业九宫格人力发布

A 企业九宫格人才盘点结果如下：

● 方格 1——明星员工

组织的超级明星，不论是现有职务的绩效表现，还是未来潜能的发展，都展现出非常优异的成果或学习潜能。因此，应为此方格内的人才在极短的时间内安排合适的新职务，使他们迅速获得晋升。

要赋予他们更重要的责任，否则，这些优秀人才极容易在内部缓慢的作业过程中失去耐心，对现有职务产生倦怠感或者被其他同业挖角，如此一来，组织的损失极大。此方格关键人才是公司的核心人才，要注重给予平台和机会，发挥其潜质。

● 方格 2——有一定潜力的优秀员工

在现有职务上表现优异，也展现出能够承担相同层级内更大职责的潜力。

此方格的人才主要集中在一线经理和部门总监岗位，对于这类人才，应加强培育他们向上一层级发展所需的核心能力，以激发其展现更多潜能（往方格 1 移动）。

方格 3——能够达成目标，同时拥有巨大潜力的员工

符合现有职务的绩效标准，并展现出极高的潜能，未来可以往上晋升。对于这类人才，发展的重点应是针对其优势，给他们指派更具挑战性的任务，或安排他们从事多样性的工作，以鼓励这些人才取得更好的绩效成果（往方格 1 移动）。

一般而言，方格 3 和方格 2 的人才都是组织的重要人才资产，应该多投入资源，提高他们最需要的技能。例如，有的人在同一工作范围内已经深耕许久，那么他的发展重点可能就是开阔眼界，因此要让他有机会到更多的岗位上去体验不同的工作内容；而对于已在多个岗位上历练过的人来说，他的发展重点可能就是开阔视野或是扩大现有的职责范围。

方格 4——优秀员工

在现有职务上表现优异，并能在类似的工作中内扮演不同角色。此方格的人才的培训重点应在于持续提升核心能力，以迎接未来的挑战。

方格 5——能够达成目标，拥有一定潜力的员工

达到现有职务的绩效标准，也有机会尝试承担相同层级内较大的职责。A 公司方格 5 的员工比例达到了 34%，属于九宫格之最，不管是一把手还是人力资源部门都应重视这部分人员，发展的重点是根据这类人才的潜能发展趋势来决定是否赋予其更有挑战性的任务（往方格 3 移动），或强化现有的绩效表现（往方格 2 移动）。

方格 6——非常有潜力的人才

发展的重点应是尽快教导、强化，使其绩效提升，达到此职务

的标准。

方格7——基本胜任的员工

此类员工绩效水平尚可，但缺乏更大发展潜力。针对此类员工的策略是维持其现有工作、职责不变，发挥其能力特长。应减少此类员工担任管理岗位或更具挑战性工作的机会。

方格8——差距员工

此类员工有一定的发展潜力，但尚未转化为工作绩效。针对此类员工的策略是通过培训给予一定挑战性工作机会，激发其潜力和工作意愿。

方格9——差绩效者

未达到现有职务的绩效标准，若不存在意愿或能力上的问题，应协助其改善绩效，或者协助他调至其他合适的职务或者转至其他公司。

2.27 因素九宫格

传统九宫格主要考量业绩与潜力，现在有的企业也将价值观纳入盘点，通过X轴、Y轴、Z轴的矩阵设计，以20%、70%、10%为分位值进行划分，分别对应高、中、低三个区间，可以得出27种不同的干部角色类型，分布为九宫格（见图6－7）。

（1）A型干部。这类干部非常符合企业的价值观要求，且领导能力和管理潜能皆处于公司中上水平，是排名前20%的优秀干部，是公司重点保留和激励的对象。

针对这类人才，公司应为其建立明确的职业发展方向和发展路径，通过岗位轮换、主持重要项目等迅速补充其当前经验的不足，

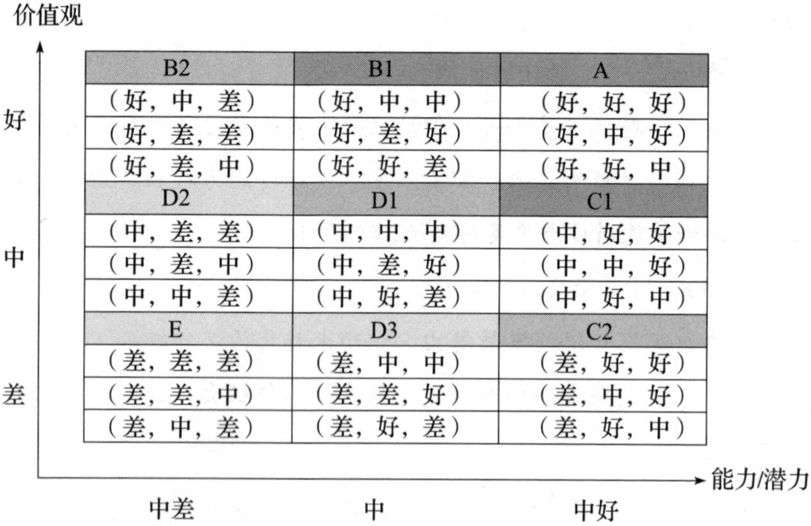

图 6－7　27 因素九宫格

并在一到两年内将其提升到更高的岗位上。

此外，公司应在晋级、加薪、奖金等方面予以倾斜，并考虑对其进行股权激励。

（2）B1 型干部。这类干部非常符合企业的文化和价值观要求，领导能力和管理潜能皆处于中等水平，是公司经理级人员中比较有发展潜力的干部，是公司重点培养的对象。

针对这类干部，公司应为其建立清晰的能力提升方向和计划，通过导师制、培训、轮岗等快速提升其领导能力，并在其取得优秀业绩之后纳入 A 类人才。

业绩优秀的干部可作为更高级岗位的后备储备和股权激励对象；此外，公司应当主要根据业绩完成情况和能力提升情况对其进行激励，保持其薪酬具有一定的竞争力。

（3）B2 型干部。这类干部非常符合企业的文化和价值观要求，但其领导能力和管理潜能皆处于较低水平，是公司经理级人员中需要鼓励的干部。

公司可以根据这类干部的职业发展意愿适当提供培训和岗位机会，并通过人岗匹配让其在经理级岗位中取得优秀业绩。

对于绩效较差的这类干部，公司应降职、降薪、培训或转岗，并进行跟踪观察，若业绩仍得不到改进，公司可考虑与其解除劳动合同。公司主要根据业绩完成情况进行激励。

（4）C1 型干部。这类干部能力与潜力处于较高水平，但其价值观处于中等水平，不太符合公司价值观要求，是公司经理级人员中需要重点引导和激励的对象。

针对这类干部，应在充分肯定其能力和业绩的基础上，加大沟通力度，宣传公司的价值观主张，寻求此类干部职业发展与公司发展的共同点，增强其对公司主张的认可度。

公司针对此类干部的使用策略是加大基于业绩的物质激励，但职位晋升应当谨慎，在跟踪并确定此类干部价值观与公司较吻合后再委以重任。

（5）C2 型干部。这类干部不太符合企业的文化和价值观要求，但领导能力和管理潜能皆处于公司中上水平，是公司经理级人员中最不稳定的干部，是公司重点关注的对象。

针对这类干部，公司应通过领导谈话、价值观教育、调整工作部门或岗位等方式提升其对公司文化和价值观的认同程度，并在其价值观改善之后将其纳入 A 类或 C1 类人才，但若一年后仍无改善，公司可考虑与其解除劳动合同。

公司应重点关注这类干部的价值观表现，并主要根据业绩完成情况和价值观改善情况进行激励，使其薪酬保持一定的竞争力。

（6）D1 型干部。这类干部比较符合企业的文化和价值观要求，领导能力和管理潜能皆处于中等水平，是公司经理级人员中有一定发展潜力的干部，是公司需要进一步培养和考察的对象。

针对这类干部，公司应通过领导谈话、价值观教育、安排导师、授权、扩大工作职责等方式提升其对公司文化和价值观的认同程度，同时为其建立清晰的能力提升方向和计划，通过导师制、培训、轮岗等快速提升其领导能力，在其取得优秀业绩之后纳入更高级人才。

此外，公司应当主要根据业绩完成情况、价值观改善情况和能力提升情况进行激励，使其薪酬保持一定的竞争力。

（7）D2 型干部。这类干部比较符合企业的文化和价值观要求，但其领导能力和管理潜能皆处于较低水平。

对于绩效优秀的这类干部，公司可以通过领导谈话、价值观教育等方式提升其对公司的文化认同，根据其职业发展意愿适当提供培训和岗位机会，并在其价值观改善或能力提升后纳入更高级人才。

对于绩效较差的这类干部，公司应进行降职、降薪、培训或转岗，并进行跟踪观察，若业绩仍得不到改进，公司可考虑与其解除劳动合同。公司主要根据业绩完成情况进行激励。

（8）D3 型干部。这类干部不太符合企业的文化和价值观要求，领导能力和管理潜能皆处于中等水平。

对于绩效优秀的这类干部，公司可通过领导谈话、价值观教育、调整工作部门或岗位等方式提升其对公司文化和价值观的认同程度，并在其价值观改善之后纳入 D1 类人才，若一年后仍无改善，公司可考虑与其解除劳动合同。

对于绩效较差的这类干部，公司应进行降职、降薪、培训或转岗，并进行跟踪观察，若业绩仍得不到改进，公司可考虑与其解除劳动合同。公司主要根据业绩完成情况进行激励。

（9）E 型干部。该类干部不太符合企业的文化和价值观要求，领导能力和管理潜能均处于公司经理人员排名后 20%，是公司需要淘汰的人员。

对于业绩优秀的这类干部，公司可考虑通过价值观教育、培训等方式提升其相应能力，若得不到改善，可考虑在合同到期后不再续签；对于业绩一般或较差的人员，公司可考虑对其降职、降薪或调整工作岗位，若一年后业绩没有得到改善，可与其解除劳动合同。

3. 干部盘点结果

无论是九宫格还是 27 因素，在干部盘点完成时，都要出具相应的干部盘点报告。报告包括以下内容。

（1）干部队伍整体盘点情况：包括但不限于优秀干部群体、可提拔干部群体、需培养能力干部群体、需调整岗位或淘汰干部群体等方面的统计分析。

（2）各类型干部盘点情况：各层级干部情况、各序列干部情况、对比统计分析等。

（3）典型干部群体情况：可提拔干部群体信息、储备池干部群体信息、待培养干部群体信息、需淘汰干部群体信息等。

人才盘点结束后，企业干部管理部门需根据干部盘点结果，思考下一步整体的干部工作计划。

（二）盘点结果应用

干部盘点结果的应用主要包括以下几种类型。

1. 干部发展地图

干部发展地图包括两个方面：个人地图和组织地图。

（1）个人地图。个人地图主要为干部信息档案的盘点结果展示，包括姓名、当前职位、盘点结果、个人优劣势、发展建议、离职分析、目标岗位、准备度等类型信息。图 6－8 为个人地图示例。

（2）组织地图。组织地图指针对各部门各管理岗位的人员现状及下一步发展建议进行盘点，便于了解干部全貌，为下一步干部管理确定依据。

以图 6－9 为例，针对岗位及对应的干部个体和盘点结果，明确准备度，S 代表可以提拔，M 代表还需要培养，L 代表暂时保持原状。同时对干部储备也加以明确，0 代表有正常的后备储备，1 代表有储备但还需要培养，2 代表无后备储备。

当企业将所有管理岗位纳入整个干部地图时，就对干部群体的现状、下一步发展建议和后备队伍建设等情况一目了然。

姓名：宋文

当前岗位：山东区域A
开始日期：2010.7.1

离职风险：中
离职影响：高
离职原因：寻求更大发展，正在读MBA

目标岗位：华东区M
晋升准备度：RF

目标岗位：东北区M
晋升准备度：

业绩	2011年	3
	2012年	3
	2013年	4
潜力	分析思维	3
	自省自知	4
	主动性	4
	事业心	3

管理技能	评分
战略计划能力	3.4
制度/流程管理	3.0
文化建设	3.1
知人善育	3.4
沟通影响力	2.9
绩效管理	3.1
总结和复盘	3.5
专业技能	3.6

优势：专业能力强，擅长计划与总结复盘
待发展项：沟通有待加强
发展建议：制定专项培养计划

图6-8　个人地图示例

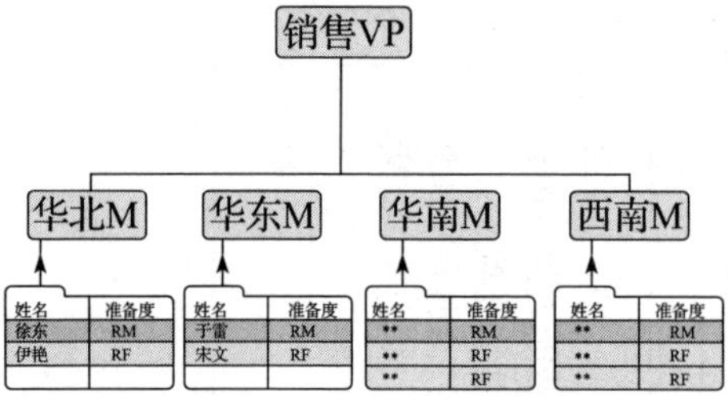

代码	准备度	建议
S	高	可以提拔
M	中	还需要培养
L	低	暂时保持原状

代码	人才储备	说明
0	正常	有正常的后备储备
1	注意	有储备但还需要培养
2	严重	无后备储备

图 6－9 组织地图示例

2. 干部发展计划

干部的使命责任和能力建设也要以干部盘点结果为基础。企业做好干部盘点之后，要针对每位干部制定个人发展计划（IDP）。表 6－6 为干部发展计划表示例。

表 6－6 干部发展计划表

<table>
<tr><td colspan="4">干部信息（以下部分由 HR 填写）</td><td colspan="7">填写日期：　　年　月　日</td></tr>
<tr><td>姓名</td><td></td><td>性别</td><td></td><td>出生日期</td><td></td><td>籍贯</td><td></td><td colspan="2">民族</td><td></td></tr>
<tr><td>集团 / 区域</td><td></td><td>公司</td><td></td><td>部门</td><td></td><td>职位</td><td></td><td colspan="2">入司日期</td><td></td></tr>
<tr><td rowspan="3">主要教育经历</td><td colspan="2">起始日期</td><td colspan="2">截止日期</td><td colspan="2">学校</td><td colspan="2">专业</td><td colspan="2">学历</td></tr>
<tr><td colspan="2"></td><td colspan="2"></td><td colspan="2"></td><td colspan="2"></td><td colspan="2"></td></tr>
<tr><td colspan="2"></td><td colspan="2"></td><td colspan="2"></td><td colspan="2"></td><td colspan="2"></td></tr>
<tr><td rowspan="6">主要工作经历（包含公司内部的调岗经历）</td><td colspan="2">起始日期</td><td colspan="2">截止日期</td><td colspan="2">公司</td><td colspan="2">部门</td><td colspan="2">岗位</td></tr>
<tr><td colspan="2"></td><td colspan="2"></td><td colspan="2"></td><td colspan="2"></td><td colspan="2"></td></tr>
<tr><td colspan="2"></td><td colspan="2"></td><td colspan="2"></td><td colspan="2"></td><td colspan="2"></td></tr>
<tr><td colspan="2"></td><td colspan="2"></td><td colspan="2"></td><td colspan="2"></td><td colspan="2"></td></tr>
<tr><td colspan="2"></td><td colspan="2"></td><td colspan="2"></td><td colspan="2"></td><td colspan="2"></td></tr>
<tr><td colspan="2"></td><td colspan="2"></td><td colspan="2"></td><td colspan="2"></td><td colspan="2"></td></tr>
</table>

干部现状总结（盘点会上填写）			
优势 / 专长			
当前不足			
目前负责的工作 / 项目	工作 / 项目名称	具体内容	工作评价
工作内容			

培养目标				
职业发展目标 （未来 2 年内的目标）	本部门		其他部门	
发展目标	分类	目标项目	发展类别	预估完成时间
	专业知识			
	技能			
	岗位能力			
	其他			

直属经理意见（以下部分由直接主管填写）										
填写日期：　　年　月　日										
干部现状总结										
优势 / 专长										
待提高项										

干部发展计划（季度）				
分类	发展项目	具体内容	季度总结	年度总结
岗位成长（50%）				
自学（20%）				
教练（20%）				
教育培训（10%）				

IDP 信息档案主要包括几个方面：

（1）基本信息：包括个人信息、工作信息、教育经历、工作经历等。

（2）个人现状总结：在盘点会上，由相应部门填写，包括优势、专长、不足等方面。

（3）工作内容及培养目标：工作的具体内容、评价结果，及未来培养的发展目标，也可细化为知识、技能、岗位能力等方面的目标。

（4）个人发展计划：包括岗位成长发展项目、自学发展项目、教练发展项目、教育培训发展项目等。

3. 干部管理规划

确定九宫格，绘制干部发展地图和干部 IDP 后，要有针对性地开展干部管理规划。腾讯每年都会进行干部盘点，并通过立项来应用盘点结果，如活水项目、加油站项目、人才能下项目和飞龙项目等。

干部管理规划包括以下几种：

（1）组织架构调整计划：当无胜任干部或存在干部能力溢出现象时，要思考组织架构下一步的动向，通过组织结构的调整来优化干部结构，激发干部活力。

（2）关键岗位干部选拔计划：针对无明确后备或后备人员过多的岗位，可实施组织内外部干部选拔计划，选拔方式有竞聘、委任等。

（3）干部轮岗计划：针对缺乏工作活力和激情的在任干部，丰富其工作经历，鼓励尝试新的轮岗。但需要注意，轮岗优先安排培养对象。

（4）辅导改进与降职计划：针对盘点不理想的干部群体，实施辅导改进计划，同步实施降职计划，干部能上能下，优化干部群体，激活干部队伍。

（5）晋升与培养计划：针对业绩和潜力双高的干部，要将其晋升至合适的岗位；针对潜力中低的干部，要实施相应的培养计划。

|**洞　察**|

京东 ACS 培养模式

京东盘点会议产生的高潜干部每年都会得到公司的精心培养，基于公司战略发展方向以及个人发展意愿快速成长。

京东的高潜人员培养周期为一年，基本按照 ACS 模式提升能力。

A（assessment）：自我认知测评，深度了解自我。

在整个培养项目的前期，通过测评工具让高潜人员了解自我冰山下的个性、价值观、自我形象、动机等，明确发展哪部分能力更能帮助自己以及组织提升绩效，为自己制定未来的领导力发展计划与方向，与直接上级及隔级上级达成发展共识，以便未来通过组织对高潜人员发展的盘点。

C（challenge）：设计更有挑战性的培养内容，让高潜人员快速成长。

在为期一年的培养项目中，除了拔高的课程培训内容外，公司高层给高潜人员设计了很多挑战性的项目，如将高潜人员直接派至海外市场负责业务开拓，跨业务发展，带领更大的团队，全面管理区域业务。

S（support）：京东高层及人力资源给予大力支持。

投入人力、财力等资源或者平台进行高潜人员培养，促使培养流程顺利进行，高潜人员能力快速提升。

干部盘点的最佳状态就是心中有数，手中有图。心中有数，指对所有干部的价值观、业绩、潜能、素质、行为等方面有系统深入的了解，同时对干部队伍的结构和能力也有深刻了解。手中有图，指将岗位与干部进行联动，通过组织发展倒逼干部发展，通过干部发展推动组织发展，实现人与组织的有效协同。

当然，干部盘点只是干部管理体系的第一步，也是基础性工作。在盘点干部后，要有针对性地开展干部规划，根据组织需求明确干部职数，便于开展日常管理。

// 第七章 //

干部规划：预则立，不预则废

凡事预则立，不预则废，干部管理亦然。

面对外部环境变化、客户需求变化、目标市场变化、产品不断升级和扩张，组织对干部队伍的能力提出了新的要求。内外部环境变化不仅会导致干部队伍数量上的变化，还会对结构和能力产生影响。

干部规划首先要进行组织盘点，通过业务、组织、机制等模块进行系统分析，明确业务发展和组织发展所需配套的干部队伍数量、质量和结构。干部规划的组织盘点不是走走形式，装装样子，而应该真正伏下身，了解各个维度的影响因素。只有做到“对事了然于胸”，才能“对人运筹帷幄”。

组织盘点只是第一步，更重要的是针对目前的干部队伍数量、质量、结构和未来的组织需求之间的差距分析。这种差距分析才是干部规划真正的起点。

干部规划主要解决以下方面的问题。

● 面向未来的业务需求，应该如何配备干部队伍？

● 各类型干部的需求是什么？缺乏哪几类干部（经营类、技术类、职能类或储备层、中层、高层）？每类缺多少？

● 公司现有干部的能力素质如何？哪些干部能力提升容易？哪些干部能力提升困难？应该如何处理？

● 哪些干部必须从外部引进？如何从外部引进？

● 干部队伍的吐故纳新如何实现？应该让哪些干部退出？如何退出？

干部规划本质上是对业务、组织和高素质干部的组合。科学合理的干部队伍规划，可以满足业务和组织变化带来的干部需求，也可以解决高效能干部个体的激励问题。

干部规划按照周期可以分为任期规划和年度规划。企业战略规划一般以 3 ～ 5 年为周期，干部任期可以与之相同。每一战略周期内，企业应根据战略目标、业务需求确定配套的组织结构和运行方式，要根据业务需求确定干部的数量、质量和结构。在做任期规划时，除了有配套业务推进的干部人才规划，还要有顶尖干部专项规划和配套机制规划。针对行业顶尖的干部人群，要重新配置资源和团队，鼓励其开创新的业务局面。年度规划主要是针对任期规划的落实情况进行总结分析，审视环境是否发生变化以及干部队伍能否满足业务需求，同时也可以针对整体任期规划和管理现状提出优化措施，比如，推出“年度干部队伍建设十大工程”。

在配套机制上，通过一段时间的干部管理机制的运行，可以找出高效能干部队伍建设的症结点，有针对性地改进。

一、干部队伍承载战略与组织规划

组织盘点是干部规划的基础，也预测了未来干部队伍的需求。

企业在开展干部规划时，可以将组织盘点同组织发展相结合，通过对业务、组织和机制的审视，明确下一阶段对干部队伍的需求。

1. 干部是战略及业务目标实现的关键因素

在开始干部规划前，要做好基础的准备工作，收集相关数据，进行战略及业务审视。需要的数据包括：

- 公司整体战略规划数据和各分（子）公司 / 事业部战略规划数据；
- 组织结构相关数据；
- 财务规划、市场规划、生产规划、项目规划等运营数据。

华夏基石在进行企业战略及业务审视时，采取的是“企业核心竞争力诊断的金字塔模型”，该模型通过战略空间、竞争要素、价值主张、实现路径、竞争基础五个维度及相关的十个方面，思考企业发展核心竞争力的来源，其中，人才队伍的主体就是干部队伍、经营队伍和技术队伍。

- 战略空间：指企业在业务领域内的发展空间，大市场孕育大机会，大机会需要更多更牛的人。
- 竞争要素：具有资本、技术和品牌上的竞争力，才能实现企业持续的竞争优势。
- 价值主张：通过分析客户需求，构建价值生态，应对外部竞争，创造独特价值和核心竞争优势。
- 实现路径：核心竞争力的实现路径主要包括组织、文化、人才三个方面。
- 竞争基础：竞争要素、内外部市场选择、实现路径都要以业务模式为基础。

通过对企业战略及业务的系统审视，可以初步得出对干部队伍的需求。

|洞　察|

某银行基于战略的干部队伍规划

1. 战略方向：3 ～ 5 年成为国际银行业合格的竞争者

2. 发展目标：包括业务发展目标、资本运营目标和管理规划目标

（1）业务发展目标：保持核心业务的强劲增长，提高零售业务在整体业务组合中的比重，中间业务占营业净收入 5% 左右，改善

资产质量，市场份额提高到13%左右。

（2）资本运营目标：海外上市，兼并收购，成立金融控股公司。

（3）管理规划目标：建立八大系统，建立与国际接轨的风险管控体系，建立高效的内控体系，创新资产管理模式。

3. 关键成功要素

业务发展目标要求客户细分和特有的价值定位、持续的金融产品创新、创新性营销、卓越服务和强大的风险管理；资本运营目标要求有良好的信誉、杰出的资本运作与经营；管理机制目标要求优秀的管理和高效的信息管理系统。

4. 关键干部：基于战略方向、发展目标、关键成功要素确定

包括高级管理人才、中高级客户经理、金融产品研发经理、市场经理、高级风险经理、投资业务经理、IT项目经理和高级财务经理。

图7-1显示了其干部队伍规划。

2. 组织关键岗位是干部发挥价值的载体

工业时代的组织强调的是精确性，企业目标、业务单元定位、部门职责、岗位职责的链条传递，纵向符合责权对等，横向无遗漏无重叠。因此在管理层级与价值链条的交汇处，都会设有相应的管理岗位。

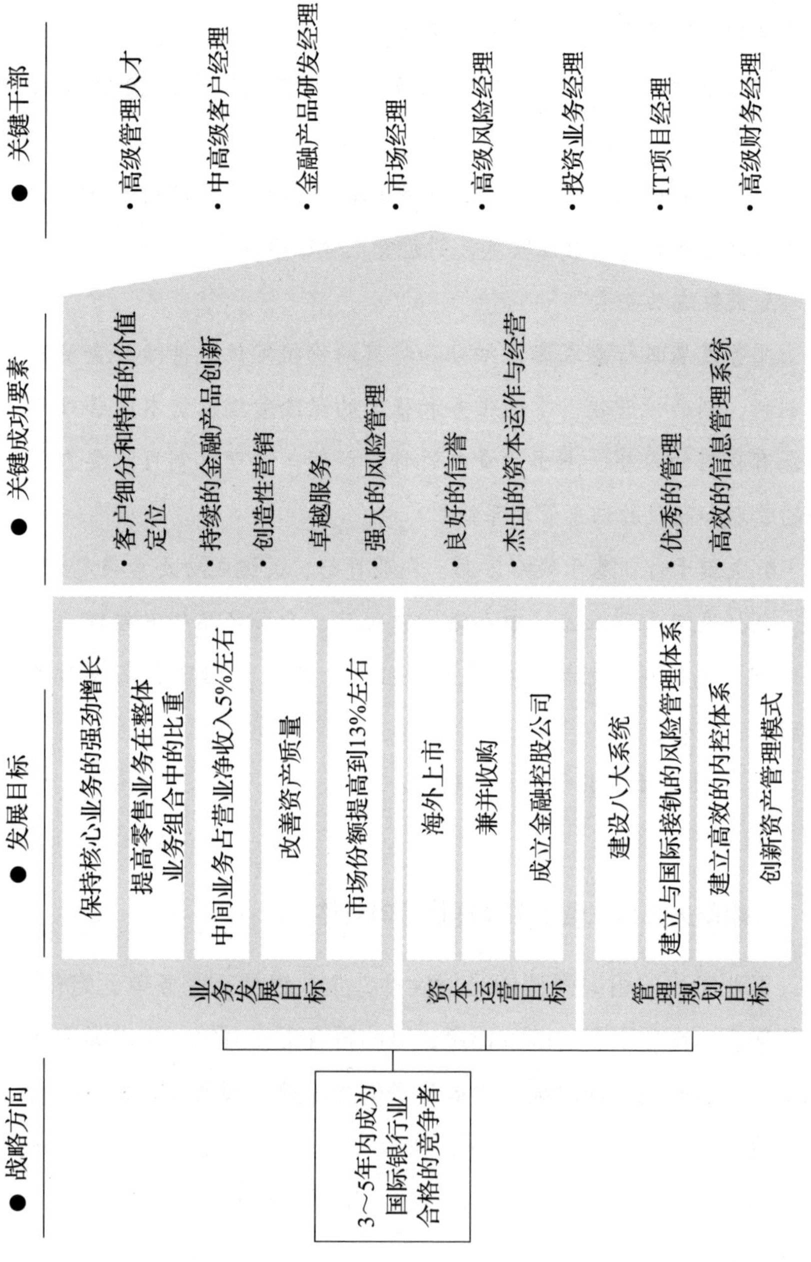

图7-1 某银行干部队伍规划

|洞　察|

美的集团：干部是分拆出来的

美的的干部培养和选拔体系与组织方式密切相关。美的 1968 年成立，1992 年上市，一开始产品线就做得很长，大品类的产品很多。美的很早就进入多个领域，如电风扇、微波炉、空调等。因为产品线过长，业务繁杂，管理复杂，1996 年业务不仅停止增长，还出现了负增长。于是美的在 1997 年把一个公司分成 3 个事业部，到 1998 年变成 5 个事业部。此时，美的发现干部不够，因为每个事业部需要一个完整的班子，要有总经理、业务经理，要有管人的、管生产的，人才缺口很大。当时美的的想法很朴素，事业部必须成立，不然管理的复杂度令企业无法承受，亏损问题也就解决不了。美的在 1997—1998 年破格提拔了大量干部。很多年轻人在一个岗位上没干几年，就从一个部门员工提拔为一个部门经理，甚至从一个业务主管提拔为事业部副总或营销总监。事业部的扩张使得很多年轻人走上管理岗位。

如今随着技术的进步，信息传递成本几乎为零，推动未来的层级越来越模糊化、扁平化、动态化，对干部规划也产生了极大的影响。

新的环境下，应裁减哪些部门，增加哪些部门？数字时代许多新兴企业频繁进行组织架构的调整、裁撤、合并、新增，在干部管理方面必须系统思考，有序应对。

|**洞 察**|

小米：组织调整让年轻干部走上前台

2018 年 9 月 13 日下午，雷军发出内部邮件宣布，小米的组织架构做出重大变革，新设集团参谋部和集团组织部，进一步增强总部管理职能，同时调整部分高管的工作分工；电视部、生态链部、MIUI 部和互娱部四个业务部重组成十个新的业务部，一大批 80 后年轻高管走上前台。

雷军表示，小米的愿景是让每个人都能享受科技带来的美好生活，未来要成为营收达万亿元的公司，而达成这一目标预计需要 10 万员工，必须依靠更多的人才。为此，小米需要进一步强化总部管理职能，提升组织效率，优化组织结构，强化公司人才梯队建设，发掘更多年轻人才并给予更多晋升机会。

在任期初、年初，人力资源部门要根据组织结构及岗位设置情况、业务结构及业务规模情况提出干部规划。

组织结构及岗位设置情况包括但不限于部门及层级调整、设计 / 核销组织机构、收购 / 出售分（子）公司等因素导致的新增 / 取消岗位。

业务结构及业务规模情况包括新增 / 取消业务线、产值增长等业务变化导致的新增 / 取消岗位。

3. 依靠机制打造高效能干部队伍

进行干部队伍规划，不仅要思考人才方面的问题，还应从盘点、规划、选拔、任用、评价、激励、培养、退出等八个方面进行全生命周期的对标审视，找出差距，并提出未来的工作机制改进措施。

|洞　察|

某集团公司干部管理体系对标审视及改进措施

经过充分沟通和调研，项目组认为集团在干部管理机制方面已有明确的运行方式，但仍需改进。

1. 日常选拔

● 双选性选拔方式便捷高效，但关注当期业绩居多，忽略长期潜能。

● 用人部门一把手推选，便于发现人才，但主观意识强，且易形成山头。

● 主观选拔对评委要求较高，容易出现“老好人/任人唯亲/刻板印象”。

● 目前选拔规则的导向和牵引作用有待提升，员工对如何成为干部一头雾水。

2. 后备梯队建设

● 缺乏完善的后备梯队和继任者计划，干部岗位空缺时难以快速有效地选拔候选人。

● 后备体系不完善，员工及干部对于未来发展缺少方向感。

● 由于后备干部不明确，绩效较差的干部难以替换。

3. 培养发展

● 有培训课程，无体系化培养方案，干部队伍尚未完成角色转型及能力升级。

● 储备层、中层、总监层、高层的发展路径不明确。

● 培养资源投入不足，包括人力资源、资金等保障资源。

4. 绩效考核

● 现行干部绩效考核体系下紧上松，难以有效激发高层干部的使命感和责任感。

● 部分层级和群体的绩效考核沦为形式，指标不合理，结果不公正，应用不充分。

5. 盘点与退出

● 无定期盘点机制，对干部队伍整体情况缺乏全面有效的了解。

● 退出机制缺位，易形成一劳永逸现象，易懈怠，队伍活力与创新力受限。

二、干部规划要对队伍进行系统思考

通过干部盘点，可以全方位梳理评价各级干部，提出不同的干部人才池，盘点核心 / 关键岗位继任者，确定干部能力与职业发展计划等。

（一）个人盘点结果是规划的第一步

企业在进行干部盘点时，主要关注胜任力标准、价值观、潜力标准、业绩标准等，结果采取九宫格显示。也有企业采用 27 因素，在潜能、业绩、价值观三维界面上进行干部落位。

（二）数据能够真实反映干部管理现状

真正以干部规划为目的的干部盘点，还需要对以下信息进行系统思考。

- 各部门年度业务规划数据信息；
- 企业人力资源及干部管理政策数据；
- 公司文化特征数据；
- 公司干部行为模型特征数据；
- 干部薪酬福利水平数据；
- 干部培训开发水平数据；
- 干部绩效考核数据；
- 公司干部人事信息数据；

…………

干部管理人员从以上数据中提炼出所有与干部规划有关的数据信息，进行整理编报，为有效的干部队伍规划提供基本数据。

（三）多方参与能够提高干部规划的有效性

人力资源部可以根据公司的战略和经营计划，让多方参与进来。干部规划小组一般由公司高层、各部门负责人、公司人力资源部三方组成。

高层根据未来的战略和业务发展方向，提出对未来的干部队伍的整体要求；各部门负责人从自身角度出发，提出基于现状的干部队伍整体要求；人力资源部整合组织需求和干部队伍现状，进行系统匹配和整体规划。

人力资源部可编制《干部规划工作进度计划》，下发《干部管理现状调查表》《各部门干部需求申报表》，在限定的时间和人员范围内进行信息收集。

人力资源部要做好干部规划，首先需要完善以下信息和数据：

- 《干部流动成本分析表》；
- 《干部职位结构分类工具》；
- 《干部年龄结构分析工具》（部门－年龄维度）/（职位－年龄维度）；
- 《干部专业能力分析工具》（部门－专业维度）/（职位－专业维度）；
- 《干部数量分析工具》（部门－数量维度）/（职位－数量维度）；
- 《教育程度与干部成本分析工具》；

…………

人力资源部需将通过以上表格工具获取的数据整理为 Excel 数据或其他电子数据库形式，并安排专职人员对数据进行描述统计分析，形成《干部规划环境描述统计报告》，为后续干部规划提供决策依据。

（四）干部规划要考虑个性化因素

每家企业有自己的文化特质，每个企业家也有自己的特殊人格，所以在进行干部规划时总能遇到各种各样的需求。

比如干部年轻化的需求，这就要求人力资源部在进行干部盘点和规划时明确 80 后、90 后新生代干部群体的职数和能力要求。

有一些企业在实践过程中对地域、教育背景、血型、家庭状况等有特殊要求，这些都是在干部规划时需要思考的。

|洞 察|

干部年轻化也是规划时考虑的因素

1. 小米

2018 年，雷军在公开信中提到："没有老兵，没有传承。没有新军，没有未来。"小米决定着手培养、提拔一大批年轻的管理干部，构建更具活力、更有进取心的各级前线指挥团队。"这次的调整，就是这项工作第一阶段成果的展现。"雷军还表示，希望小米的未来将星云集，更多的人才像创业初期时那样涌现出来建功立业。随后，小米对组织架构进行重大变革，贯彻了提拔年轻人的思想，强调培养年轻干部的重要性，一大批年轻干部走上前台，新晋的一批部门总经理以 80 后为主，平均年龄 38.5 岁，表明小米正朝着干部年轻化的方向发展。

2. 腾讯

2018 年的一次会议上，腾讯 CEO 马化腾问"腾讯一两千个总监级干部里，30 岁以下的有多少"，回答是不到 10 人。之后，腾讯总裁刘炽平在启动青年英才计划时宣布，每年将有 20% 晋升机会提供给青年员工，同时，在干部提拔方面，会拿出 20% 的名额向更年轻的干部倾斜，希望未来有更多年轻人脱颖而出。腾讯显然早已意识到集团内部年轻干部的比重太小，需要“大龄”干部为年轻干部“腾位子”。

3. 百度

2018年百度推出高管退休计划，并宣布新的人才梯队建设计划：加速干部年轻化的进程，选拔更多的80后、90后进入管理层。

这些企业的架构调整透露出一个信号：干部年轻化的时代到来了。干部年轻化是大势所趋，不仅是企业的内在要求，更是行业发展的要求。

（五）干部规划的关键步骤

企业在进行干部规划时可以采取以下步骤。

1. 确定干部规划整体工作部署

人力资源部在干部盘点的基础上对业务、组织及干部队伍有了足够的了解，继而需要制定干部规划的整体工作部署，对干部规划的日程、干部规划会、参与方、干部规划相关文本等基础性工作做好安排。

2. 召开干部供需预测会议

人力资源部牵头各部门召开干部供需预测会议，在会上分享组织盘点及干部盘点情况，从人力资源视角给出干部配备的建议，并请用人部门提供建议，最终形成书面意见，报干部管理委员会审定。

3. 编制干部规划书

根据干部供需预测会议形成的决策，编制干部规划书。干部规划书包括干部总体规划、干部配备计划、干部补充计划、干部任用计划、干部退出计划、干部培养计划、后备干部建设计划、干部考核计划、干部激励计划等。干部规划书由干部管理委员会审批后作为人力资源部干部管理工作的指导性文件。

4. 干部规划复盘

干部规划编制完成后，人力资源部要建立复盘机制，针对干部管理工作中存在的问题、需要改进的地方进行系统思考，确定干部管理整体提升计划。

三、干部发展与组织发展要良性互动

（一）干部的规划主要是职数的规划

干部职数管理是企业干部管理中的大问题，正职由于其唯一性，一般以机构的设置为依据确定职数。副职及助理职位的职数浮动空间较大，受到管理幅度、业务规模、管理难度、地域跨度、专业跨度、成熟与新兴业务等因素影响。

1. 干部职数配置原则

干部职数管理一般遵循以下原则。

（1）专业化原则：决策管理与经营管理分离，经营管理与业务管理分离，业务执行与人才储备分离。

（2）按需配置原则：根据公司决策管理的需要配置高管层，根据经营管理的需要确定总监层，根据专业跨度、地域幅度确定中层正职，根据业绩规模和管理规模确定中层副职，根据人才储备需求确定储备层。

（3）统一管理与动态调整原则：职数由人力资源部统一管理，根据公司发展需要动态调整。

2. 干部职数的确定

高管层一般根据公司章程或上市公司相关规定确定，一般包括董事长 1 名，总裁 1 名，分管副总裁 5 ～ 9 名。非上市公司可根据管理幅度确定高管层职数。综合考虑企业业务规模、专业条线及人员规模等因素，以及干部本人精力、能力及分管业务复杂度等，一般管理幅度为 3 ～ 5 人。

总监层根据事业部、业务单元或部门设置正职 1 名，也可按照区域划分来配置正职 1 名。

中层的职数可根据专业跨度和管理规模确定。一般设正职 1 名，副职 1 名，每超过 8 人，可增设副职 1 名。

储备层可根据公司培养目的统一设置。

|洞　察|

某集团干部职数的确定

2019—2020年生产部门的岗位编制方法如下：

（1）专业院副院长（事业部副总经理）、总工程师定编

- 每5亿元新签合同额目标值可以配置一名专职副院长。
- 每4亿元考核收入目标值可以配置一名专业院总工程师。

上年度考核收入指标完成度低于80%的，当年度不予新增。

（2）专业院（事业部）副总工程师定编

按集团副总工程师(专职)8 000万～1.2亿元/人+专业院副总工程师4 000万～6 000万元/人的规模进行配置，兼职人员按指标的一半折算，总和不得超过当年度考核收入目标值。

（3）副所长、助理所长、主任工程师、副主任工程师定编

按照副所长人数×新签配额+主任工程师人数×新签配额不超过部门新签合同额指标，副所长人数×净考核收入配额+主任工程师人数×净考核收入配额不超过部门考核收入指标的原则进行副所长和主任工程师的配置。

助理所长、副主任工程师的配置方法同上。

对于承担EPC项目新承接合同额的部门，每1亿元可额外配置一名主任工程师，每5 000万元额外配置一名副主任工程师。

其他说明：

（1）上年度综合完成度低于85%或者主要业绩指标单项低于60%的，本年度副所长、主任工程师、助理所长、副主任工程师的晋升应从严要求。

（2）部门副所长、主任工程师、助理所长、副主任工程师人数之和不应高于部门总人数的30%，其中副所长、主任工程师人数之和不超过部门人数的10%。

3. 干部职数动态调整

每年初、任期初，人力资源部根据组织结构及岗位设置的调整情况、业务结构及业务规模情况提出干部职数调整建议，报审批通过后，予以执行。

非特殊情况，一般不建议年中做职数调整。同时干部职数由公司统一管理，各业务部门没有增设或减少职数的权限。

（二）围绕核心干部配置组织

工业时代的组织强调控制，组织是唯一，人才是依附，进入数字时代，人才和组织是共赢共生的关系，所以干部配置的规则也发生了变化。工业时代的组织逻辑是，战略决定组织，组织分解岗位，以岗择干部。新时代的组织逻辑是，愿景吸引牛人，牛人感受战略方向，组织配合牛人，从过去的干部决定组织变为组织和干部相互影响。

对很多互联网企业而言，组织是动态调整、实时变化的，所以更多围绕核心干部配置组织。比如在腾讯工作室这一组织模式下，若某个牛人走了，其手下的两个人都还不能独立带领整个团队，最后部门设置两个负责人职位，两个人共同带领团队，这就是围绕核心人才量身打造组织形式。腾讯自 2012 年底开始实行工作室群制度，在全国拥有四大工作室群：天米、北极光、光子、魔方，四大工作室群旗下还有 20 多个小工作室，每个工作室有几十人，由于更多的放权，小工作室有更大的自由度，可以探索新的方向，既有利于吸引更多的优秀人才，也有利于培养优秀人才。

（三）明确干部管理机制提升规划

在制定干部规划时，要对干部管理机制进行系统审视，并建立定期复盘机制，针对专项问题进行专项提升。

|**洞　察**|

某集团公司干部管理提升规划

1. 明确干部层级与角色：将干部分为高管层、总监层、中层、储备层，明确角色与定位，设计系统、规范的管理规则。

2. 建立干部信息化档案：将选、用、育、考、留、退等各环节纳入档案备案，作为管理基础。

3. 强化价值观考核：干部必须是拼搏者，通过价值观评价方式引导干部以身作则、带头践行“拼搏文化”，防止怠惰与懒政。

4. 以盘点为基础定期开展干部规划：定期对组织需求、干部队伍现状进行盘点，制定三年期干部规划。

5. 实行任期制与目标责任制：通过任期内考核、述职、离任审计等方式落实干部责任，传导竞争压力。

6. 构建层层后备机制：建立从员工到高管层的后备机制，完善干部人才梯队，增强选拔有效性。

7. 实施青年干部计划，夯实人才基础：提前布局与培养青年干部，快速打造一批年轻善战、拼搏进取的干部团队。

8. 完善退出机制：针对不同层级、不同场景，提出不同退出方式，畅通出口，保持队伍活力。

四、干部年轻化势不可当

干部队伍年轻化指通过选拔年富力强，具有旺盛的精力和健全的体魄，能够胜任紧张、艰巨工作的年轻干部，优化干部队伍年龄结构，始终保持干部队伍的战斗力和旺盛的生命力。

2018 年，腾讯的组织架构调整打破了原有的布局，事业群由七个变六个，相应的人事调整首先会涉及管理层角色的重新划分。腾讯内部一直推行“干部能上能下”的原则，每年都有中层干部离开，只是此次的动作相对较大。这次调整是腾讯集团干部体系年轻化的重要战略之举，旨在形成合理的人员梯队，去掉不必要的“大龄”员工。

对于企业而言，这样的调整让 80 后、90 后等职场中坚力量有机会走上前台，创造新的趋势。

企业在选拔年轻干部时，可以推出年轻干部专项计划，吸纳青年英才进入后备干部梯队，通过一定周期的培养，定制培养计划，倾斜资源，快速打造一批青年干部团队。

|洞　察|

机会留给年轻人

早在2012年，阿里巴巴就开始实施领导群体年轻化、整体换代升级的准备工作。2015年，陆兆禧卸任阿里巴巴集团CEO一职，出任集团董事会副主席，同时把日常管理权移交给以张勇为首的70后管理团队。蒋凡更是以85后的身份成为天猫总裁。截至2018年9月份，阿里管理干部和技术骨干中，80后已经占到80%，90后管理者超1 400人，占管理者总数的5%。

京东表示集团将末位淘汰10%的高管，推动内部组织架构的升级和调整，以培养更多的年轻干部，让年轻人勇挑重担，带来新的视野和格局。

干部规划预则立，不预则废。企业在做干部规划时，不仅要对干部进行盘点，还要对业务、组织进行思考。不仅要对干部的职数进行规划，更要对干部队伍和管理机制进行规划，思考如何更有效地激活干部队伍，让干部队伍助力企业的发展。

// 第八章 //

干部选拔：赛马不相马

干部群体作为现代企业的核心人才，选对人尤为重要，但是，在日常的企业实践中，干部选拔经常会陷入各种各样的误区。比如，选拔唯“资历论”、“业绩论”或“学历论”，评价要素单一；选拔过程过于依赖主观判断，缺少客观依据，导致裙带主义和山头文化。总之，过分关注人治而忽视选拔的科学性和合理性。当然，也有企业陷入过分关注法治的误区，一把尺子量尽天下英雄，最后误杀个性十足的准企业家、经营人才和技术精英。干部选拔要系统思考，分步实施，通过法治打造干部队伍，通过人治遴选关键人才。

一、干部选拔四大核心原则

1. 赛马不相马，干部选拔重实绩

张瑞敏说：“干部选拔，给你比赛的场地，帮你明确比赛的目

标，比赛的规则公开化，谁能跑在前面，靠的是自己。”

千里马常有，而伯乐不常有。企业构建选拔机制，就是靠规则来筛选组织中的千里马。企业要明确干部胜任能力标准，明确选拔规则，建立公开、公平、公正的选拔程序，构建赛马机制，选拔出优秀人才。

构建赛马机制，可以给予企业中每一位员工展现自我、表达自我、实现自我的机会，靠机会牵引人才拼搏奋斗。

构建赛马机制，通过平台竞争，留下好马，淘汰劣马，公平竞争，自然淘汰，合理流动，动态管理。

构建赛马机制，既要鼓励优胜劣汰，充分竞争，也要关注培养高潜质人才，保障机制有效性的同时避免机制的绝对化。

2. 比选择优，找最优的人才担任干部

干部岗位是组织核心中的核心，承载了组织的使命、责任、资源和机会，所以在企业人才金字塔中要通过“层层优中选优”的方式选拔干部，坚持按照岗位胜任标准选拔出最优秀的人才。

在干部选拔过程中，要坚决避免论资排辈，不可打击优秀人才的积极性。同时，要杜绝任人唯亲，一旦形成派系，企业内部山头林立，会产生“庸者上，能者让”的现象，极易造成优秀人才的流失。

3. 业绩导向，干部要有成功经验

实践是检验能力的唯一途径，干部选拔必须坚持以业务为导向，成为干部必须具有基层经验。成功的业务经验能够帮助干部理解企业业务需求、人才需求，认识企业管理与业务融合中存在的问题，在管理中做到有的放矢。同时，成功的经验可以帮助优秀人才保持冷静，实事求是，提高问题理解能力和问题解决能力。

4. 内部为主，机会牵引人才发展

干部选拔要坚持内部选拔为主，内外结合；机会优先向内部人员倾斜，激发内部人才的积极性，打通内部人才的职业发展通道，形成内部良性竞争与轮动氛围，强化企业低一层级干部对职业生涯的期待感与成就感。

当需要补充紧缺的专业管理人才时，可进行外部招募。从外部招募干部需要明确设置缓冲带，建议先任命代理职务，一段时间后再任命正式职务。

|洞　察|

华为干部选拔十条标准

华为的干部管理是“选拔制”和“淘汰制”，不是“培养制”。华为强调要从有成功实践经验的人当中选拔干部，“宰相必起于州郡，猛将必发于卒伍”。

1. 坚持从有成功实践经验的人中选拔干部；
2. 机关干部必须到海外去锻炼；
3. 赛马文化，选拔干部要重实绩，竞争则优；
4. 优先从成功团队中选拔干部；
5. 要培养一大群敢于抢滩登陆的勇士；

6. 大仗、恶仗、苦仗出干部；

7. 以全球化的视野选拔干部；

8. 优先从影响公司长远发展的关键事件中考察和选拔干部；

9. 用人所长，不求全责备；

10. 不拘一格降人才。

二、干部选拔五项标准

干部选拔首先要明确标准，一般包括任职资格标准、绩效标准、价值观标准、能力标准、品德标准等。

1. 任职资格标准

任职资格标准包括学历与经验、知识与技能等。任职资格是指企业中员工承担某一职位 / 工作所必备的条件与能力。在干部选拔中首先应考虑其是否符合更高管理岗位的任职资格。当干部具备更高一级的任职资格时，才能赋予其更高一级的管理职位 / 工作。

一般情况下，企业的任职资格标准分为四大类十一小类，分别为：

- 学历与工作经验标准：包括学历水平、工作经验；
- 知识标准：包括专业知识、公司知识、行业知识；
- 胜任力标准：包括素质、技能；
- 成果标准：包括业绩标准、培训成长、知识沉淀、评先评优。

2. 绩效标准

绩效是干部必备条件，上年业绩考核良好及以上者方可参与干部选拔。绩效是直接体现干部管理水平与业务能力的要素。

3. 价值观标准

核心价值观是选拔的基础，只有认同企业核心价值观者方可参与干部选拔。干部作为享有企业发展赋予的相应责权利、企业利益分配有所倾斜的载体，要高度认同企业的核心价值观，不懈努力，凝聚上下共识。

4. 能力标准

能力是关键成功要素，集团通过综合测评对干部素质、管理能力、专业能力进行评估。通过干部能力素质模型，实现最佳的人岗匹配，形成“能者上，庸者下，差者淘汰”的能力配置机制。同时，有效区分不同层级的干部能力要素要求，基层强化执行力，中层强化战略理解力，高层强化战略决断力。

5. 品德标准

品德是底线，每家企业都有红线行为，对触犯红线行为者在干部选拔中实行一票否决制。通常企业更多地从干部商业行为的遵从方面考量其品德，干部应遵守企业的品德标准，抵制贪污腐败、损公谋私等行为。

表 8－1 列出了华为后备干部的选拔标准。

表 8-1　华为后备干部选拔标准（节选）

管理三级干部后备队	品德优秀且诚信档案无不良记录； 绩效一贯优良，绩效评价在本业务体系内横向排名前 25%； 任职资格为二级普通等以上，劳动态度优良； 优先从优秀一线团队中选拔后备队员； 符合上述标准且参加过 A 培的员工优先考虑。
管理四级干部后备队	原则上担任管理三级岗位（含跨部门团队核心成员）1 年以上； 品德优秀且诚信档案无不良记录； 绩效一贯优良，绩效评价在本业务体系内横向排名前 25%； 任职资格为管理三级普通等或职业等； 团队组织氛围好者优先。
管理五级干部后备队	担任管理四级岗位（含重量级跨部门团队核心成员）3 年以上； 品德优秀且诚信档案无不良记录，勇于承担责任与压力； 部门绩效一贯良好，部门绩效评价在本业务体系内排名前 25%； 任职资格为管理四级普通等或职业等； 具有不断自我批判的精神和面向未来的战略性思考能力。
员工干部预备队	上进心强，品德优秀； 入职培训各环节表现优秀； 上岗适应能力强，工作投入，认真负责，绩效结果好； 自愿前往一线艰苦地区长期工作与锻炼； 有管理方面的关键行为表现与潜力。

三、干部选拔周期

干部选拔从周期来看包括换届集中选拔及年度空缺岗位选拔。换届集中选拔指任期满，根据任期盘点情况开展选拔。年度空缺岗位选拔指年初根据年度盘点情况开展选拔，当选干部履行剩余任期。

（一）换届集中选拔

换届集中选拔包括已在任干部述职再申请连任、空缺岗位及新增岗位的干部选拔。

1. 已在任干部述职再申请连任

（1）连任的机制设计。对于在管理岗位作出卓越贡献的干部，企业应鼓励其连任。干部任职每三年为一届，基层干部、中层干部原则上连任不能超过两届，高级干部原则上不能超过三届。

（2）任期保护。对于已在任干部述职再申请本岗位，建立任期保护制度。在干部完成业绩责任目标且符合连任机制的前提下，有优先继任该岗位的机会。

（3）换届流程与述职安排。公司组织符合连任条件的干部开展任期述职以申请连任，低一层级干部向高一层级干部进行述职，构建层层述职、责任与压力有效传导的述职机制。

干部的任期述职报告需要包括过往业绩、下一任期业务规划及创新思路、团队建设与管理提升计划、个人优劣势分析等内容。

企业根据岗位侧重点赋予分值权重，干部评委会进行打分。已在任干部排名位于前三且分数高于企业规定标准的可优先继任，任期保护生效。

2. 空缺岗位及新增岗位的干部选拔

空缺岗位及新增岗位的选拔工作由公司根据干部任期规划及年度工作计划进行。

基层干部选拔重在考察管理能力、业务能力及潜力，集中选拔后再由干部与各用人部门双向选择匹配岗位。中层正职、高管层选拔重在考察经营管理能力、领导力，按照岗位要求进行选拔，确定人选后直接走上相应岗位。

（二）年度空缺岗位选拔

年度空缺岗位选拔指根据年度干部盘点情况，按照年度干部工作计划开展空缺岗位选拔工作。

年中非主官干部由于各种原因退出时，不进行年中补选，空缺名额并入下一年初进行选拔。

年中主官干部管理岗位空缺时，人力资源部即时组织选拔与补充。

四、干部选拔方式

企业在进行干部选拔时，可以采取竞聘、委任、民主推荐、破格提拔四种方式，各种方式都有具体的方法步骤和技巧。

（一）竞聘

1. 竞聘的操作方法

竞聘是指在进行干部换届选拔或当干部管理岗位出现空缺时，人力资源部门发布岗位选拔通知，由企业内部员工自愿报名申请、民主推荐确定候选人，人力资源部门进行资格审查后确定最终候选人，形成差额选拔比例，对候选人开展综合测评、面试答辩、选人用人委员会评议，最终根据个人在整体选拔过程中的表现综合确定干部任用方案的选拔方式。

2. 竞聘的程序及注意要点

（1）公开报名。人力资源部门通过企业网站、微信公众号、内部刊物等多种途径发布选拔公告，企业全体员工公开报名。

在发布公告时，应明确岗位的具体任职资格要求。

（2）资格审查。人力资源部门根据岗位报名情况开展简历筛选、材料审核，通过资格审查的员工形成该岗位初步候选人群体。

在资格审查中充分利用互联网数据将极大地提高选拔效率，在干部信息化档案完备的情况下，能够及时、有效、快速地进行报名人员的资格审核和筛选。

（3）笔试（能力测评）。由企业人力资源部门组织候选人的笔试。

笔试一般包括综合能力测试，侧重逻辑能力、计算能力、问题分析与理解能力、管理常识的考察，题目参考国家公务员考试相应标准。笔试还应包括情境模拟考试，针对具体管理岗位的情境实际考察候选人的潜在胜任能力。

（4）面试（现场答辩、评委打分及排名）。候选人通过现场演讲与答辩的形式展示自己对岗位的理解、工作规划、个人分析等，评委根据演讲者的表现打分。评委主要由人力资源部门、拟选拔管理岗位的直接上级、拟选拔管理岗位的协作部门主管组成，打分取加权平均值，一般直接上级的权重应超过 30%。

（5）群众评议（适用国企央企）。在国有企业干部选拔中，不仅要倾听高层的意见，还要征求内部员工的意见，开展即时、有效的群众评议，真正做到“干部从群众中来，干部受群众监督”。

在群众评议环节，需要无记名选取评议群众，明确群众评议的维度。

（6）选人用人委员会评议。根据能力测评与群众评议的综合结果，企业选人用人委员会开展综合评议。

（7）党委考察（适用国企央企）。坚持党管干部的原则，对符合岗位选拔标准的候选人进行价值观层面的考察。应根据《党政领导干部选拔任用工作条例》，严把选人用人政治关、品行关、能力关、作风关、廉洁关，把政治标准放在企业干部群体选人用人的首位。

党委考察过程中对干部应拥有一票否决权。

（8）董事长 / 总裁确定人选。根据竞聘流程的选拔结果，董事长 / 总裁确定最终人选，签发任职公告。

（9）公示。干部选拔结果面向企业内部和外部进行公示，根据具体干部级别确定公示范围。公示时间不少于五个工作日。

公示过程中接到任何群众举报和意见反馈，人力资源部门和党政部门应及时跟进，发现问题并及时查证。

（10）上岗。公示期通过，干部进行原岗位工作交接，在新岗位上任。

3. 竞聘的优缺点

竞聘的优点：

（1）强化内部竞争，推动内部人才的自我学习与成长。

（2）全员参与，激发员工积极性，扩大干部选拔的范围。

（3）公开透明，多维评价，增强干部选拔的科学性，更容易选拔到人岗匹配的优秀干部。

竞聘的缺点：

（1）当竞聘过于激烈时，容易破坏企业内部干部之间的团结，形成不利于企业发展的恶性竞争氛围。

（2）选拔方式较为单一，缺乏更加有效的评价技术、方法和手段。

（3）缺乏有效的程序制衡，可能存在高层干涉，操作不当容易出现竞聘不公。

（4）保障机制匮乏，对于落选人员缺乏有效的管理与安置手段，容易造成落选优秀干部的流失。

4. 竞聘的适用范围

在发生下列情况时，企业适合开展竞聘上岗工作：

（1）发生重大组织变革，需重新配置人员。

（2）公司管理体制发生重大变化。

（3）重要岗位出现空缺，管理者聘任合同到期。

（4）提升企业文化，重塑企业文化。

原则上配置组织结构中的重要岗位均可实行竞争上岗，条件成熟时，全部管理岗位都可实行竞争上岗，全体任职者均从竞聘人员中产生。

(二) 委任

1. 委任的操作方法

委任是指当部分关键中层岗位、高层岗位出现空缺时，由人力资源部门主导，按照管理者管理权限由提名人从空缺岗位后备池人才中进行推荐，人力资源部门负责考察并提交考察报告，由选人用人委员会评议并择优初定管理者，董事长/董事会确定最终人选的选拔方式。

2. 委任的程序及注意要点

（1）提名。提名由人力资源部门主导，信息不公开。

业务管理高层干部提名人为总裁，最终通过人为董事长；除董事长外其他核心高管层提名人为董事长，最终通过机构为董事会；董事长由董事会进行选举。

经提名产生候选人的比例不低于 1 ： 3，不足部分由人力资源部门从空缺岗位后备池中择优推荐。

（2）考察。人力资源部门通过干部档案履历评价、干部 360 度评价等方式，向选人用人委员会提交候选人考察报告。

（3）选人用人委员会评议。根据候选人考察报告，选人用人委员会开展综合评议。

（4）董事长/总裁确定人选。根据干部评议的选拔结果，董事长/总裁通过和候选人进行面谈等途径，形成自身的选拔意见，确定最终人选，签发任职公告。

（5）公示。干部选拔结果面向企业内部和外部进行公示，根据具体干部级别确定公示范围。公示时间不少于五个工作日。

公示过程中接到任何群众举报和意见反馈，人力资源部门和党政部门应及时跟进，发现问题并及时查证。

（6）上岗。公示期通过，干部进行原岗位工作交接，在新岗位上任。

3. 委任的优缺点

委任的优点：程序简单，便于操作；权力集中，责任明确，指挥统一，行动迅速，有利于治事和用人的统一；效率高，省时间。

委任的缺点：容易因领导个人的好恶而出现任人唯亲等现象，也容易使行政机关的工作关系带有个人色彩，形成宗派主义；或因领导本身的视野与精力的限制，在没有全面了解下属的情况下错误委任；对不胜任者不易调整，容易造成能上不能下、能进不能退的弊病。

4. 委任的适用范围

干部委任适用于公司中层以上核心岗位的选拔，该岗位需拥有较好的人才后备池。干部委任能够在企业经营与发展中快速形成合力，有利于企业高速发展阶段管理体系的平稳建设。

（三）民主推荐

1. 民主推荐的操作方法

民主推荐是党委（党组）及其组织（人事）部门根据工作需要和

领导班子建设实际，按照规定的程序、范围和要求，组织有关方面人员推荐领导干部人选的方法和活动。民主推荐是党的群众路线在干部工作中的具体体现，推荐结果作为选拔任用的重要参考。

2. 民主推荐的程序及注意要点

（1）动议，启动民主推荐全程纪实工作。企业人力资源部门根据干部队伍现状，以及企业干部管理的规定和个别干部本人的意愿，研究确定需增补基层、中层正职和副职职位数。同时，启动干部选拔全程纪实工作。

（2）制定方案并公示。人力资源部门负责起草民主推荐基层、中层干部实施方案，报公司选人用人委员会同意后公示。

（3）确定符合条件的推荐对象。召开企业干部工作会议，进行公推动员；符合报名条件的优秀人才填写《干部公推候选人自愿报名表》；人力资源部门根据要求对报名人员进行条件审查，列出符合推荐条件的对象名单，报公司选人用人委员会审核，确定公推正式候选人。

（4）组织现场民主推荐。具体流程为：人力资源部门说明情况，投票，计票，公布推荐票数，明确进入组织考察程序的人选。

（5）组织考察。选人用人委员会授权人力资源部门和党政部门对考察对象的德、能、勤、绩、廉，特别是工作实绩进行考察，考察结果报公司董事长 / 总裁审核。

（6）公示。将企业高管层集体讨论的结果面向企业内部和外部进行公示，根据具体干部级别确定公示范围。公示时间不少于五个工作日。

公示过程中接到任何群众举报和意见反馈，人力资源部门和党政部门应及时跟进，发现问题并及时查证。

（7）决定任用或聘用。公示后未发现影响任职问题的，按规定报送相关材料，办理任用或聘用手续。

3. 民主推荐的优缺点

民主推荐的优点：

（1）程序公开，有效授权给群众，有利于干部选拔的接地性。

（2）增加了选拔过程中的外部监督。

民主推荐的缺点：

（1）参选人员范围的确定缺乏有效标准，存在信息不对称、不相干人员参与的情况。

（2）推荐方式单一，缺乏对参选人员人岗匹配的有效甄选。

（3）评价方式单一，容易简单以票取人。

（4）程序监管和外在监督机制仍不够完善，可能存在拉票行为，影响民主推荐的科学性。

4. 民主推荐的适用范围

民主推荐多用于党政干部选拔任用，是党政干部选任的必经程序，是选人用人的重要环节。在企业的干部选拔中，民主推荐可用于党政干部序列的选拔。

(四) 破格提拔

1. 破格提拔的操作方法

原则上管理者逐级提拔，特别优秀或者工作特殊需要的，可以突破任职资格规定或者越级担任管理者职务。干部破格提拔应坚持以下原则：不对人才求全责备，用人之长，限人之短；常规性选拔一般干部，破格提拔高潜质干部。

2. 破格提拔的程序及注意要点

（1）单位 / 部门推荐并提交事迹材料。由所在部门进行民主推荐，同时提交拟破格提拔干部的事迹材料。

（2）人力资源部门审核并核实。企业人力资源部门按照干部管理权限，对破格提拔对象进行严格考察。通过调查走访等形式核实事迹材料，确认真实性，形成考察报告。

（3）总裁办公会 / 党委会召开会议进行讨论并提出任用方案。根据人力资源部门提交的考察报告，企业的最高决策机构（一般为总裁办公会或者党委会）召开会议，集体研究作出决定，形成任用方案。

（4）董事长同意后进行任用。任用方案报公司董事长，董事长同意后签发任用公告。

3. 破格提拔的优缺点

破格提拔的优点：破格提拔干部可以突破僵化的人才选拔程序，

加大人力资源运用的灵活性，有利于选拔出核心人才、适才适用，让有能力的干部发挥更大的作用。

破格提拔的缺点：如果干部的基层历练不够，破格提拔后可能难以胜任新岗位。如果没有严格的条件和程序规范，破格提拔很有可能为用人唯亲创造制度上的便利，“破格”可能演变成“出格”。

4. 破格提拔的适用范围

破格提拔的优秀管理者应符合下列条件之一：在关键时刻或者承担急难险重任务中表现突出、作出重大贡献；在条件艰苦、环境复杂、基础差的地区或者单位工作实绩突出；在空白市场 / 领域取得有效突破。

破格提拔管理者必须从严掌握。不得在一个任期内连续破格提拔，不得越两级提拔。破格提拔适用于高潜干部的选拔。

|洞　察|

华为干部的破格提拔

任正非说：真正的人力资源策略都是反人性惰怠的。比如人习惯按部就班，一步一步晋升上去，但这样晋升的结果是，会埋没那些独特的人才，也会让人不愿意打破常规，慢慢懈怠下来，所以晋升应该可以打破常规，可以不拘一格提拔人才。

华为常务董事、消费者业务 CEO 余承东就是在泥坑中摸爬滚打奋斗出来的“将军”。余承东 1993 年从清华大学硕士毕业后加入华为，在 20 多年的工作经历中，他写过代码，做过销售，做过运营商业务，历任3G产品总监、无线产品行销副总裁、无线产品线总裁、欧洲片区总裁、战略与Marketing体系总裁、华为高级副总裁等。余承东在华为内部曾多次考核不合格，由于任正非力挺，坚持破格提拔，2011年，余承东被任命为华为消费者业务CEO，短短6年时间，把华为手机打造成为全球知名消费品牌，手机销售量居全球第二位。2018年3月23日，余承东当选为华为投资控股有限公司董事会常务董事，成为华为董事会中最年轻的常务董事。

五、干部测评

1. 职业履历分析

履历分析又称资历评价技术，是通过对被评价者的个人背景、工作与生活经历进行分析，来判断其对未来岗位适应性的一种人才评估方法，是相对独立于心理测试技术、评价中心技术的一种人才评估技术。

在干部选拔中进行履历分析时，应注意以下几点。

（1）工作经历：与申请的干部职位相似的工作；工作成果与业绩的描述；过去任职的级别是次要的，重点在于过去岗位的价值贡献。

（2）教育背景：干部选拔中学历的最低要求应为本科，对不同序列的干部应区别标准，并非所有干部岗位的受教育程度越高越好；教育类型与专业是否具有一致性；从教育学科背景初步推断潜在对象的思维特点。

（3）职业进展：过去的职业发展与责任承担是上升的、波动的还是下降的，过去的业绩水平如何。

（4）个性特点：侧重认知风格、思维方式、性格（内容、表达/呈现形式、笔迹）。

2. 评价中心测评

人才评价中心又称人才评鉴中心，把候选人放到一系列模拟工作情境中，以独立作业或团队作业的方式，通过多种测评技术和方法，观察和分析候选人在模拟的各种情境下的行为、心理、表现以及能力等素质。人才评价中心是多种测评方法的组合。

规范的评价中心操作必须有四个要素：

- 工作分析与分类的行为观察；
- 以模拟为主的多种方法；
- 多个面试官（测评师）；
- 数据的系统收集处理（和报告）。

3. 结构化面试

结构化面试是由多个有代表性的考官组成一个考官小组，按规定的程序，对报考同一职位的考生，始终如一地使用相同的考题进行提问，并按相同的追问原则进行追问；这些试题必须与工作相关；考生的行为根据事先确定的标准进行评定；面试的结果采用规范的统计方法记分；面试合格的考生按分数由高到低的顺序进入考核。

结构化面试的设计、试题、实施、评价、结果都是有结构的。

4. 潜能评估

潜能评估指使用理论和量化模型，选择具体的管理情境对管理能力进行评估。针对特定管理岗位，要明确潜能评估的类别、潜力的层级，干部达到什么样的潜力层级才是合格或者优秀的。在进行潜能评估时，一般需要运用“培训 + 测评 + 问卷 + 面谈”的工具。

5. 关键事件评价

关键事件评价是指认定干部与管理岗位有关的行为，选择其中最重要、最关键的部分来评定其结果。

6. 职业诚信考察（基于档案）

企业需要通过干部档案的细节考察职业诚信。职业道德和职业诚信是干部选拔中的重要红线，企业应重视干部档案内容的完整性、真实性，以及工作的连续性和稳定性。企业对于干部有其他工作经历、欠佳的教育背景和中断的工作时间等可以接受，但不能容忍干部有隐瞒和欺骗行为，不能容忍个人诚信和职业道德存在问题。

六、干部选拔的流程

（一）发布选拔通知

人力资源部门通过官网、展板、邮件及现场宣传等多种方式发布选拔通知，进行宣讲，解答员工疑问。宣讲内容主要为选拔岗位、数量及任职标准、选拔方式、选拔纪律等，同时对干部权益与培养政策进行宣传。

（二）成立选人用人委员会

人力资源部门根据选人用人工作方案组建选人用人委员会，委员会成员本着公平公正原则开展干部评议，遵守企业干部选拔相关纪律及规定。

根据干部管理权限，基层干部选拔时，选人用人委员会成员包括职能部门负责人、业务部门负责人；中层干部选拔时，委员会成员包括职能部门负责人、业务部门负责人、副总裁、总裁；高层干部选拔时，委员会成员包括副总裁、总裁、董事长；核心高管层的选拔根据公司章程及上市公司相关规定执行。

（三）产生候选人

候选人的产生包括员工报名、提名人推荐、人力资源部门推荐（公司推荐）三种方式。干部选拔中候选人的确定应坚持差额制，确保中层及基层干部按 1 ∶ 5、高层按 1 ∶ 3 的差额比例进入下一选拔环节。

人力资源部门根据任职资格标准对报名申请材料、提名材料进行审核并公布进入下一轮选拔环节的人员名单。

（四）开展综合测评

为进一步甄选人才，企业人力资源部门对候选人采取适当方式进行综合测评，以考察综合素质、管理能力、专业能力。

基层、中层干部的测评手段包括结构化笔试、半结构化面试等。笔试主要对干部基础素质、通用管理能力进行测评；面试主要对干部的专业能力、综合岗位胜任能力进行测评。

高层干部的测评手段为综合考察。考察包括档案查阅、关键干系人访谈、本人访谈、民意调查等，对干部业绩、能力、素质进行全面评价。

测评后，人力资源部门对各环节测评结果进行统计并排名，确定差额进入委员会评议环节人数并公布名单。

（五）党委考察

党委考察适用于任何党组织健全的现代企业，通过六步骤实现党委考察的科学性、完备性。

（1）组成考察组，制定考察工作方案。

（2）同考察对象直接上级就方案沟通情况，征求意见。

（3）根据考察对象的不同情况，通过适当方式在一定范围内发布干部考察预告。

（4）采取个别谈话、发放征求意见表、民主测评、实地考察、查阅资料、专项调查、同考察对象面谈等方法，广泛深入地了解情况。

（5）综合分析考察情况，同考察对象直接上级交换意见。

（6）考察组根据考察情况，研究提出干部选拔任用建议。

（六）委员会评议

差额进入评议环节的候选人，由选人用人委员会集体讨论提出任用方案。

选人用人委员会决定干部任用事项，必须有 2/3 以上成员到会，保证与会成员有充足的时间听取情况介绍、发表意见。与会成员对任命事项应发表同意、不同意或弃权等明确意见。在充分讨论的基础上采取口头表决、举手表决或无记名投票等方式进行表决，以应到会成员超过半数同意形成任用决定。

选人用人委员会会议由企业人力资源部门组织召开，进行议程安排及会议记录。人力资源部门对评议环节各事项进行记录备案，并全程保密。

（七）审批

1. 审批范围及权限设置

选人用人委员会评议确定的干部人选，根据干部集中管理原则，基层、中层、高层业务部门干部由总裁审批确定；核心管理高层由董事长及董事会审批确定。坚持权限分离，避免干部管理一言堂。

2. 一票否决制

干部审批环节设置一票否决制。党政部门对干部进行政治关、价值观考核时拥有一票否决权，总裁 / 董事长对权限内的干部选拔拥有一票否决权，坚持干部的集中管理和压力传导。

（八）人员配置

经审批确定的干部人选，中层正职及以上层级干部直接就任相应岗位，中层副职及以下层级管理者由人力资源部门根据企业发展需要，结合各单位 / 部门用人需求进行配置。

人员配置中需征求干部自身的意愿，但是具体配置以公司发展为主导。

（九）公示

拟任用干部人选在相应的范围内进行公示。公示时间不少于五个工作日。公示结果不影响任职的，办理任职手续。

（十）任前沟通

对决定任用的干部，由人力资源部门组织任前谈话。基层干部由所任部门负责人进行沟通；中层干部由上级直接领导进行沟通；高层干部由总裁或董事长根据管理权限进行沟通。沟通中应指出工作方向，提出工作目标。

（十一）履行任职手续

1. 发布通知

对决定任用的干部，发布正式任命通知，任命通知应以企业标准行文在内部公开。

2. 召开誓师大会宣誓

集体宣誓是各级管理者一种自律行为的展示。集体宣誓是企业干部群体自信、自律、力量、团结与进取的展现。集体宣誓是被实践证明有效的管理对策。

|洞　察|

华为宣誓制度

2007年9月29日下午，华为公司举行了首次集体宣誓大会——华为公司EMT自律宣言宣誓大会，面对与会的200余名中高层干部，任正非等9位EMT成员集体举起右手，庄严宣誓。

2017年1月11日华为公司自律宣言宣誓大会更名为华为公司干部工作作风宣誓大会，会上，董事会成员、监事会成员及各事业群总裁、地区部总裁和产品线总裁分别宣誓。

宣誓的誓词为：

（1）我决不搞迎来送往，不给上级送礼，不当面赞扬上级，把精力放在为客户服务上。

（2）我决不动用公司资源，也不占用工作时间为上级或其家属办私事。如遇非办不可的特殊情况，应申报并由受益人支付相关费用。

（3）我决不说假话，不捂盖子，不评价不了解的情况，不传播不实之词，有意见直接与当事人沟通或报告上级，不能侵犯他人隐私。

（4）我们认真阅读文件、理解指令。主管的责任是胜利，不是简单的服从。主管尽职尽责的标准是通过激发部属的积极性、主动性、创造性去获取胜利。

（5）我们反对官僚主义，反对不作为，反对发牢骚讲怪话。对矛盾不回避，对困难不躲闪，积极探索，努力作为，勇于担当。

（6）我们反对文山会海，反对繁文缛节。学会复杂问题简单化，

600 字以内说清一个重大问题。

（7）我决不偷窃，决不私费公报，决不贪污受贿，决不造假，我们也决不允许我们当中任何人这样做，要爱护自身人格。

（8）我们决不允许跟人、站队的不良行为在华为形成风气。个人应通过努力工作、创造价值去争取机会。

// 第九章 //

干部任用：疑人要用，用人要疑

干部是事业成败的重要影响因素，形成好的选人用人导向是建设高素质干部队伍的关键，关系到组织能否持续健康发展。用好一个人，激励一大片；用错一个人，打击一大片。好干部成长起来了、培养出来了，不用或者用不好，等于浪费人才。用人得当，即科学合理使用干部，举荐人才不拘一格，使用人才各尽其能。选贤用能，需要树立先进的用人理念，建立任前任中任后全过程的管理机制，通过机制的有效运行用好干部，最大化发挥干部价值。

马云讲过："用人不疑、疑人不用是较低水平的管理方式，是种无奈！而用人要疑、疑人要用才是更高境界，信任是结合了用人不疑、疑人不用、用人要疑、疑人要用四个方面。"

所谓用人要疑，是指对所用之人要建立约束和监督机制，信任不能代替监督，疑问在先，才能把风险降到最低。如果用人不疑的话，人就容易恃宠生娇，最终害人害己。

所谓疑人要用，是指在其人格、能力不确定的情况下，观察、选拔和使用他，不至于埋没人才和浪费人才，敢于疑人，会用疑人，才能保证企业的人才用之不竭。

一、“契约化任用”建立信任共识

随着市场经济的发展，国有企业改革进入深水区，建立与现代企业制度相匹配、与本土文化相适应的用人机制成为企业增强竞争力、获得持续发展能力的关键。然而，“相马不赛马”“用人不疑”“干部能上不能下导致职务终身制”等现象普遍存在，究其原因正是干部任用理念存在误区。

契约化干部任用机制秉承以下理念。

- 去行政化，从“官”到“管”；
- 去终身化，可上可下能左能右；
- 去放任化，好干部是管出来的；
- 去英雄化，干部必须职业化。

（一）去行政化，从“官”到“管”

行政化不只是指国有企业等体制内机构沿袭计划经济时代的做法，依靠行政权力“委任”干部，同时也指企业管理过程中由高层领导通过组织权力进行自上而下的任命。

干部行政化管理中，选拔任用和行政级别挂钩，干部由上级领导委任，缺乏基层员工的参与和意见，与企业外部人才市场和宏观经济环境脱节。

闭环的内部行政任命容易滋生关系、亲情、权钱交易，不利于外部优秀人才的流入和企业健康平稳的发展。同时，以行政委任方式上任者往往只对上级领导负责，而不对企业经营负责；只听从上级领导的指挥，而不接受市场信号的调节和约束。

行政化的干部为了迎合上级急功近利，其管理目标偏离企业长远发展目标而过分追求短期利润。干部行政化任用也容易导致员工发展通道受阻，工作积极性不高。

行政化用人适合必须强化管控的关键岗位，如财务负责人等，其他情况下应当摒弃行政化用人理念，建立契约化用人理念。

契约化用人通常与市场化选聘相结合，指的是企业与干部建立契约，明确权利义务关系，约定业绩目标与激励兑现，干部为目标负责，根据目标实现情况获得回报的机制。

契约化用人包括制定契约目标、制定薪酬分配制度、建立约束激励机制等方面。契约目标应承接组织战略目标，薪酬分配实现功效挂钩，给予干部与职责相匹配的权力，适当授权，最大限度激发干部活力。

多数企业在内部将干部名称更改为“管理者”和“经理人”，意图去行政化，去官本位，笔者认为不妥。去行政化关键在于消除任用行政化，而非称谓行政化。

|**洞　察**|

南京建邺高新区全员聘任制

长期以来，南京各高新区一直沿用行政管理运行模式。随着经济发展，体制机制不灵活、队伍缺少活力等问题逐步显现，园区迫切需要伤筋动骨式治疗。在2020年南京市创新名城建设推进大会上，南京提出全面深化高新园区管理体制改革，大刀阔斧“去行政化”，推行企业化运行、人员市场化聘用，公务员变身“攻坚员”。

“建邺高新区市场化改革提出八项任务，其中打破身份的藩篱，推行全员聘任，建立能进能出、优胜劣汰的干部任用机制是关键一步。”建邺高新区党工委副书记崔勇说，此次高新区拿出党政办公室、经济发展部等62个岗位面向全区公开选聘，共255人报名，高新区将实行贡献越大奖励越多的薪酬体制，让公务员真正成为服务企业、创新发展的“攻坚员”。改革过程中，也有园区公务员选择离开。建邺高新区原有48名公务员，这次推行全员聘任，有22人申请调回区机关工作，平均年龄超过50岁，留在园区工作的公务员平均年龄不到36岁。建邺高新区的人员队伍在这一轮改革中完成“换血”。

(二) 去终身化，可上可下能左能右

终身制相当于将干部置于温室，是导致干部腐败、怠惰、能力与思维退化的罪魁祸首。

契约化任用，干部与职位之间是动态匹配的关系，胜任则上，失职则下，而非干部终身制。

正如习近平同志所言，“我们现在所处的，是一个船到中流浪更急、人到半山路更陡的时候，是一个愈进愈难、愈进愈险而又不进则退、非进不可的时候”。外部市场竞争的压力只有传导到每一个干

部身上，让高层有使命感，让中层有危机感，让基层有一定饥饿感，才能保持组织整体的活力，适应残酷的外部环境。

任期制是实现干部与职位动态适应，能上能下、能进能出的有力工具。

任期制指的是干部在职工作的时间有明确限定的机制。干部经选拔上任后履行规定职责，享受相应职位待遇，任职期满如果没能连选连任，则离任另行参与选聘或由组织安排横向交流，原职位待遇、职权取消。

实行任期制，可以促进任职人员在有限的任职期间努力工作，最大限度发挥主动性和积极性，克服官僚主义，避免终身制的弊端。

（三）去放任化，好干部是管出来的

张瑞敏明确提出“用人不疑，疑人不用”，主张“人人是人才，赛马不相马”“在位监控”“届满轮换”的用人理念，强调干部必须接受监督制约。

《海尔报》上也曾撰文讨论干部监管问题，认为通过赛马赛出了人才就用，但用人不等于不需要监督。市场经济靠法治力量，目前法规还不健全，需要强化监督。市场是变的，人也会变。必要的监督、制约制度对于干部来说是一种真正的关心和爱护。

“无法不可以治国，有章才可成方圆”，权力在失去监督的情况下就意味着腐败。所谓的道德约束、自身修养、素质往往在利益面前低头三尺。

诚然，现在倡导授权赋能，权力的下放并不等于监督制约的放弃。越是有成材苗头的干部，越是贡献突出的干部，越是委以重任的干部，越要加强监督。总之，只要他们手中有权、有钱，就必须建立监督制约机制。

摒弃"用人不疑"并非将干部监督与约束的责任交由某个人，而是应当建立起内外部约束相结合的在位监控体系，通过外部制度硬约束、干部自主反思的软约束形成不断鞭策、持续改进的用人机制。

在位监控包括两方面内容：一是干部主观上要能够自我控制、自我约束，有自律意识。二是企业要建立控制体系，控制工作方向、工作目标，避免犯方向性错误；控制财务，避免违法违纪。

慈不掌兵，有效的在位监控体系是对企业负责，同时是对干部负责。华为建立包括内控、内审、稽查、道德遵从小组（CEC)、法务、信息安全、子公司董事等一系列职能的内部监察体系，正是为了实现"内外合规多打粮，保驾护航赢未来"的目标，使所有干部和员工在正确的轨道内、在正道上出人头地，各安其位，各展其才。

|洞　察|

华为内部监察体系

"没有铁的纪律就没有持续发展的力量"，华为将 17 万人团结在一起，发展这么快，腐败这么少，得益于公司在管理和控制领域做出的努力。

华为建立了包括内控、内审、稽查、CEC、法务、信息安全、子公司董事等一系列职能在内的内部监察体系，牢牢建立了三层内控防线。

● 第一层防线，业务主管 / 流程负责人，在流程中建立内控意识和能力。

● 第二层防线，内控及风险监管的行业部门针对跨流程、跨领域的高风险事项进行拉通管理。

● 第三层防线，内部审计部是司法部队，通过独立评估和事后调查建立冷威慑。

同时，任正非还强调监督岗位要履行个人负责制，敢于坚持原则，实事求是，“干部离任要审计，在任也要审计”。

|**洞　察**|

腾讯反舞弊调查

2019 年 12 月 26 日，腾讯集团发布反舞弊通报，对外公开了 2019 年前三季度的工作进展：腾讯反舞弊调查部共发现查处违反“高压线”案件 40 余起，其中 60 余人因触犯“高压线”被辞退，10 余人因违法犯罪被移送公安司法机关。此次通报的违规情况涉及腾讯公司六大事业群中的四个，涉案雇员最高职级为总监。此外还有 16 家外部公司被新增进入腾讯公司永不合作主体清单。触及腾讯“高压线”的案例如：

1. PCG 体育运营部 / 体育视频中心某业务组长覃绍林利用职务便利侵占公司财产，已被公司辞退。同时，覃绍林因职务侵占罪被依法追究刑事责任。

2. CSIG 云业务拓展部 / 金融拓展中心某业务总监李文涛利用公

司资源为外部人员谋取利益，收取好处费，已被公司辞退。同时，李文涛因涉嫌犯罪已被移送公安机关。

3. IEG 天美工作室群 / 天美 J1 工作室某业务总监肖福根与外部供应商之间存在经济往来，已被公司辞退。

4. PCG 社交平台产品部 / 平台增值中心员工谭柯利用职务便利，向其有业务关系的供应商负责人借款，并收受多家供应商礼金、红包，已被公司辞退。

腾讯“高压线”是腾讯文化和价值观所不能容忍的行为界限，员工一旦触及一律开除。具体来看，腾讯“高压线”包括：

1. 弄虚作假。无论个人是否获利，任何形式的弄虚作假行为都按照违反“高压线”处理。

2. 收受贿赂。员工及其利益相关者收受来自供应商、合作伙伴，以及潜在供应商或潜在合作伙伴的贿赂及借款等他利益，无论是否因此为对方谋取利益，都按照违反“高压线”处理，并依据相关法律规定进行定性。

3. 泄露机密。无论是否获取私利，泄露公司商业秘密的行为都按照违反“高压线”处理。

4. 不当竞争。从事与公司存在商业竞争的行为，无论是否获取经济利益，都按照违反“高压线”处理。

5. 利益冲突。存在与公司有利益冲突的行为，可能导致员工的行为与公司利益发生冲突的，都按照违反“高压线”处理。

6. 违纪。严重违反公司规章制度和违反法律规定的行为，都按照违反“高压线”处理。

（四）去英雄化，干部必须职业化

德国军事理论家克劳塞维茨在《战争论》中说过一句话："要在茫茫的黑暗中，发出生命的微光，带领着队伍走向胜利。"由此可见，在战争中，将领的作用是非常重要的。

但是，作为企业中的干部，任正非认为更重要的是把自己的部下源源不断地培养成英雄，而不是自己去当英雄，干部要淡化个人成就感。

企业在创业初期因一帮英雄捕捉到市场机会而度过了生存期，当组织从机会成长走向系统成长，从游击队发展成为正规军的时候，依靠个人英雄必须转变成依靠职业化干部。

从"英雄的企业"走向"企业的英雄"，创业"英雄时代"成长起来的干部必须转变思想，从充当个人英雄变为去积极培养更多的英雄，只有聚集团队的力量，才能取得更好的成绩。

为此，干部任用过程中必须建立起干部任职资格评定标准，把干部标准贯穿到干部培养、干部晋升中去，同时加强对干部培养人才、带队伍方面的考核，使干部真正承担起"业绩创造、文化传承、队伍培养"的责任。

二、全过程干部任用管理体系

科学合理地任用干部，将干部个人目标与组织目标统一起来，最大化发挥干部价值的同时实现组织价值，关键是建立干部任用全过程的管理体系（见图 9－1）。

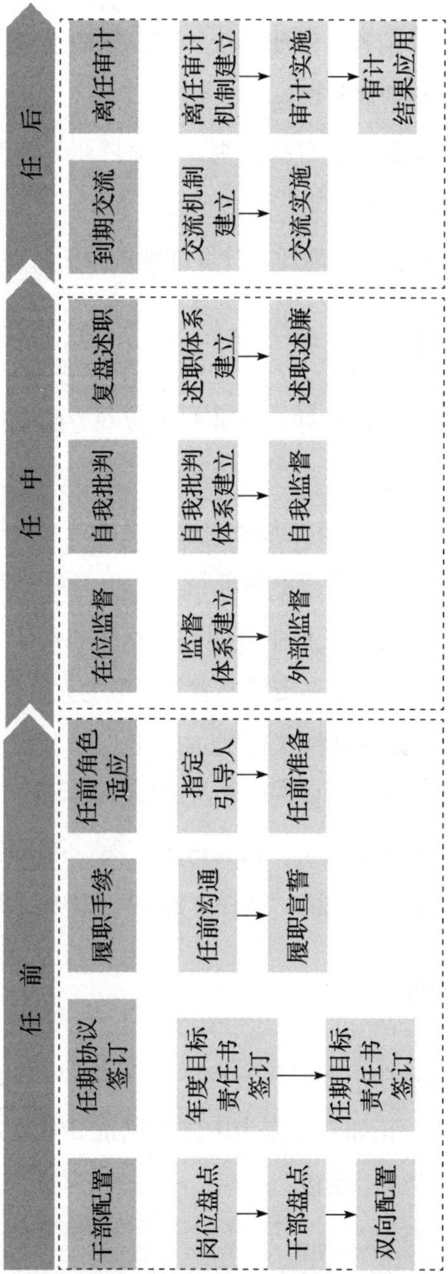

图 9－1　全过程干部任用管理体系

• 任前：在干部配置、任期协议签订、履职手续、任前角色适应等维度达成契约化管理共识。

• 任中：在在位监督、自我批判、复盘述职等维度进行例行契约化管理。

• 任后：在到期交流、离任审计等维度进行任后管理。

（一）任前契约共识

干部选拔后，要在任前建立企业与干部双方的契约，并做好任前适应准备。

干部配置确保用人所长、人岗相适，正所谓“骏马能历险，力田不如牛。坚车能载重，渡河不如舟”。

任期协议确保干部上任前带着明确的目标和责任。敢于给干部压担子，才能将其上任后的职责重心置于企业的大目标中。

履职手续更多的是心理契约建立的过程，通过任前谈话、履职宣誓等仪式活动强化履职的庄严性和严肃性。

任前角色适应主要是为了“扶上马送一程”，帮助新任干部适应新的角色要求，如华为实施的“新任干部 90 天转身计划”。

（二）任中契约管理

任中最重要的是在干部履职过程中建立起让干部始终充满活力的内外部约束机制，正如毛泽东为中国人民抗日军政大学制定的校训“团结、紧张、严肃、活泼”。

在位监督主要指企业内部建立监察审计体系，对干部的品德、财务、经营与管理进行日常监督。

自我批判则要求干部在位期间始终不忘初心、牢记使命，通过自我批判实现自我监督和自我超越。

复盘述职主要指在业绩完成后进行例行复盘。

(三) 任后契约兑现

任后重点是执行离任审计，确保顺利交接与干净离任。

离任审计会针对离职人在整个任职期间所承担的经济责任的履行情况进行审查，通俗地讲就是看离职人是否利用职务便利收受贿赂，是否还有经济债务纠纷没有解决。离任审计不仅是为了事后监督，同时也是为了惩前毖后，用制度的权威性、稳定性在企业筑起防火墙，避免个别干部心存侥幸。

三、任前契约建立机制

(一) 干部优化配置

干部是组织的重要人力资源，只有优化配置才能发掘资源的最大价值。干部配置根据不同层级一般有集中配置、个别配置两种方式。

1. 集中配置

针对大集团企业的中基层管理干部，通常采取集中选拔方式，选拔时侧重考察干部的潜质与能力，不对应具体岗位。结合干部的专业背景、个人发展意向，重点根据集团企业干部用人需求进行双向集中配置。

具体程序一般为：各单位提出用人需求，包括岗位、任职资格、培养与发展计划；干部本人提出上岗志愿；人力资源部根据双方需求进行统一配置。人员配置表报企业用人决策机构审批后执行。

2. 个别配置

个别配置一般是针对中高层干部或者个别空缺岗位，选拔时即对应具体岗位，按照岗位要求进行人员选聘。选拔出的干部直接走上相应岗位。

集中配置与个别配置最主要的区别在于在选拔时是否有目标岗位。通常企业在大批后备干部或者管理培训生上任前采取集中配置方式，以兼顾个人和组织的发展需求。个别配置适用于小企业或大企业的中高层岗位，在管理岗位有限的情况下，以岗选人，以事定人。

|洞　察|

干部配置之乱象

- 岗位调整不顾全大局，只顾自己的“小九九”。
- 岗位调整不满意，与组织讨价还价。
- 拈轻怕重，不愿去工作压力大的地方。

● 挑三拣四，只把岗位当跳板。

3. 软硬结合确保人岗适配

干部配置时要注意以组织的用人需求为主，兼顾个人发展需求，要通过硬性和软性相结合的方式，保证合适的人能够配置到合适的岗位上去。

（1）硬性规定保障落位。干部必须服从组织安排，否则就应退出干部队伍，以保证组织的大局利益。党管干部应自觉遵守相关规定，“领导干部要自觉服从组织分工安排，任何人都不能向组织讨价还价，不服从组织安排”。华为要求“干部要四海为家，服从组织安排，要形成共识”。

（2）软性牵引驱动落位。通过设置相应的激励机制使干部愿意服从组织安排。

软性牵引主要包括发展激励、物质激励、精神激励等方式。

发展激励就是将干部的晋升与其基层经历、外派经历与职业发展挂钩。

物质激励方面，通常将干部派往艰苦地区、空白市场区域时，要给予“艰苦补贴”。

精神激励方面，企业应当将那些有责任心、敢于担责、大局为重的优秀干部树为典型，给予荣誉激励，同时在组织内形成不怕吃苦的氛围。

|洞　察|

华为的干部激励

● 发展激励：华为坚持“宰相必起于州郡，猛将必发于卒伍”，凡是没有基层管理经验的，一律不能提拔为管理层，哪怕是博士也不行。包括研发在内，优秀的管理人才也是从基层干出来的，不能从机关中提拔干部，没打过仗的人是不能被提拔的，提倡大仗、恶仗、苦仗出干部。

● 物质激励：华为对其外派至海外的干部给予外派补助 + 艰苦补助，外派人员返回国内后，相应的补贴取消。

（二）任期协议签订

任期协议是与干部本人约定业绩目标及激励兑现，明确干部权责利的契约化管理手段。一般根据时间周期分为任期目标责任书、年度目标责任书。

由于不同层级干部承担的责任不同，产出结果的周期有所不同，因此考核周期有所区别。

高层干部对企业整体发展负责，侧重考核战略性指标、经营性指标、管理性指标，主要以任期为周期，签订任期目标责任书。

中基层干部履行战略分解下的业绩指标和关键任务指标，通常以年度为考核周期，签订年度目标责任书。

表 9 - 1 为任期协议的内容示例。

表 9－1　任期协议内容

岗位基本信息	要求
工作目标	在公司及部门目标的指引下，结合岗位的职责而设定的乙方下一工作期间的绩效目标
阶段性目标回顾	通过定期回顾及时发现绩效计划执行过程中出现的问题，同时对工作目标进行审核，依需要进行相应的调整
任期末、年末目标考核	在任期、绩效年度结束时，对乙方当期的主要工作目标完成情况进行评估与总结
奖金发放	期末绩效考核结束后，按照一定的方法将绩效考核结果与乙方实际应得的绩效奖金对接，并按照一定的流程和方法发放
其他福利待遇	
协议生效、变更和终止	
签字确认	

任期协议最重要的目的是使干部与企业的目标保持一致，通过目标管理的方式使干部自我管理、自我驱动。与干部职责相对应，任期目标包括业绩目标、人才培养与价值观传承等管理目标。

制定任期协议时，要做到自上而下与自下而上相结合，组织目标自上而下分解，同时干部与其直属上级共同商讨、自下而上沟通目标，保证干部个人目标与整个组织、所在部门的目标相融合，切实可行。

1. 业绩目标

公司战略分解为各层级组织目标，干部作为组织绩效的首要负责人，组织的业绩目标通常就是干部本人（尤其是主要负责人）的业绩指标。此外，干部所在组织发展阶段、机构定位不同，业绩目标的侧重点不同。

2. 管理目标

管理目标是为了防止干部过分关注当前财务指标，忽视中长期组织持续发展能力所设计的相应指标，包括品牌建设、技术创新、管理提升、流程优化、安全质量、客户（数量、满意度、新开发等）、核心人才引进、核心人员稳定性、员工满意度、新业务孵化等关乎组织核心能力的内容。

有的企业为了简化管理，只与干部约定业绩目标，常见于强调财务指标的上市公司。这容易导致公司内“唯业绩论”，各级干部为了完成财务指标疲于奔命，员工加班加点，忽视了组织长期能力的建设，员工幸福感持续下降，最终造成企业发展后继乏力。

业绩增长与内功修炼应该是相互促进的。在干部任期协议中可通过设置权重实现二者兼顾。

3. 功效挂钩的激励与牵引机制

价值创造、价值评价、价值分配是完整的人力资源价值循环，只有把干部的目标与其能获得的待遇挂钩，建立起投入与回报之间的稳定预期，才能够真正调动干部的干事创业热情，让干事者不吃亏，让搭便车者不得利，在组织内形成正向循环。

（三）履职手续

履职手续包括任前谈话及履职宣誓等仪式活动，主要目的是唤起干部对上任的重视并做好思想准备。

1. 任前谈话

对决定任用的干部，由人力资源部或组织部门开展任前谈话。一般要求人力资源部或组织部门代表、干部直接上级分别与干部进行沟通，内容包括工作方向、工作目标与工作要求等。

任前谈话是针对当前干部监督工作中存在的问题采取的一项重要的预防为主的措施。主要包括以下内容：

- 企业的制度、规章纪律等外部监督约束；
- 企业的文化价值观，及对干部的关键行为要求；
- 领导力标准，包括素质及能力要求；
- 业绩要求。

开展任前谈话有利于干部更好地适应新的岗位。任前廉政谈话是对新任干部的一种关心和爱护，要求其在今后的工作中刻苦学习、提高素质，尽快适应角色转变，加强协调，认真履职，勇挑重担，努力在新的工作岗位上创造新的业绩。

2. 履职宣誓

企业应当组织誓师大会、履职宣誓等任前仪式活动。心理学研究表明，当众进行目标承诺有助于形成心理契约，强化心理认知，帮助目标实现。孟德斯鸠在《论法的精神》中说："'誓言'在罗马人中有很大的力量，所以没有比'立誓'更能使他们遵守法律了。他们为遵守誓言常是不畏一切困难的。"

华为建立了集体宣誓的例行仪式，并将宣誓作为制度体系建设的一部分。各级新任干部均通过履职宣誓的方式强化组织价值观，加强干部自律。华为的集体宣誓既是一种教育，又是一种警戒，还是一种约束，是组织管理与干部管理的重要举措。上到华为全体董事、监事，下到各事业群总裁、地区部总裁和产品线总裁都会宣誓，新员工入职时也会作出自律承诺。

（四）任前角色适应

干部层级不同，所承担的角色、在组织中发挥的价值有所不同，高层干部强调决断力和人际连接力，中层干部强调理解力，基层干部强调执行力。干部上任前需要了解其即将承担的角色、角色对应的权利义务和应该采取的行为，为此建立干部任前适应计划能够帮助干部更好地适应岗位要求。

|**洞　察**|

干部的角色适应

阿里巴巴对外聘高层干部设置三个月的总裁助理角色，通过接触更高层级干部并听其言、察其行来了解和融入阿里文化，完成职业经理人向阿里人的过渡。

华为制定了“新任干部90天转身计划”帮助干部提前进入角色。转身计划的最重要目的是突破干部心理舒适区，让他们以空杯心态重新适应新要求。转身期的平均转正时间点为3.2个月，也称为“黄金90天”。转身的人可以是新晋干部也可以是空降兵（新干部）。新干部在转身期都会有三个关键人物——直接主管（直属上司）、教练（HR）、导师（对公司业务十分熟悉的人）起到思想引导作用。新干部转身要考虑四个问题：

- 我该如何为新角色的成功做准备？包括思想上的转身、技能上的转身，以及重新建立工作中的人际网络。
- 我该为哪些近期目标而努力，建立成功动能？
- 我该如何加强有效的影响力？可通过建立广泛的伙伴关系来达到目的。
- 我如何在成功转身的基础上带领团队更上一层楼？

通过干部任前角色适应，履新干部能够清楚了解组织使用自己的目的，从而找准定位、找准目标、找准方向，增强勇气、坚定信心。组织的信任、支持和期望给履新干部以动力和方向，让他们更好更快地适应新角色，认真履行职责，担起重任。

四、任中内外部约束机制

组织在发展的过程中面临山头、腐败、惰怠等问题，如果不能通过持续变革去除病症，组织就不能保持健康的肌体。只有干部保持健康和活力，组织才能持续成长。

（一）干部队伍面临的三大挑战

随着创业成功，企业持续发展，干部面临的最大问题就是缺乏活力、山头主义、消极腐败。干部队伍主要面临以下三大挑战。

1. 能否持续保持创业激情

拥有一时的激情容易，但是保有持久的激情很难。干部是员工的表率，干部的惰怠与散漫会直接影响员工。

2. 能否破除山头拧成一股绳

组织中的山头、派系普遍存在。中国民营企业在原始积累阶段往往是个人英雄主义文化主导的，但创业成功后，由英雄情结所衍生的欲望、野心和利益集团的诉求就常常把组织撕裂了，组织的凝聚力、团队精神不复存在。

3. 能否保持纯洁，抵制腐败

在以财富的增长为核心目标的营利性组织中，腐败普遍存在。近年来，除了党政机关和国有企业，一些民营企业也面临着严峻的内部腐败问题，高管腐败层出不穷。

《2015 年中国企业家刑事风险报告》显示，2014 年 12 月 1 日至 2015 年 11 月 30 日，共搜集到企业家犯罪案件 793 例，涉及企业家 921 人。其中，国有企业家 170 人，占 18.46%；民营企业家 751 人，占 81.54%。这一数据令人触目惊心。

任中内外部约束机制就是要通过制度的外在力量，通过自省和自我批判的内在力量共同对抗干部队伍面临的三大挑战，避免干部傲慢自大，让他们持续聆听客户的声音，正视和改进公司存在的问题与不足。

（二）内外结合的在位监控机制

干部队伍在位监督机制包括明确责任、制定制度、明确行为、开展考核四部曲。

明确责任是把干部监督的责任在组织中予以落实，国有企业中通常由组织部门、纪检部门、审计部门承担相应职责，民营企业通常将此职责划入人力资源部或干部部。比如在华为，干部部进行干部管理，道德遵从委员会进行干部作风考核监督，内审部门进行经济责任审计。

制度是对干部监督的顶层设计，一般在企业内控政策中统一设计。

明确行为是指让干部清楚在企业的文化价值观之下应当遵循的关键行为、工作作风，以指导干部的日常行为。

考核是对干部是否遵循关键行为进行评价，通过价值观 360 度评价的方式向干部反馈其是否有效履职。

|**洞　察**|

海尔集团在位监管体系

海尔集团在位监控包括两个内容：

- 干部主观上自我控制，自我约束，有自律意识。
- 作为集团的控制体系，控制工作方向、工作目标，避免犯方向性错误；控制财务，避免违法违纪。

海尔集团建立了较为严格的监督控制机制，任何在职人员都要接受三种监督，即自检（自我约束和监督）、互检（所在团队或班组内互相约束和监督）、专检（业绩考核部门监督）。

干部的考核指标分为五项：

- 自清管理；
- 创新意识及发现、解决问题的能力；
- 市场的美誉度；
- 个人的财务控制能力；
- 所负责企业的经营状况。

对这五项指标赋予不同的权重，最后得出评价分数，分为三个等级。每月考评，工作没有失误但也没有起色的干部也会受到批评，这使在职的干部随时都有压力。

《海尔报》上引用过一句名言："没有危机感，其实就有了危机；有了危机感，才能没有危机；在危机感中生存，反而避免了危机。"

华为对干部通过自我约束与制度约束两手抓的方式建立监察机制，包括以公司的核心价值观为基础建立工作作风，以道德遵从规范为标准建立生活作风，其监察体系如图 9－2 所示。

华为对干部的日常行为监察包括以下内容。

- 道德遵从：弄虚作假、拉帮结派、以权谋私、捂盖子等不良文化。

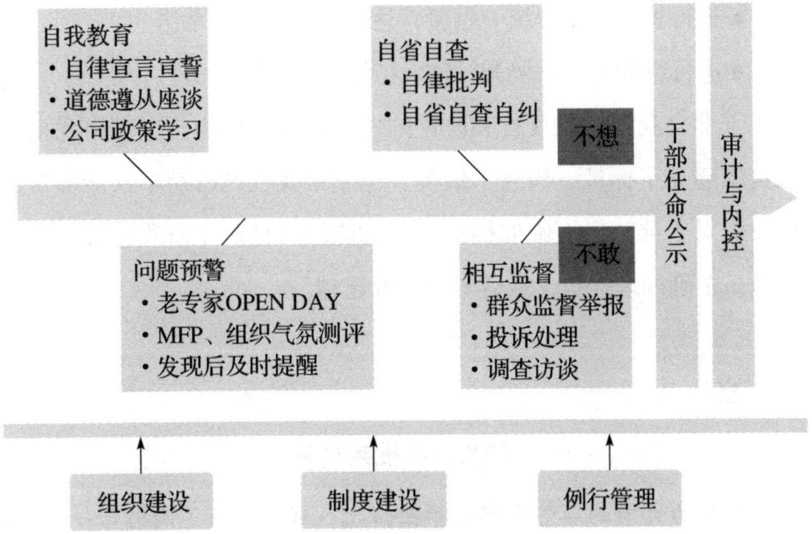

图 9－2　华为监察体系

- 工作作风：牢骚满腹、简单粗暴、一唬二凶三骂人等不良现象。
- 经济违规：贪污腐败、私费公报、关联交易等经济违规现象。
- 其他违规：赌博、泄密、上班兼职等违反商业行为准则的现象。

此外，华为在任用干部时设置弹劾否决机制，以实现惩前毖后的目的。通过弹劾机制否决不合格干部，起到威慑作用，教育和帮助干部。在弹劾过程中坚持既不能“一俊遮百丑”，也不能“一丑遮百俊”，功过分开。

（三）自我批判机制

干部自我批判的目的主要是：

- 进行组织总结，消除组织惰性和不协同，强化能力，提升效率。

- 进行思想总结，统一思想，达成共识，建立承诺。
- 进行行为总结，协调行动，持续赋能，激发潜力。

干部自我批判是反省和改进的发动机和驱动力，干部自我批判为员工建立了标杆、树立了楷模。建立自我批判机制不仅能够帮助企业应对干部队伍面临的挑战，同时能够帮助员工自我总结、自我反思，正确处理挫折，最后实现自我超越。

|**洞　察**|

华为自我批判机制

在华为大学的后备干部的毕业证上，任正非写了两句话："只有有牺牲精神的人，才有可能最终成长为将军；只有长期坚持自我批判的人，才会有广阔的胸怀。"

华为长期坚持自我批判，目的就是使干部经过思想洗礼，心胸开阔，经得起别人的批评。为了实现这一目标，华为将能否真正做到自我批判列入干部选拔标准，避免干部做事四平八稳、明哲保身甚至消极怠惰。

华为通过以下七个方面的措施进行持续的自我批判。

- 基于制度的自我批判：华为的评价体系由职位评价、任职资格认证、绩效评价、劳动态度评价及干部年中述职等五个各有分工又有联系的模块构成，除职位评价外，其他四个模块都有"自评"环节。
- 基于事件的自我批判：主要有三类，一类是外部客户投诉引发的自我批判；一类是内部员工提出的意见引发的自我批判；另一类是由某个事件或观点引发的自我批判。

- 基于文章的自我批判：包括内部或外部文章触动的公司内部的自我批判或反思。
- 基于标杆学习的自我批判：包括内部标杆、竞争标杆、职能标杆、流程标杆等引发的自我批判。
- 员工对公司的自我批判：主要是员工投诉等。
- 建立自我批判支撑平台：充分利用《华为人》《管理优化》内部刊物和《心声社区》网站等。
- 利用案例库与合理化建议活动：员工将现实中出现的问题写成反思案例，放入公司案例库，作为后续自我批判的参考。

五、任后交流轮换与离任机制

干部任用后的主要工作是通过离任审计确保顺利交接，通过横向交流机制增强干部复合能力与全局视野，同时避免用人僵化和山头主义等问题。

（一）到期交流轮换机制

干部交流，原指党的组织部门按照干部管理权限，通过调任、转任对党政领导干部的工作岗位进行调整的机制，目的是优化领导班子结构，提高领导干部的素质和能力，加强党风廉政建设。一般对因组织工作需要、拟通过交流锻炼提高领导能力、在一个地方或者部门工作时间较长、按照规定需要回避的干部进行交流。

随着企业干部管理的专业化，为了避免某些干部长期主政一方，滋生倦怠情绪，出现经验主义、固步自封、创新动力不足等问题，同时防止由于专业思维狭隘造成“部门墙”，交流或称轮换机制逐步引入企业。

“流水不腐户枢不蠹”，畅通干部交流，就是要对干部进行科学合理的岗位安排。不同岗位、不同职责干部的轮岗交流，一方面有利于相互理解和支持，从而减少部门之间的误会和摩擦；另一方面让干部找到最适合自己的岗位，实现人岗相适，从而激发干部工作的积极性、创造性。

干部交流机制主要是通过对某一岗位最长任职期限作出规定来实现。鉴于中基层岗位工作要求相对较低，中基层干部能力亟须锻炼，为此中基层干部在固定岗位上的任职期限可相对较短，如一个任期三年，同一岗位最多连任两个任期。

鉴于高层岗位要求高，同时公司战略及政策需要有稳定性和延续性，高层岗位的任职期限相对较长，如一个任期三年，同一岗位最多可连任三个任期。最长任期到期后一般应当由组织安排进行横向交流和轮换。

此外应当注意，财务负责人等专业性较强的岗位应当慎重考虑，在不影响工作开展并培养有得力副手时可安排主要负责人交流。

交流一般包括以下几种形式：

- 同性质但不同专业之间的轮换，如职能部门内不同单元间轮换，可解决内部协同问题，增强干部专业复合性。

● 同性质但跨地区的轮换，一般解决公司本部与分（子）公司、驻外机构之间的协同和有效管控问题。

● 联系密切、工作中协同性强的专业之间的轮换，比如销售和研发部门之间干部的轮换，帮助销售干部更懂产品，帮助研发干部更懂客户需求。

总之不能为了交流而交流，应当紧扣组织的需要，兼顾干部发展的需要。

|洞　察|

B 市市直机关干部交流轮岗

在干部选任实践中，由于缺乏一个相对常态化的跨部门交流机制，机关中层及中层以下干部体内循环、封闭运行，甚至“终老一个单位”的问题较为突出，成为干部交流的瓶颈。

B 市市直机关在领导程序上坚持“工欲善其事，必先利其器”，以机制创新破除部门中层及中层以下干部跨部门交流的瓶颈。B 市在制定《关于在市直机关实施干部交流轮岗的意见（试行）》《市直机关科级及科级以下干部交流轮岗工作实施方案》《市直机关科级及科级以下干部交流工作操作规程》《市直机关科级及科级以下干部交流轮岗政策解答》等一系列立足长效、配套衔接的制度时，对干部交流轮岗的范围条件、操作程序、保障措施等进行了大胆创新，有效清除了中层及中层以下干部交流机制中的障碍。一是导向鲜明。明确提出交流轮岗的目的就是要加大干部多岗位锻炼力度，盘活干部队伍资源，激发干部干事创业的激情，打破干部终身制，促进干部勤政廉政，打造充满生机和活力、人民满意的干部队伍。二是范围广泛。把交流轮岗对象覆盖到包括县处级、科级及科级以下的所有市直机关干部，着重明确了科级以下干部交流轮岗的范围、条件、方式等。三是重点突出。突出把县处级后备干部、优秀年轻干部和在执法执纪、干部人事、财务审计、项目审批、资金管理等岗位上工作的干部作为重点交流轮岗对象。四是方式多样。针对不同系统的干部群体，提出了科级以下干部跨部门交流、单位内部轮岗和系统内交流性轮岗三种方式。在交流轮岗人选条件上，对按规定需要回避的或达到一定任职年限、工作年限的干部，根据现实情况分别列为“应当交流”“应当有计划交流”“应当轮岗”的人员，并在交流轮岗人员规模上有一定的比例要求。

在机制配套上，明确今后提拔担任副科级领导职务的，原则上应具有两个以上工作岗位的任职经历；提拔担任正科级或副处级领导职务的，应具有两个以上下一级领导职位的任职经历。实行交流轮岗工作责任追究制度，要求各单位必须严格执行《关于在市直机关实施干部交流轮岗的意见（试行）》，不得以任何理由拒绝执行，并将干部在交流轮岗工作中的表现作为考核、评价、使用的重要依据。同时规定科级及科级以下干部交流轮岗工作，原则上每两年开展一次，并有计划、有重点地组织实施市直机关与县区之间的干部交流。

B 市市委成立了以市委书记为组长的高规格领导小组，下设办公室，从市委组织部、市人社局等 9 个部门抽调 22 名人员集中办公，精心组织实施。在历经动员部署、推荐上报预备交流人选和职位、志愿填报、人职匹配、集中办理调动任免手续等程序后，82 个市直部门的 1 632 名干部通过交流轮岗走上了新的工作岗位，交流轮岗面达到市直机关科级及科级以下干部总数的 25.8%，超计划完成了工作任务。其中，跨部门交流 137 人、轮岗 690 人，市公安局系统内交流性轮岗 805 人，占科级以下民警总数的 29.3%，实现了与全市交流轮岗工作同期部署、同步推进、同时完成。整个工作始终稳健有序、和谐扎实推进，取得了预期的效果。

（二）离任审计机制

干部离任审计主要针对高层管理干部或者子公司负责人等，通常在干部离职或调离时进行，包括对干部在任期间财务责任、管理责任和纪律责任的审计。

1. 财务责任审计

财务责任审计是针对离任干部在整个任职期间所承担的经济责任的履行情况进行审查，通俗地讲就是看离任干部是否利用职务便利收受贿赂，是否还有经济债务纠纷没有解决。

2. 管理责任审计

对离任干部在整个任职期间所承担的管理责任的履行情况进行审查，就是审查干部任职期间有没有尽到应尽义务，是否为公司的发展做出了贡献，有没有滥用权力。

3. 纪律责任审计

对离任干部在整个任职期间所承担的纪律责任的履行情况进行审查，就是审查干部任职期间有没有按照公司的相关规定、相关流程开展工作，是否有未完结的重大事项。

严格的要求是“先审后离”，干部在离任前一个月提出申请，在一个月内必须完成离任审计工作。如果干部已经离任，一般要求在半年内进行审计。一般性的审计时长两周左右，具体用时还需要考虑公司的规模、公司的业务量。

|洞　察|

山东省委党员干部终身问责制

2017年6月18日中共山东省委讨论通过了《实施〈中国共产党问责条例〉办法》，突出主体责任，抓住关键少数，层层传导压力，细化问责条例，对党员干部终身问责。《中国共产党问责条例》中，把应当予以问责的情形归纳为6个方面，山东省委将这6个方面的情形细化为27类，确保问责依规依纪、实事求是、规范强化。

在“党的领导弱化”方面，山东省委将其细化为6类，如在贯彻执行中打折扣、做选择、搞变通；在处置本地本部门本单位发生的重大问题中领导不力，处理不及时、不得当，特别是不按照有关规定或者工作要求请示报告，甚至漏报、瞒报、谎报。在“党的建设缺失”方面，细化为4类，如干部选拔任用工作中问题突出，特别是违反干部选拔任用有关规定，用人失察失误、选人用人不正之风严重。在“全面从严治党不力”方面，细化为5类，如对职责范围内苗头性、倾向性问题或者轻微违纪问题没有抓早抓小，好人主义盛行、搞一团和气；对巡视巡察、专项治理、审计监督等工作不支持不配合，对存在的问题不整改或者整改不到位。在“维护党的纪律不力”方面，细化为6类，如存在以权谋私，违规收送礼品礼金和服务，违规操办婚丧喜庆事宜或者借机敛财，违规从事营利性活动等。在“推进党风廉政建设和反腐败工作不坚决、不扎实”方面，细化为5类，如不支持执纪执法机关依纪依法履行职责，甚至妨碍、阻挠、干扰执纪执法工作；对管辖范围内党员干部违规违纪问题隐瞒不报、压案不查等。还有一个方面是其他应当问责的失职失责情形。

问责方式对从重加重、从轻减轻情形皆加以细化，并实行终身问责。《中国共产党问责条例》规定，对党组织的问责方式包括检查、通报、改组；对党的领导干部的问责方式包括通报、诫勉、组织调整或者组织处理、纪律处分。山东省委除了执行上述问责方式外，还针对一些特殊情况作了细化，既有从重或者加重问责，也有从轻或者减轻问责。山东省纪委通报了5起落实全面从严治党主体责任不力受到问责的典型问题。其中，费县人力资源和社会保障局的3名领导干部因单位违规发放养老金问题被问责。

// 第十章 //

干部培养：训战结合，突破自我

突破创新，自我超越，是每一位干部履职的基本素质；辅导下属，培养接班人，是每一位干部的责任和义务。干部的成长和发展，既是自我能力提升的要求，也是履行责任的要求。华为正是靠着对干部和人才的持续投入，打造了一支敢想敢拼、战无不胜的奋斗铁军。

华为针对干部培养设计了一系列管理机制，通过转身计划让干部快速融入团队并迅速成长为骨干，通过干部轮换和之字形发展，输送到变革项目锻炼，形成华为独特的基于业务场景的训战结合的干部培养模式。

一、干部培养三大原则

狭义的干部培养主要指的是通过课程教学、导师制、行动学习、轮岗等多种方式提升干部能力的过程。广义的干部培养则包括干部的能力提升和干部的职业发展，指的是从低层级干部逐步发展为高层级干部的历程。

狭义的干部培养主要为干部能力提升体系，广义的干部培养包括能力提升体系和后备干部发展体系两大体系。鉴于一般企业在思考干部培养时囿于干部体系的完备性不足，建议从狭义的干部培养入手，通过提升干部队伍能力，提升企业核心竞争力，实现人才发展推动企业发展。

干部培养要强调责任结果导向，要求参训的干部有成功的实践经验，以培养一支能战善战、敢想敢拼、业绩优秀的干部队伍。

干部培养要遵循以下基本原则。

1. 训战结合，有效提升即战力

干部培养要采取培训和岗位实践相结合、培训与工作实践不断循环的方式，提高干部的素质、能力、团队领导力，并使其掌握管人管事管己的科学的学习与工作方法。

2. 业务管理结合，打造复合型干部队伍

通过业务能力的提升，鼓励干部不断朝专业化、精深化发展，发挥专业价值，实现业务突破；通过管理能力的提升，鼓励干部从业务专家走向管理能手和团队教练，从“一个人成功”变为“一群人成功”。

干部培养过程鼓励均衡发展，从市场到研发，从研发到职能，

体现复合型培养，同时从实践到理论，从理论到实践，实现循环式成长。

3. 短期长期结合，综合提升干部能力

干部培养除了在工作实践中提升能力之外，还要考察干部的责任心、使命感、敬业精神与献身精神，实现当期业绩贡献与长期业绩潜能的综合提升。

干部培养要基于组织的目标和战略能力提升布局，通过多种培养方式满足公司的发展需求。

二、干部培养两大体系

（一）后备干部发展体系

后备干部发展体系主要是围绕企业领导力模型实施的多位一体干部发展体系。一般包括领导力模型、基于领导力的发展系统、干部任用系统、干部选拔系统、干部绩效评价系统、后备干部梯队系统、干部培训系统等。

选任干部时，无论是组织提名还是民主推荐，都应从干部培养大名单中选取，进入大名单是干部任用的基础。

领导力发展系统与干部绩效评价系统相辅相成，根据干部业绩目标制定相应的跟踪、落实、考核、改进等具体工作措施，根据领导力模型确定干部年度能力提升计划，并进行跟踪落实、辅导评价。

每年年底，召开干部人才发展会议，进行干部盘点，确定现职干部的适岗程度，并提出相应的任用和发展建议，明确下一年度的组织规划、人员规划、机制规划。

干部培训系统即狭义的干部能力提升体系，以领导力模型为基础构建多位一体的能力提升体系。针对不同职业发展阶段的干部，应安排不同层次的系统性课程培训，通过评价—培训—发展使用—评价的循环，提升干部的领导力水平和知识结构的完整性。

（二）干部能力提升体系

干部能力提升体系主要是以目标职位要求为基础，通过课程学习、行动学习、导师制、轮岗等多种方式，有效提升干部综合能力的体系。干部能力提升体系主要基于知识、行为、经验等维度进行构建，不同的维度需要不同的干部培养方式（见表 10－1）。

表 10－1　干部能力提升体系的维度与培养方式

维度	培养方式
知识	培训、自学、学历教育、进修、小组学习、考察学习
行为	培训、岗位实践、教练
经验	轮岗、项目工作、行动学习、教练

|洞　察|

索尼领导层培养制度

索尼公司一直很注重培养包括将来总裁候选人在内的公司领导层。公司的做法是：从世界各地的 1 800 名职员中挑选出 500 位

30～40岁的年轻人进行重点培养，作为公司领导的新一代候选人。

索尼培养领导候选人的一个重要特点：从过去进行研修之类的“坐学”转变为有计划的岗位配备。它在全公司范围内定下大约100个重要职位，每个职位选定1～5名候选人，并建立名册。这样，索尼就组成了一支500人左右的公司领导层“第二梯队”。这100个重要职位主要包括索尼各大公司、集团子公司和海外子公司的最高职位。由索尼人事部干部会同各公司领导层列出人员名单，并且将这些候选人的材料全部集中到索尼经营领导层的手中。考虑到会有人落选，候选人名单只会在最小范围内公开（即只有人事部部长级的干部以及副社长、社长、会长可以掌握该名单）。这些领导组成了行政人力资源委员会，每年召开两次会，根据候选人的行为特性、业绩及资历调整候选职位。例如，某位职员拥有出色的经营能力，但财务处理经验不足，这时就要让该职员到可以学习财务知识的岗位上充电。公司不会让这些职员长期待在同一个职位上，以免思想僵化。这些候选人会不断到新的岗位上接受新的挑战，因为他们需要有随着经营环境的不断变化做出敏捷快速反应的能力。

进入第二梯队的领导人候选人要到索尼大学参加进一步的培训。这些候选人不但要学习经营知识，还要参加各种由国内外著名公司最高层领导人亲自讲授的课程。索尼的会长也会讲述怎样继承和发扬索尼精神。参加培训的候选人还会对有关经营的课题进行讨论。经过一系列研修活动与职务调整，被选上的候选人还要接受进一步考察，看看能否顺利成长。因此，索尼的候选人是不固定的，公司每年会根据每个人的成长情况与工作成果进行调整。还有一批公选出的职员也会在索尼大学进行相同的研修，索尼也会从这些学员中选择下一代领导人。

三、干部盘点与规划结果

干部培养体系设计之初，要进行干部队伍现状分析、干部发展体制机制分析，通过目标导向和问题导向，确定科学合理的干部培养体系。

1. 干部队伍现状分析

（1）干部队伍数量结构。通过对干部队伍的性别、学历、年龄、司龄、工龄、民族、政治面貌、职能类型、管理层级、正副职等因素进行系统梳理，为干部队伍培养奠定基础。

（2）干部队伍能力与素质分析。将干部队伍的专业背景和学历背景同职位要求进行对比分析，确定干部队伍的任职需求和课程培养需求。

通过经验和领导力 360 度评价，提出下一培养周期能力提升专项计划。

（3）动态推演。根据外聘计划和内部退出计划，结合内部干部市场，从纵向的内部晋升图谱出发，思考干部的岗位空缺及待定候选人，并依据个人与职位的能力差距，提出培养周期内应该着眼的关键点。

2. 干部发展体制机制分析

通过人才配置和使用、培训开发、薪酬福利、绩效管理、员工关系等维度，思考干部发展体系应该如何优化才能更有效地激发干部队伍活力和自我能力提升热情。

四、干部培养四大方式

（一）课程学习

课程学习的目的是增强干部的专业知识与技能，提升干部专业化能力。课程学习主要由人力资源部负责安排，其中可以将课程分为必修课和选修课。

必修课一般为一年期和任期，一年期针对后备干部，任期针对在职干部。选修课根据个人兴趣而定，可选修其他干部的必修课；一年期主要做角色转变和能力提升，任期主要适用于培养干部岗位胜任能力。表 10－2 为课程学习大纲示例，表 10－3 为中粮大学培训课程，表 10－4 为课程学习分类。

表 10－2　课程学习大纲示例

培养内容			学分	第一年	第二年	第三年
人力资源	必修课	管理基础知识、业务管理知识、技术知识、行业知识、营销知识、领导力、办公软件等	15	管理基础知识、业务管理知识	业务管理知识、技术知识	技术知识、行业知识等
	选修课	其他干部的必修课	5	自选 2～3 门课程	自选 2～3 门课程	自选 2～3 门课程

表 10－3 中粮大学培训课程

课程类型	选人	组建团队	制定战略	运营管理	价值评价
战略领导力	五步组合论 总体干部 有效决策	构建组织 激励人才 文化与变革	战略管理基础与公司战略 业务竞争战略 竞争优势	战略营销管理与品牌打造 消费行为与新产品开发 中粮渠道战略 B2B 大客户营销	企业价值创造与评价 危机管理
中粮领导力	业绩导向、学习成长、阳光诚信、协同共赢、组织发展、资源整合、系统思考、客户导向、变革创新				
中粮管理课程	中粮领导力模型解读 中粮干部角色认知与转型	中粮企业文化 中粮人力资源管理	全产业链战略进展与挑战 中粮战略转型	中粮标杆管理八步法 中粮产品研发管理	中粮 6S 之路 中粮社会责任

企业在通过课程学习培养干部时，由于缺乏清晰全面的学习发展指引，干部成长路径仍然是点状形式存在，未能形成线、面一体化形态，直线干部也未能履行培养下属的职责。同时，课程学习如果不能全面纳入职业发展路径，无法形成培训、考核、授权、上岗的机制，培训就难以真正调动干部的主动性与积极性。

要增强培训效果，就要围绕干部职业发展路径，构建科学系统的培养路径，通过干部学习地图加强对干部能力的培养，实现选拔、培育、考核、上岗一体化的干部培养体系。

表 10－4　课程学习分类

区分	职级 / 课程分类		培训方向	领导能力类		自我修炼类
	管理中心	直属公司		管人	管理	
高级领导力	总裁 / 副总裁		高层管理者的角色认知 从优秀走向卓越	情境领导	流程再造 高效会议管理	变革管理 创新管理 战略管理 魅力演讲技巧 职业经理人的身心健康
	职能总经理 / 副总经理	总经理				
中级领导力	高级经理 / 经理	副总经理 / 部门经理	中层管理者的角色认知	情境领导 非人力资源经理的人力资源管理 沟通技巧 授权与激励 部属培育	目标管理 绩效管理与绩效考核 流程再造 问题解决与决策	非财务经理的财务管理 时间管理 压力与情绪管理 演讲技巧 执行力
	主管	专业经理 / 分厂厂长				
初级领导力	专员	主管 / 班组长	基层管理者的角色认知	团队建设 有效沟通 冲突管理 部署培育	目标与计划管理 问题的分析与解决 会议管理	时间管理 压力与情绪管理 执行力

干部学习地图是基于职位典型工作任务与企业业务问题而设计的学习规划项目，学习地图将准确描述某一类型干部在某个阶段该学什么、学到什么程度。在整体设计思路上，学习地图主要围绕以下四个阶段展开。

1. 梳理任务要求

不同部门的干部的任职条件是不同的，从基层干部到战略高管，不同层级的角色和能力要求有明显的差异。在明确任职要求时，要基于战略发展 / 业务经营目标的解读分析，同时可以通过问卷调研进一步确认各层级干部的领导力现状、面临的挑战等，为各层级干部的培养和发展提供充分的信息输入。

通过定性访谈与定量问卷调查相结合，可以有效解读各层级干部的任职要求与典型工作任务。

2. 构建学习地图

构建学习地图，要从企业战略要求、各层级岗位任职要求、关键任务要求出发获取关键信息，以转化为学习内容与学习主题。

（1）进行企业战略解读，明确企业特有的行业背景、战略目标、经营理念等对各级干部提出的要求，从中得知企业战略对干部的组织要求。

（2）从组织能力角度将企业战略进行拆解，转化为企业对干部的核心要求，并以专业知识技能的形式赋能。

（3）从典型工作任务与干部业务梳理角度出发，借助“管理自我、管理业务、管理他人、管理协作”的分析框架得出各级干部的典型工作任务。

（4）从知识、技能、素质角度出发，将典型工作任务与组织能力进行 KSA 拆解并编码，梳理不同层级的学习主题。

（5）根据不同层级的学习主题匹配相应的学习内容与学习方式，结合成人学习的原理，干部在岗实践与挑战性工作任务占学习收益的 70%，干部交流互动的收益达 20%，干部教育培训的收益达 10%。

3. 完善资源体系

要使干部学习地图科学落地，就要对干部的学习资源库进行丰富与完善。资源体系主要包括干部的课程资源、学习运营管理资源等。

完善资源体系主要包括以下两项工作：一是根据运营学习地图，盘点已有课程资源，明确已有的课程内容、待开发及待采购的课程；二是根据前期典型工作任务分析与组织能力分析，形成相应的学习主题并匹配相应的学习内容，丰富学习资源库、考核题库等。

4. 建立配套机制

为促进干部学习地图落地，要建立培训、考核、授权、上岗管理机制，这样就使干部学习地图不是仅仅停留在培训层面，而将培训价值上升至干部的选育用留，同时将培训责任下放至每一位干部，将“要我学”转化为“我要学”。

一方面，设计导师制，令直线领导与下属之间建立培养关系，针对干部的个人发展计划、在岗实践，直接领导需承担指导与辅导的职责，为干部的职业生涯发展路径承担部分责任；另一方面，形成干部学习地图指引手册、在岗实践指导手册、导师辅导手册等系列配套工具，让干部学习地图科学落地。

|洞　察|

华润集团干部培训

华润集团针对各层级干部开发了不同的培训体系，如高级人才发展计划和以华润大学为基础的中基层关键人才培养。

华润集团高级人才发展计划

华润集团在2009年初启动“高级人才发展计划”（又称“60班”），董事长亲自倡导并担任班主任。60班是领导力全面培养和发展的综合计划，综合运用课堂培训、反馈辅导、岗位历练的发展方式，为期24个月，有36名高级经理人。主要特点如下：

1. 基于培训的发展方式

- 在全球顶尖商学院、咨询公司和跨国公司选择师资。
- 定制课程：董事长沟通、经理人访谈、内部案例。
- 将华润领导力素质模型作为设计课程体系的基础。

2. 基于教练的发展方式

- 班主任全程伴读，及时与学员沟通交流并提供指导。
- 通过AC测评，学员对自身素质的强弱项有相对准确的认知，对自己的状态与未来岗位要求之间的差距有相对清晰的认识。
- 依据素质测评结果制定个人发展计划（IDP）。

● 直接上司作为教练，帮助实施 IDP。

● 同学之间开展 Peer-Coaching 活动，相互反馈和指导。

3. 基于岗位历练和实战的发展方式

● 通过岗位轮换和增加岗位职责让学员得到历练。

● 岗位轮换的方式包括集团跨部室的转换、集团与利润中心的互换、利润中心之间的轮换等。到目前为止，参加高级人才发展计划的学员中，有 80% 的人到新的岗位上得到了历练。

● 实施“主题任务”和“管理实践项目”以学以致用。以华润旗下利润中心的实际问题作为主题任务；管理实践项目选择 5 家利润中心，开展组织能力诊断。

中基层关键人才培养——华润大学

1. 发展情况

第一阶段：2012 年 6 月，华润大学及 8 个专业学院成立，华润大学北校区（白洋淀）完成改造，招收首批学员，实施“华润管理之道”发展项目。

第二阶段：2012—2015 年，华润大学及专业学院通过总结华润经营管理实践形成课程体系，培养一支内部讲师队伍，完成华润集团 3 万名关键岗位员工的轮训。建成华润大学南校区（惠州），南北校区具备同时接待 1 000 名学员在校区学习的能力。

第三阶段：2015—2018 年，华润大学及 SBU 专业学院形成完整的知识管理体系，向股东和客户传递华润的文化和管理理念。

2. 教学特点

培训以岗位能力要求为基础，通过专业测评、实战模拟、案例研讨、互动教学等手段，开创性地设计系统的学习和发展项目。

课程设计和教学计划充满华润特色，是华润业务实践、管理思想和管理经验的体现，是华润管理知识的传递，而不是大学课程或商学院课程的简单转移。

师资以内部讲师为主，集团领导、集团各职能部室的一把手、一级利润中心和战略业务单元的主要领导者、各单位的管理团队、专业总监，以及离任的优秀经理人都将转型成为教授、导师和教练。

（二）导师制

导师制的目的是培养干部领导力，通过传授经验，进行个性、领导能力和管理风格辅导，优化管理方式。适用于基层、中层干部。

规范、系统的内部导师制度，有利于新任职干部尽快掌握所需的知识、技能，顺利完成上岗过程，满足公司跨越式发展的需求。同时，导师制能够营造“传帮带”的文化氛围，使公司内部知识、经验得以传承和发展。

低层级干部成为高层级导师的学员，高层级干部争当导师，不仅可以提升荣誉感，更能够提高导师的组织管理能力。

1. 导师标准

人力资源部要在公司内部选拔一批干部导师人选，并组织开展专业的培训，使他们成为内部干部导师。

导师的标准如下：

- 对公司文化有强烈的认同感和深刻理解，有能力对培养对象进行思想引导，善于听取意见，愿为学员解决思想问题。

● 集团副总、一级部门负责人，有能力对培养对象进行管理或专业方面的指导。

● 责任心强，有较强的计划、组织、管理、沟通能力，有能力为培养对象制定合理的转身计划，并安排落实。

● 为人正直公正，有能力对培养对象的工作进行客观评价，能利用各种激励方法引导被培养干部进步。

2. 导师培训

人力资源部要不定期组织内部导师的培训，不断提升导师的专业技能和被培养干部的培养效果。

3. 导师培养流程

针对新任干部，一般设置为期 90 天的转身计划。

第一阶段为 1 ～ 2 天，主要开展导师认领工作，由集团为干部指派导师，明确培养目标和培养计划。

第二阶段为 3 ～ 4 天，通过导师辅导，新任干部了解所在部门管理的关键节点、操作流程等基本知识。

第三阶段为第 1 ～ 8 个月选取的特定时段，在导师指导下负责具体项目、部门的管理工作，历练过程中与导师保持每月定期面谈及不定期交流，沟通工作进展情况。

第四阶段为第 9 个月选取的特定时段，对年度工作任务进行考核，根据考核结果指出能力短板及需要提升的能力。

4. 导师考核

导师对培养对象的考核主要考察在其辅导期内的表现，参考依据为各类任务及计划总结等。考核合格的干部，可予以转正；不合格的干部，试用期内启动退出机制。

对导师的考核主要考察《导师培养协议》中的培养目标达成情况，对培养对象辅导的主动性和积极性，培养对象的能力提升情况。考核不合格的导师将被取消导师资格。

为了鼓励干部争当导师，在干部任职标准中，要明确将导师制作为其任职资格等级晋升的依据。

（三）行动学习

行动学习是学习知识、分享经验、创造性研究解决问题和实际行动四位一体的方法。行动学习包括专业知识的学习，但主要的目的不是获得这些知识，而是运用这些知识去分析、研究实际工作中的问题，提出解决问题的方案并付诸实施。

行动学习的目的是提升干部解决系统性经营管理问题的能力，学习议题包括经营类与管理类。企业运用行动学习是为了满足企业运营或管理层面的各种诉求，如领导力提升、战略规划、业绩突破、组织变革和文化建设。一般来讲，行动学习分为以下几类。

● 领导力发展型行动学习（LDAL）：加速高级人才的发展、发展高潜质人才、提升领导人的胜任力、助力企业领导力测评发展。

● 战略执行型行动学习（SDAL）：战略规划、战略检讨、战略创新、战略执行——绘制战略地图与平衡计分卡。

● 业绩突破型行动学习（PDAL）：财务指标的改善、运营效率的改善、产品或服务质量的提升。

● 组织变革型行动学习（ODAL）：提升组织整体能力、团队建设、组织变革、组织创新。

● 文化建设型行动学习（CDAL）：文化诊断与优化、文化与组织氛围建设、文化重塑。

行动学习的主要流程为“124N1”，一般按照如下五步展开。

1. 1 天深度访谈：聚焦问题，点燃激情

与高管（项目发起人）深度会谈，明确组织的关键目标和实现此目标的关键难题，并根据此难题确定行动学习项目的课题、目标和参与者（人数、具体人员）、地域、团队组成形式、相应的配套奖惩机制。

2. 2 天群策群力：策略共识，主动担当

通过一套科学与艺术结合、感性与理性兼具的会议流程激发团队的积极情绪和内生智慧，达成高度共识并作出承诺，形成可执行且符合 SMART 原则的计划并现场向领导汇报，领导当场决策。

3. 4 天阶段复盘：照镜子，调步子

复盘会议的安排是：跟进检查进度，通过持续的复盘会议引发团队的质疑和反思，促进员工的成长和项目的推进。

4. *N* 天跟踪辅导：振士气，补差距

在项目推进过程中根据实际需要安排一定的培训课程，以补充项目成员在项目实施中的能力短板。

5. 1 天全面复盘：萃取经验，固化模式

这是最后的成果验收会，也是最好的知识管理、团队建设和企业文化建设仪式。固化行动学习模式，挑战新的目标。

|洞　察|

腾讯行动学习

腾讯公司早在 2006 就预见到互联网游戏业务的黄金发展期将要到来。为此，腾讯游戏事业部开始大量引进青年才俊发展游戏业务，然而游戏业务的干部大多是从专业人才中选拔出来的，从基层干部到中层干部大都是 80 后，缺乏足够的管理经验与领导能力。尽管这些干部已经具有一定的项目管理运营经验，但无论是领导力还是战略思维、商业能力、行业洞察力等都面临全新的挑战。

为此，由腾讯游戏事业部高层主导，战略分析部门和 HR 共同参与，制定了未来游戏业务发展的战略计划书，明确了相应的干部队伍能力素质要求。经过反复讨论与协商，确定了腾讯游戏业务领导力发展中最核心的两项能力：管理能力和战略思维。经过深度考察，公司决定引入行动学习助力高潜力管理人才加速成长，并确定了行动学习的方案。

1. 立体式参与制定真实命题

在行动学习中，选题对于项目的成功至关重要。由游戏相关业务的事业部执行副总裁提供游戏业务发展的产品类别及发展方向；邀

请战略分析部门提出未来游戏业务发展的目标及实现目标过程中可能面临的挑战；由HR部门提供实现业务发展战略目标所需要的人力资源支持。然后三方综合确定行动学习项目的多个命题，经过第一次筛选后，报给人力资源管理委员会；经人力资源管理委员会系统讨论之后，再由公司高层进行二次筛选，最终确定相应的命题，诸如：

- 如何在有效的时间内推出一款全新的游戏。
- 如何尽快提升领导能力以适应当前岗位的需要。
- 如何运用互联网思维开发新的游戏产品。

2. 组建多元化团队及分派任务

参加首期领导力发展行动学习项目的成员近30人，5～6人为一组，组成差异化跨职能小组。在团队分组时，一方面要考虑分组学员的学习风格、经验背景甚至性格差异，另一方面要有意打乱不同专业技术学员的序列，包括产品、美术、技术、测试等。这样做的优势在于既可以拓展学员个人在公司内部的管理人脉，也能使他们取长补短，从整体上熟悉公司的业务信息。比如市场部的人员能够通过行动学习项目系统了解游戏产品的开发流程，培养他们的全局观；游戏制作人员能够通过行动学习项目与市场人员、管理人员频繁沟通，准确把握市场需求信息以便更好地满足用户需求。这些跨职能小组从命题库中选择当前较为关注和感兴趣的命题。为了真正实现行动学习的效果，还为每个小组安排了一位经验丰富的高管来担任教练员和指导员，及时为他们提出建议，也会赋予每个小组安排和配置资源的权限。

3. 学习过程“3+1”

行动学习的过程就是为成员提供解决实际问题的机会的过程，

在他们还未走上新岗位时，便要从该岗位的视角来解决实际业务或管理难题，通过这些挑战性的命题与任务，去习惯和理解游戏业务发展的挑战并建立起解决问题的意识。

腾讯游戏业务行动学习项目历时近 8 个月，有 4 个关键节点，被称为“3+1”。“3”是指小组成员有 3 次重要的集中学习讨论，第一次集中的主要目的是小组立项，各个学习小组选择命题，并形成具体的项目立项报告；第二次集中的主要目的是针对命题进行中期汇报，形成项目的中期进展报告；第三次集中的主要目的是进行游戏业务的呈现，并形成项目的终期汇报报告。每次集中学习，腾讯游戏事业部都会邀请业务代表、中层代表、执行副总裁等担任项目评审，并对各个小组的项目进度报告提供专业的评估意见。“1”是指行动学习小组向管理层进行系统汇报。这些关键节点能够有效地为项目学习小组提供指导，同时也能积极地获取高层领导的关注和支持。

4. 固化、分享与推广

行动学习项目结束后，腾讯游戏事业部认真总结，并且让参与项目的领导者与员工分享心得体会，分享的内容不仅仅是解决问题的办法，更多的是学习与质疑、反思与讨论的过程。在此基础上，游戏事业部相继开发了多个行动学习项目并且在整个集团内加以推广。此外，行动学习项目结束后都会进行复盘，通过多维度的核心人员访谈，以及项目团队对关键成功要素的反思和分析，总结行动学习项目的效果是否达到了预期目标，并为下一期项目的开展寻找可优化的行动。

5. 效果呈现

首先，骨干员工通过行动学习获得了跨界学习的机会，极大地拓宽了视野，提升了战略思维能力。其次，行动学习项目使各部门的骨干员工建立了良好的合作伙伴关系，在此后的工作中能够相互理解和支持，为跨部门合作或职位晋升奠定了基础。最后，骨干员工通过亲身体会游戏开发与管理的全过程，不仅掌握了解决游戏业务问题的基本方法和思路，也增强了将想法或创意变成实际行动的信心。

行动学习要产生理想效果，必须注意以下事项。

- 领导层的参与：这是激发干部学习积极性的重要保证，也是帮助学员调动资源的关键环节。
- 建立行动学习辅导团队：行动学习辅导团队包括三个不同角色的关键人，即发起人、辅导员、催化师，确保行动学习的流程、整体节奏不会出错。
- 打造知行合一的复盘文化：对行动学习项目的复盘与反思是非常重要的步骤。定期对行动学习项目的实施情况进行复盘，找出亮点和不足，及时总结和提炼，可确保项目各阶段的有效衔接。
- 聚焦领导力的共性问题：行动学习项目成功的关键是找准核心痛点。
- 加大对创意人员的激励：对提出解决方案建议的小组成员给予相应的激励。
- 以点带面，层层推进：行动学习初期，试点以最小的资源带来最大的收获，获取业务部门的认同。在行动学习项目取得初步进展后，逐步把项目与干部的考核联系起来，保证行动学习的有效性。

(四) 轮岗

轮岗是干部提高自身能力的机会，有助于挖掘自身潜力，成为复合型人才；轮岗是干部培养的重要内容，是个别关键节点晋升的必要条件；轮岗的表现应该计入任期考核总成绩。

轮岗包括脱岗及挂职轮岗两种方式，挂职轮岗适用于物理距离较近的两个岗位。轮岗实施流程包括制定方案、工作交接、签订轮岗期间培养协议、轮岗期间管理、轮岗后回原部门报到等。

轮岗的条件如下：

- 年度考核排名靠前；
- 同一岗位任职时间过长。

轮岗时，优先安排后备干部、青年干部计划人才，同时鼓励优秀干部提出轮岗申请。每年初，人力资源部门制定轮岗方案，包括轮岗人员、轮岗安排，根据轮岗对象的工作性质采取脱岗、挂职轮岗的方式，根据培养需要采取跨地区、跨部门、跨领域的轮岗。

轮岗安排确定后，轮岗人员与原部门办理工作交接并于规定时间进入轮岗部门报到，在部门负责人引导下熟悉工作职责，签订轮岗期间培养协议。

轮岗期间，干部人事关系仍归属原部门，薪酬按原标准执行。绩效考核实行分段计算，轮岗期间由轮岗单位的直接上级进行评价，以能力考核为主。

干部轮岗结束后应知会人力资源部门，经确认无误后回原部门报到。

|洞　察|

联想轮岗培养复合型人才

联想始终认为绝大多数学习和发展都发生在工作中，最好的发展方式基于经验或实践，例如轮岗、项目锻炼、安排新的任务等，通过这些方式使每个干部不断学习和提高。联想的轮岗包括两类：晋升性轮岗和经验拓展性轮岗，主要采用经验拓展性轮岗。

在联想，晋升不仅仅基于潜力，还必须考察经验。这样做能够保证干部用最短的时间适应新的岗位。最稳妥的做法是，晋升的人员已经具有相关工作经验。因此，轮岗是员工跨职能、跨部门晋升的前提和有效的发展方法。

联想轮岗的基本原则：上轮下不轮。如果上级轮岗，则下级不能轮岗，反之亦然。相隔时间至少半年。轮岗人员需要满足下列条件之一：高绩效员工、高潜力员工、被列为后备培养对象。轮岗人员的职责定位于新岗位，原岗位职责不再保留，目的在于使其承担责任，保证轮岗取得实效。

轮岗之前需要为轮岗人员设定更高的、清晰的和可衡量的绩效标准或要求。

为了让轮岗更有针对性，联想人力资源部针对公司高级副总裁进行了深度访谈，识别出一个基层干部成长为高层干部必须有的9种经历（见表10－5）。

表 10－5　轮岗经历

经验类型	典型岗位	解释
前端	销售、营销、一线服务	客户界面类的岗位，了解客户对公司业务的直接感受，体验业务增长的压力
后端	职能类、产品研发类	非客户界面类的岗位，作为公司内部运营的一部分，了解业务协作，提升服务意识等
损益	区域总经理、地区经理	负责价值链端到端的所有环节，完成价值创造的全过程，既掌握资源，也要对业务亏损负责
扭亏为盈	亏损企业总经理	面对业绩下滑，在时间压力下完成组织、团队、个人方面的困难决策，考验个人毅力
新市场开拓	区域总责任经理、新产品市场负责人	根据对市场机会的判断，策略性地通过多种途径与当地政府、企业打交道，获取或储备关键的资源，以多样的市场策略发展更多的客户
国际外派	海外岗位	长期或短期国际外派
带团队	高级经理、副/总经理	管理一个团队，有多个下属，或者管理多个团队，平衡每个团队的时间需求
全球项目	商务谈判、兼并收购	完成跨区域、跨职能的项目，持续时间超过一年，如支持或作为主要成员参与重大项目的商务谈判、招投标
总战略岗位	战略规划、人才培养	在总部负责具有全局性战略价值、要求全球视野的工作

这一岗位经验分类的提出，大大提升了人才盘点后结果的可应用性。例如，华东区总经理岗位的继任者缺乏后端岗位的经验，评估时只能确定为 2～3 年的继任者，在人才盘点结束后，组织会尽快安排他进行两年的职能岗位轮岗，弥补欠缺的经验，他在继任名单上的位置将得到提升。

|洞 察|

阿里巴巴内部轮岗制

阿里巴巴一直有严格的内部轮职制度，管理层每年都会有调整。一个干部想获得更好的提升，必须具备两个条件：一是接班人计划完成得很好；二是有轮岗经历。

这种轮岗文化是从阿里铁军开始建立时形成的。曾任阿里 B2B 公司 COO 的李旭晖说：“现在的大区经理都是从一线销售走过来的。岗位调动让他们重新归零，重新开发新市场，随时整装待发，一声令下就出发。从上海调广州，从厦门调青岛，从宁波调深圳，频繁调动，每次调动都牵涉家属和人脉关系，每个人都是两三年调了五六个地方。调令下来得很仓促，反应时间有限，这些区域经理听到调令，基本上一天之内搞定。他们接到调令的第一句话就是：什么时候出发？”

2007 年底，阿里巴巴 B2B 业务上市后不久，马云向员工发了一封公开信，宣布旗下四大板块高层将进行轮岗，其中包括创始人之一、阿里巴巴执行副总裁、淘宝网总裁孙彤宇“离岗进修”，另一创始人、集团资深副总裁金建杭岗位调整，还有多名高管的职位出现调整。

轮岗包括两部分。一部分是“干部轮休学习计划”，孙彤宇等 4 名高管进入学习期和休整期。另一部分则是当时三大子公司淘宝、中国雅虎、支付宝高层轮换：比如中国雅虎总裁曾鸣调回集团，支付宝总裁陆兆禧去负责淘宝，淘宝副总裁邵晓峰调任支付宝总裁。

在 2012 年，阿里巴巴集团也宣布了一项管理层轮岗计划，22 名中高层管理干部的岗位调整涉及集团旗下全部子公司。这次轮岗中大多还是专业对口的，比如淘宝商家事业部副总裁王文彬被调往天猫商家服务部，集团战略投资部资深副总裁张蔚被调往集团参谋部等。这次高层调整涉及阿里巴巴集团旗下四大板块。其中，阿里巴巴集团 COO 李琪、CTO 吴炯、孙彤宇及资深副总裁李旭晖离开现任岗位；集团执行副总裁、中国雅虎总裁曾鸣于次年 1 月 1 日起调任集团参谋部参谋长；集团资深副总裁、支付宝总裁陆兆禧调任淘宝网总裁；金建杭调任中国雅虎总裁；集团副总裁、淘宝网副总裁邵晓锋调任支付宝公司执行总裁。

阿里内部人士表示，适时让元老们走出去，是马云一直以来的既定方针。阿里一直希望能打造高水平的管理层，若在进修期间仍然要对职位负责，便无法全身心投入学习。为此，参与这次进修的高管不保职位、不领取薪水。

|**洞　察**|

华为轮值 CEO

轮值 CEO 是起源于华为公司的一种特殊企业文化，在华为，CEO 由八名高管轮值出任，任职期为 6 个月。

2004 年，美国顾问公司帮助华为设计公司组织结构时，认为华为还没有中枢机构，而且高层任命了也未真正运作，提出来要建立经营管理团队（executive management team，EMT）。任正非不愿做 EMT 的主席，就开始实行轮值主席制度，由八位领导轮流执政，每人半年，经过两个循环，演变为 2011 年的轮值 CEO 制度。

CEO 作为企业最高行政首长，以高层管理团队轮流坐庄的方式产生，对企业战略策划和制度建设短期负责；而企业的日常经营管理工作由高层管理团队的成员分头负责。显然，这是一种独特的制度设计，最大的特征就是最高行政首长并非生产经营决策者，而是战略策划和制度建设的主持者，而且只是短期负责。

轮值 CEO 内部产生、短期任职、轮换坐庄。在轮值期间，轮值 CEO 是公司最高的行政首长。他们更多地着眼公司的战略，着眼制度建设，将日常经营决策的权力进一步下放，以推动扩张的合理进行。

轮值制度平衡了公司各方面的矛盾，使华为得以均衡成长。轮值的好处是，每个轮值者在一段时间里履行公司 CEO 的职责，不仅要处理日常事务，而且要为高层会议准备起草文件，得到极大锻炼。同时，他们也将自己管辖的部门纳入全局来考虑，公司的“山头”被削平。

五、干部培养实施流程

干部培养的组织实施包括以下环节。

1. 培训需求分析

培训需求分析以每年、任期为周期开展。根据干部盘点情况，以干部三年规划为依据确定培训需求。人力资源部门以培训需求分析为基础制定培训计划。

2. 绘制学习地图

根据各层级干部培训需求，人力资源部绘制三年期干部学习地图，明确各个阶段学习提升目标及培养手段、考核要求，建立干部学习档案。

3. 制定培养计划

新任干部上任一个月内，由所在部门负责人组织制定培养计划。培养计划包括上阶段总结、本阶段培养目标、工作历练计划、导师沟通计划等。其中，总结与目标由干部本人填写，工作历练计划由所在部门负责人制定。

4. 实施导师制

中层、储备层干部上任一个月内，由所在部门负责人分配导师，组织双方签订《导师培养协议》并提交人力资源部门备案。导师一般由干部的直接上级担任，每月末、每季度末开展面谈，传授管理经验，帮助分析管理环境及岗位的利益相关者，协助建立互动关系。每次面谈后由干部本人填写《导师沟通记录表》并提交人力资源部备案。

集团对优秀导师颁发荣誉证书，给予奖励，在任职资格评审、绩效考核、干部选拔中予以加分。

导师制考核包括定期沟通完成情况、导师对培养对象的打分，得分计入干部学习档案。

5. 开展课程学习

人力资源部门根据培养计划组织各层级干部开展课程学习。课程培训考核为学分积分，最终得分计入干部学习档案。

6. 分层级组织行动学习

组织开展行动学习，每年两次，经营议题、管理议题各一次，涉及公司在经营管理过程中曾经遇到的重大挑战或困难、未来面临的机遇等。

行动学习实施流程包括选定主题、组建团队、分配内训师、开展团队学习与研讨、成果评审与小组打分等。通常 5 ～ 8 人一组，以达到交换视角、碰撞观点的目的。组长每月组织一次行动学习讨论，应确保 2/3 以上成员参与，由成员轮流对每次讨论成果进行记录，填写《行动学习记录表》。内训师每两个月参与一次讨论，对成员阶段性研讨成果进行评价与指导。

第六个月初，组长组织成员向本组内训师汇报研讨最终成果，由内训师进一步指导并提出完善建议。

第六个月末，人力资源部门组织行动学习成果验收与打分。行动学习考核包括研讨计划完成情况、研讨出勤情况及最终成果打分，得分计入干部学习档案。

7. 轮岗

轮岗包括脱岗及挂职轮岗两种方式。轮岗期间，干部人事关系仍归属原部门，绩效考核由所在轮岗单位的直接上级负责。

8. 建立干部培养考核机制

培养考核由人力资源部门主导，内容包括培训计划的完成情况，课程学习、行动学习、导师制、轮岗等培养工作的实施情况等。培养考核结果作为任职、晋升的重要依据。培养考核低于 60 分者退出干部队伍，得分高于 80 分方有资格参与更高一级岗位选拔。

// 第十一章 //

干部评价：德能勤绩廉全面评价

作为企业的骨干，干部在履行使命和责任时，要想方设法完成企业的目标，同时还要有全局意识和长期意识，要通过专业提升、流程优化、技术创新等不断提升公司的核心竞争力。作为团队的负责人，干部也肩负业绩提升、文化传承和队伍建设的责任。正是由于干部这一群体举足轻重的地位，企业绩效管理应将干部绩效管理单列考虑，将过去的组织绩效和个人绩效管理调整为组织绩效、干部绩效、个人绩效管理。

然而，多数企业在进行干部绩效评价时仍存在误区：过分关注业绩，忽略潜能和价值观；组织业绩和干部个人业绩关联性不够或区分度不高，难以有效评价；干部队伍考核下紧上松，高层级干部缺乏使命感和责任感，躺在功劳簿上混饭吃；绩效考核沦为形式，指标不合理，结果不公正，应用不充分；考核关注当期业绩，忽视长期绩效价值。

进行干部评价，绩效是必要条件和分水岭，业绩是考察干部的主要因素。同时，核心价值观是基础，潜能是关键成功要素，不符合组织品德要求的干部必须实行一票否决。因此，我们提出德能勤绩廉全面评价体系，考核业绩（当期和任期）、潜力、能力、价值观等。

一、干部评价的指导原则

1. 组织绩效为主，个人绩效为辅

干部作为企业业绩的主要承担者，在对其进行评价时，要以组织绩效为主，个人绩效为辅。

2. 业绩评价为主，全面绩效评价

个人绩效评价要素中，业绩评价侧重实际结果，宜细不宜粗；工作态度、工作能力、价值观等评价侧重长期表现，宜粗不宜细。

评价坚持战略导向原则，干部承担组织绩效责任；坚持业绩为主，同时考核价值观、能力；加强过程管理，实现持续改进。

3. 当期业绩为主，兼顾任期评价

随集团不同时期的发展诉求动态调整评价要素，以当期业绩为主，兼顾任期评价。高层侧重任期评价，鼓励长期投入，中基层侧重当期年度评价，鼓励执行落实。

|洞　察|

腾讯：绩德能潜全面评价

2018 年底，马化腾宣布，管理干部要能上能下，干部不是终身

制，公司拿出20%的名额给更年轻的干部，希望未来有更多年轻人脱颖而出。同时针对VP级别高管实行聘任制，聘期为一年。此外，腾讯针对中高层干部的评价不再以个人为单位，要求他们承担部门责任，做得好共享利益，做得不好共担责任。每年对中高层干部的全年业绩、干部操守、是不是现任岗位的最佳人选、个人学习成长等方面综合评价，决定是否续聘，是在原岗位还是新岗位续聘。

|洞　察|

H企业中层干部绩效评估

H企业是我国某制品研制生产基地，成立于1970年5月，现有职工2 000余人，四支队伍——中层干部队伍、技术人才队伍、经营管理队伍和技能人才队伍。企业中层干部的综合绩效涉及德、能、勤、绩、关键五个方面。以人力资源部门为例，中层干部绩效评估汇总表如表11－1所示。

表11－1　H企业中层干部绩效评估汇总表

考核日期：

部门：		职位：		姓名：		直接主管：	
考核内容		工作要项考核				分值	
考核分类	工作要项	自我测评 10%	部门评分 30%	交叉评分 20%	上级评分 40%	权重	分数
能	业务能力、理解能力、沟通能力、创新能力、学习能力、决策能力					20%	

续表

<table>
<tr><td colspan="2">部门：</td><td colspan="2">职位：</td><td colspan="2">姓名：</td><td colspan="2">直接主管：</td></tr>
<tr><td colspan="2">考核内容</td><td colspan="4">工作要项考核</td><td colspan="2">分值</td></tr>
<tr><td>考核分类</td><td>工作要项</td><td>自我测评 10%</td><td>部门评分 30%</td><td>交叉评分 20%</td><td>上级评分 40%，</td><td>权重</td><td>分数</td></tr>
<tr><td>德</td><td>品质修养、协作精神、职业操守、政治素质</td><td></td><td></td><td></td><td></td><td>20%</td><td></td></tr>
<tr><td>勤</td><td>纪律性、责任感、主动性、独立性</td><td></td><td></td><td></td><td></td><td>20%</td><td></td></tr>
<tr><td>绩</td><td>关键工作考核分值 × 60%+ 职务工作考核分值 × 40%</td><td colspan="4">计算分值：</td><td>40%</td><td></td></tr>
<tr><td>关键</td><td>突出成果、突出贡献，重大工作失误、重大质量事故、重大安全事故</td><td colspan="4">具体事件：

数量： 增（减）分：</td><td>/</td><td></td></tr>
<tr><td colspan="6">评估总分值统计</td><td colspan="2"></td></tr>
</table>

二、干部评价的几种方式

（一）业绩评价

1. 任期业绩评价

干部要承担业绩达成、团队成长、文化传承等多方面的责任，业绩有短期目标和长期目标，团队成长和文化传承需要长期投入才能体现价值。所以在进行干部评价时，不仅要考虑当期/当年度的业绩完成情况，同时也要考虑中长期的业绩实现和管理投入。

职能部门干部的业绩目标应聚焦于战略规划、服务支持、制度输出、战略落地、绩效管理、创新整合、资本运作、市场引领等职能，重点关注战略绩效分解、关键任务、内部客户满意度等指标，推动职能部门建设成为平台+专业型、赋能+功能型、管控+服务型部门。

事业部/业务部门干部既要评价经营规模、经营效益等财务性指标，也要关注客户满意、内部运营、学习成长等管理性指标。干部业绩目标要与其所辖业务性质、发展阶段相关联，成熟业务强调均好性发展，从规模、回报、内部运营效率、团队成长等角度做出综合评价，战略新兴业务鼓励快速发展，简化评价指标。

|洞　察|

某集团班子任期考核责任书示例

为确保集团战略目标的实现，根据集团经营计划，经甲乙双方协商，特签订本业绩责任书。

第一条　绩效考核指标

1. 考核指标以实现利润为主，销售规模、费用率、应收账款回款率为辅。

2. 销售规模目标值以2015年实际完成情况为基数，考核周期内每年目标值及增长率如下（见表11-2）。

表 11－2 销售规模及增长率

	2015 年	2016 年	2017 年	2018 年	2019 年
销售规模（万元）	181 723	183 000	192 842	202 507	211 795
增长率	/	/	5.4%	5%	5%

3. 利润目标值按照年实际销售规模乘以利润率目标计算得到，利润率目标为<u>　5.27%　</u>。

4. 费用率指不含工资的经营管理费用占毛利的比例，费用率控制目标为<u>　32.92%　</u>。

5. 应收账款回款率目标值是<u>　95%　</u>。

第二条　绩效考核结果应用

领导班子薪酬、晋升绩效指标完成情况实行强关联（见表 11－3）。

表 11－3 绩效指标及完成情况

目标期限	指标	完成比例	薪酬	职位
当期绩效目标	销售规模	超额完成 10%	升 1 档	/
		超额完成 20%	升 2 档	/
		超额完成 30%	升 3 档	/
		未完成 10%	降 1 档	/
		未完成 20%	降 2 档	/
		未完成 30%	/	免职
任期绩效目标	销售规模	超额完成 10%～20%	升 2 档	升职
		超额完成 20% 以上	升 4 档	
		未达标	/	降职

第三条　目标责任书期限

根据集团经营管理要求，对中心的业绩考核以四年为一周期，即规定 2016—2019 年中心每年绩效指标的目标值，并对当年业绩完成情况进行考核。中心根据 2016—2019 年年度绩效目标和上年度业绩实际完成情况，制定本年度经营计划，上报总经理办公会审批，通过后报集团财务部、人力资源部备案。

2. 年度业绩评价

任期目标要合理分解到年度目标，才能确保过程可控。通过年度业绩评价机制，真正区分出价值高低，让创造价值的干部脱颖而出，同时可以利用业绩评价的行为—刺激—反馈—改正 / 强化的回路机制，激发干部活力，保持企业发展动力。

干部个人的业绩指标主要为部门的业绩指标，正副职占比权重也应有所差异。表 11 - 4 为干部业绩指标示例。

表 11 - 4　干部业绩指标

被评价对象	绩效指标类型	权重	评价者
总部部门正职	部门考核结果	80%	相关部门
	胜任力评价	20%	360 度评价
	价值观评价	独立评价	除领导外的全员
总部部门副职	部门考核结果	70%	相关部门
	胜任力评价	30%	360 度评价
	价值观评价	独立评价	除领导外的全员
子公司总经理	部门考核结果	100%	相关部门
	价值观评价	独立评价	除领导外的全员

部门业绩指标也应有所区分，成熟型业务部门的指标包括直接性指标、关联性指标、市场性指标、管理性指标、任务性指标、成本预算指标、奖励惩罚指标。表 11 - 5 为部门业绩指标分类。

表 11 - 5　部门业绩指标分类

指标类型	指标示例
直接性指标	营业收入、净利润
关联性指标	新签合同额、收款、人均效能
市场性指标	区域拓展、渠道建设、信息获取、品牌推广、活动策划、市场开拓、客户满意度、客户投诉响应
管理性指标	品牌建设、技术创新、管理提升、流程优化、安全质量、客户、核心人才引进、人才稳定性、员工满意度、新业务孵化
任务性指标	年度重点经营与管理提升任务指标
成本预算指标	成本预算目标值
奖励惩罚指标	单独奖励惩罚指标

（二）胜任力评价

对于干部胜任力主要从能力和态度两个方面进行评价。能力要素和态度要素是干部素质模型的重要组成部分。能力是指运用认识层面的知识和经验来解决实际问题，主要是解决“能不能够”的问题；态度则是认知层面对待事情的倾向性，决定是否愿意投入和认真对待工作和事业，主要解决“愿不愿意”的问题。能力、态度与业绩密切相关，具有良好能力和态度是产生良好业绩的重要前提，对能力、态度的评价是对业绩评价的重要补充。

1. 胜任力评价要素

各家企业在确定干部胜任力模型后，可以根据胜任力模型进行相应的评分。以中粮集团为例，其胜任力模型有十个要素，其中能力要素七个，分别为领导、规划、决策、学习、创新、培育下属、协调；态度要素三个，分别为团队、诚信、敬业。

需要注意的是，不同要素因其在胜任力中体现的价值不一，所以应该有不同的权重。中粮集团胜任力权重如表 11－6 所示。

表 11－6　中粮集团胜任力权重

要素权重分配表		
维度	**要素**	**权重**
能力要素	领导	18%
	规划	18%
	决策	18%
	学习	13%
	创新	13%
	培育下属	10%
	协调	10%
	合计	100%
态度要素	团队	40%
	诚信	30%
	敬业	30%
	合计	100%

胜任力评价主要采取行为锚定的方式，即首先确定某要素的行为等级描述，根据干部岗位的工作性质进行内涵的定义和行为的描述。

一般从职能、业务、主要负责人、其他负责人等维度将干部岗位分为四类，职能干部更多地从管理的角度切入，业务干部更多地从经营角度切入，用一些典型行为和特征对定义进一步诠释，帮助参与评价的人员加深理解，以便作出正确判断。

如决策的定义为"凭借所掌握的知识及经验，善于发现问题，分析问题，果断地作出决定并采取行动"。单看定义，评价人难以判断被评价人在多大程度上符合要求，需要一些具体的行为和特征来刻画"决策"。以职能部门总监这一类岗位为例，进一步提炼的典型行为和特征如下：

- 从集团整体和大局需要出发决策问题；
- 决策具有前瞻性；
- 能够运用科学理性的思维作出最优化决策；
- 注重决策的方法和流程，能够掌握民主和集中的平衡。

这些行为和特征有助于被评价人更深入地理解对职能部门总监在决策方面的要求，有助于评价人就被评价人是否符合岗位要求作出更好的判断。

需要强调的是，定义以及提炼的这些行为和特征主要是为了帮助评价人加深对这些素质要求的理解，并非根据这些条目对被评价人作出评价，评价人可以根据在日常工作中和被评价人的接触，通过其他的一些行为对被评价人在这些素质上是否符合要求作出判断，根本出发点是“被评价人在这些素质上的表现是否能够保证其充分履行职责”。

|洞　察|

中粮集团胜任力要素示例

领导：充分赢得下属的信任，有向心力和凝聚力，率领下属达成既定目标。

职能总监 / 业务总经理：

- 有个人人格魅力，得到下属的坚定信赖；
- 充分调动下属积极性，提升部门向心力和凝聚力；
- 以身作则，以坦诚的态度影响下属；
- 客观公平地对待下属。

职能其他职位 / 业务其他职位：

- 有一定的向心力；
- 以身作则，以坦诚的态度影响下属；
- 客观公平地对待下属；
- 带领下属顺利完成既定目标。

决策：凭借所掌握的知识及经验，善于发现问题，分析问题，果断地作出恰当的决策并采取行动。

职能总监：

- 从集团整体和大局需要出发决策问题；
- 决策具有前瞻性；
- 能够运用科学理性的思维作出最优化决策；
- 注重决策的方法和流程，能够掌握民主和集中的平衡。

职能其他职位：

- 对相关信息高度敏锐，并注重分析整理；
- 迅速判断问题的轻重缓急，果断作出决定；
- 能够理性思考，抓住问题的实质。

业务总经理：

- 牢牢把握集团发展方向，推动制定合理的竞争战略；
- 决策符合集团整体利益要求；
- 决策具有前瞻性；
- 具有商业敏锐性，针对市场变化迅速采取措施。

业务其他职位：

- 迅速判断问题的轻重缓急，果断作出决定；
- 能够理性思考，抓住问题的实质；
- 具有商业敏锐性，针对市场变化迅速采取措施。

2. 胜任力评价实施

胜任力评价一般以年度为周期，每年 12 月份组织实施，多采用 360 度评价（包括干部的上级、平级和下级）的方式进行。其中权重占比有所差异，具体分布遵循“上级不低于 50%，平级不高于下级”的原则。当出现特殊情况时，也可有针对性进行权重分布，如表 11 - 7 所示。

表 11 - 7　某企业胜任力评价权重分布

评价者	权重				
上级	70%	60%	100%	—	—
平级	30%	—	—	100%	—
下级	—	40%	—	—	100%

由于参与评价的主体较多，企业在进行胜任力评价时一般采取线上评价方式。

3. 胜任力评价计分

根据行为等级，评价人对干部进行某一胜任力维度的评价，一般为 5 分制，5 分为完全符合，4 分为符合，3 分为基本符合，2 分为基本不符合，1 分为完全不符合。评分主要为加权评分。

（1）能力得分。

$$A_b = \sum_{i=1,j=1}^{7} (a_i w_j)$$

式中，A_b 代表能力得分；a 代表能力要素；w 代表权重。

（2）态度得分。

$$A_t = \sum_{i=1,j=1}^{3} (a_i w_j)$$

式中，A_t代表态度得分；a代表态度要素；w代表权重。

（3）综合得分。

$$综合得分 = A_b \times 70\% + A_t \times 30\%$$

计算出综合得分后，按比例进行强制排序。业绩较好的部门，优秀比例可大一些，可以没有不称职的比例；业绩较差的部门，优秀比例小一些，不称职比例大一些。表 11－8 为一个例子。

表 11－8　某企业部门业绩评价比例要求

部门业绩	优秀	良好	称职	不称职
优秀	不超过 20%	不超过 80%	—	—
良好	不超过 10%	不超过 80%	不低于 10%	—
合格	无	不超过 80%	不低于 10%	不低于 10%

4. 结果分析

根据干部在能力、态度上的原始得分，对以下内容进行分析，形成报告，供干部培训开发等使用：

（1）干部的能力态度水平、全体干部各能力态度要素的平均水平、该干部自我认知水平、各能力态度要素的理想状态水平；

（2）所有干部各能力态度要素的平均水平与理想状态的差异，个人水平与平均水平和理想状态的差异。

表 11－9 和表 11－10 展示了某企业中层胜任力评价情况。

表 11－9　某企业中层胜任力评价

评价主体	指标	指标定义	得分				
			1分	2分	3分	4分	5分
公司总经理、分管副总		对公司忠诚、践行公司文化、维护公司形象					
		尊敬和服从上级领导、顾全大局、分工协作					
		乐观进取、思虑缜密、公正廉明、求真务实					
		团结同事、工作配合默契、与同事相处融洽					
		仪表大方、谈吐文明、待人真诚、态度和蔼					
	能	具备较强的统筹规划能力					
		具备较强的分析问题、解决问题能力					
		具备较强的沟通协调能力					
		具备较强的影响力和号召力					
		具备较强的识人、用人、育人能力					
	勤	按时出勤、不迟到早退，严守公司考勤纪律					
		工作勤恳、任劳任怨、能起表率作用					
		有锐意进取、开拓创新的精神					
		脚踏实地、勤勤恳恳、一丝不苟					
		有强烈的事业心和责任感、有奉献精神					
	绩	及时有效地完成工作目标					
		工作经济效益明显、取得良好成绩					
		执行力强、办事效率高、无重大失误					
		工作业务与部门管理井然有序					
		工作方法有创新、能提出各种工作改进意见					
备注：完全不符合 1 分，基本不符合 2 分，不确定 3 分，基本符合 4 分，完全符合 5 分。							

表 11－10　某企业中层胜任力（管理能力和领导能力）评价

评价主体	指标	指标描述	等级	等级定义	评分标准
部门下属员工	管理能力	能够合理安排下属的工作内容，提供日常工作支持	A	管理能力强，合理安排并督促下属工作，主动培养下属工作能力，帮助指导下属完成工作	90～100
			B	管理能力较强，较合理安排下属工作，非定期性了解工作情况，指导下属完成工作	70～90
			C	管理能力一般，不了解下属工作情况，日常工作中较少帮助指导下属，很少培养下属工作能力	50～70
			D	管理能力差，没有根据下属能力和实际情况安排工作，干扰下属日常工作，并指责下属	30～50
	领导能力	能够领导下属工作，激发下属工作动力，提高工作积极性	A	领导力强，干部能够领导下属开展工作，并激发下属自发工作动力，提高工作积极性	90～100
			B	领导力较强，干部能够领导并管理下属开展日常工作	70～90
			C	领导力一般，干部勉强领导下属开展工作，下属工作态度消极	50～70
			D	领导能力差，干部无法领导下属开展工作，下属对于领导和工作产生抵触情绪	30～50

（三）知识与潜能评价

1. 知识技能标准

知识评价主要是评价干部的知识是否能够满足岗位胜任要求。

年度评价主要通过网络进行，任期评价主要在任前进行。

有条件的企业还可以将干部任职资格明确化，提出对应的知识标准。在例行干部任职能力评审时，可以开展相应的知识测验。

|**洞　察**|

华为干部任职标准（知识部分节选）

管理三级标准：适用于率领一组人员从事某项具体的专业或技术工作的员工，既是监督者，又是执行者之一，该监督者必须达到某专业或技术资格标准二级以上。

模块：工作任务管理（知识要求）

- SMART 原则、5W2H 原则，PDCA 体系；
- 制定工作计划的方法及工具（PERT/GANTT 等）；
- 时间管理方法；
- 协调资源和任务的方法。

模块：组织氛围建设（知识要求）

- 寻找和交换信息、建议和援助的方法；
- 沟通方法和技巧；
- 处理机密信息的方法；
- 与他人就问题和建议进行通报和商讨的方法；
- 团队间建立合作伙伴关系的方式与方法；
- 自我处理外部关系的权限范围；
- 公司的汇报程序。

2. 学习积分

干部和专家是截然不同的身份，需要不断进行专业、经营、管理上的学习和深造。在培养干部时，一般从目标职位的要求出发，通过个人现状与理想要求之间的差距比较，进行有针对性的培养。

如何保证干部在百忙之中坚持充电，是培训体系一直头疼的问题。建议将学习积分同干部的评价挂钩，唯有如此，才能解决干部“不爱学习、不想学习”的现状。

在课程学习模块，一般可设置学分。能够修满学分的，方能转正或晋升，不达标者不可晋升。导师制和行动学习同样可进行联动。

- 基准积分不足，影响当期岗位；标准积分不足，影响岗位晋升。
- 导师制，年度评审不合格影响下一步晋升。
- 行动学习，年度评审不合格影响下一步晋升。

3. 个性与潜能

管理风格、个性、潜能等维度侧重于素质层面，是后天较难改变的，因此靠简单的纸笔测验和积分无法进行评价。一般要按照周期采用评价中心技术进行测评，形成总体评价。此外，也可采用问卷调查、干部谈话、团队评价、民主生活会等多种方式来综合评判干部的个性与潜能。

（四）价值观评价

除了业绩、胜任力、态度、知识、个性等维度的评价以外，有的民营企业还会将态度单独拿出来，扩展为价值观评价体系。

阿里巴巴的“六脉神剑”、华为的“劳动态度评价”都是干部价值观评价的有效手段。华为的劳动态度评价是在充分信任干部和员工的基础上，提供劳动态度评价标准供其进行自我回顾与检查；干部和员工年底可在自检栏中如实填写。表 11－11 为节选的华为劳动态度自检表。

表 11－11　华为劳动态度自检表（节选）

序号	行为参照	自检
保持艰苦奋斗，不断提升职业化能力。		□做到　□基本做到　□需改进
以下是公司对员工在诚信方面的最基本要求，一旦违反，将给予开除或辞退处分，违反国家法律，行为严重的将移交司法机关处理。		
严禁泄露公司的商业秘密		□没有违反　□违反　□未涉及
严禁故意虚假报销		□没有违反　□违反　□未涉及
严禁从事与公司有商业竞争的行为		□没有违反　□违反　□未涉及
严禁行贿、收受贿赂与回扣		□没有违反　□违反　□未涉及
严禁出入不健康的场所		□没有违反　□违反　□未涉及
序号	行为参照	自检
一、基本行为准则：（对所有员工）		
1.1	在华为公司工作期间，未经公司批准不在外界担任任何兼职或顾问	□没有违反　□违反　□未涉及
1.2	在华为公司工作期间，不进行炒股、炒汇等投机活动，不自行参股或与他人合伙开办公司	□没有违反　□违反　□未涉及
1.3	不利用工作之便接受任何形式的回扣	□没有违反　□违反　□未涉及
⋮	⋮	⋮
基本行为准则：（针对干部的其他要求）		
1.40	中高层干部不推荐操作类基层人员（尤其是亲属、朋友）入职	□没有违反　□违反　□未涉及

续表

序号	行为参照	自检
1.41	带头遵守公司信息安全规定，不袒护、不姑息违反信息安全规定的员工	□做到　□需改进　□未涉及
1.42	对下属不符合公司相关规定的行为及时批评纠正	□做到　□需改进　□未涉及
1.43	带头遵守公司禁止赌博的规定，对员工的赌博行为及时纠正，不袒护、不姑息，带头营造一个健康的组织氛围	□做到　□需改进　□未涉及
1.44	尊重下属，不训斥、责骂下属，不影响下属工作情绪	□做到　□需改进　□未涉及
1.45	没有任人唯亲、拉帮结派或根据个人好恶提拔及推荐下属的行为	□做到　□需改进　□未涉及
1.46	遵守内阁原则，不随意传播团队决策的敏感信息	□做到　□需改进　□未涉及
二、责任心与敬业精神：（对所有员工）		
2.1	热爱本职工作，对工作精益求精，不断学习并提高自身工作能力，推动工作进步	□做到　□需改进　□未涉及
2.2	勇于承担工作责任，不推卸责任，并把解决问题作为首要任务	□做到　□需改进　□未涉及
2.3	有风险意识，勇于创新、改进和推动工作，不怕犯错误	□做到　□需改进　□未涉及
⋮	⋮	⋮
责任心与敬业精神：（针对干部的其他要求）		
2.9	注重下属的培训培养，言传身教，带好队伍，勇于培养和推荐比自己强的人	□做到　□需改进　□未涉及

续表

序号	行为参照	自检
2.10	以公司业务需求为重，勇于到艰苦地区和自己不熟悉的环境中工作，不断挑战自我，不断自我完善	□做到　□需改进　□未涉及
2.11	跨部门合作不推诿，勇于承担责任，有全局观	□做到　□需改进　□未涉及
2.12	工作安排上不以自我为中心，不强调个人原因而对工作安排讨价还价	□做到　□需改进　□未涉及
三、团队精神：(对所有员工)		
3.1	在工作团队内能以工作目标为导向，为团队目标的达成勇于承担工作中的困难	□做到　□需改进　□未涉及
3.2	勇于开展批评与自我批评	□做到　□需改进　□未涉及
⋮	⋮	⋮
团队精神：(针对干部的其他要求)		
3.7	对下属的考核与评价做到公正、客观	□做到　□需改进　□未涉及
3.8	处处以身作则，做下属的表率	□做到　□需改进　□未涉及
3.9	与下属进行平等有效的思想沟通	□做到　□需改进　□未涉及
3.10	充分、及时地肯定下属成绩，不与下属抢功	□做到　□需改进　□未涉及
3.11	主动学习他人包括下属的长处，吸纳他人的经验，接受下属的正确意见	□做到　□需改进　□未涉及
3.12	评定奖金、股金等不一味强调本部门功绩	□做到　□需改进　□未涉及

表 11－12 展示了阿里巴巴价值观考核体系。

表 11－12　阿里巴巴价值观考核体系

考核项目		评价标准				
价值观考核（总分30分）	客户第一	尊重他人，随时随地维护阿里巴巴形象	微笑面对投诉和所受委屈，积极主动地在工作中为客户解决问题	与客户交流过程中，即使不是自己的责任，也不推诿	站在客户的立场思考问题，在坚定原则的基础上，最终达到客户和公司都满意	具有超前服务意识，防患于未然
	分值 5	1	2	3	4	5
	团队合作	积极融入团队，乐于接受同事的帮助，配合团队完成工作	决策前发表建设性意见，充分参与团队讨论；决策后无论个人是否有异议，必须从言行上完全予以支持	积极主动分享业务知识和经验；主动给予同事必要的帮助；善于利用团队的力量解决问题和困难	善于和不同类型的同事合作，不将个人喜好带入工作，充分体现“对事不对人”的原则	有主人翁意识，积极正面地影响团队，改善团队士气和氛围
	分值 5	1	2	3	4	5
	拥抱变化	适应公司的日常变化，不抱怨	面对变化，理性对待，充分沟通，诚意配合	对变化产生的困难和挫折，能自我调整，并正面影响和带动同事	在工作中有前瞻意识，建立新方法、新思路	创造变化，并带来绩效突破性的提高
	分值 5	1	2	3	4	5

续表

考核项目		评价标准				
价值观考核（总分30分）	诚信	诚实正直，言行一致，不受利益和压力的影响	通过正确的渠道和流程，准确表达自己的观点；表达批评意见的同时能提出相应建议	不传播未经证实的消息，不背后不负责任地议论事和人，并能正面引导	勇于承认错误，善于承担责任，客观反映问题，对损害公司利益的不诚信行为严厉制止	能持续一贯地执行以上标准
	分值 5	1	2	3	4	5
	激情	喜欢自己的工作，认同阿里巴巴企业文化	热爱阿里巴巴，顾全大局，不计较个人得失	以积极乐观的心态面对日常工作，不断自我激励，努力提升业绩	碰到困难和挫折永不放弃，不断寻求突破，并获得成功	不断设定更高的目标，今天的最好表现是明天的最低要求
	分值 5	1	2	3	4	5
	敬业	上班时间只做与工作有关的事情；没有因工作失职而造成的重复错误	今天的事不推到明天，遵循必要的工作流程	持续学习，自我完善，做事情充分体现以结果为导向	能根据轻重缓急来正确安排工作优先级，做正确的事	遵循但不拘泥于工作流程，化繁为简，用较小的投入获得较大的工作成果
	分值 5	1	2	3	4	5

阿里巴巴和华为一样，在价值观考核层面实行强制分布，具体比例如表 11－13 所示。

表 11－13　阿里巴巴价值观考核的评价等级分布

评价等级	A	B	C	D
强制分布	不高于 30%	不高于 70%	不限比例	不限比例

阿里巴巴的价值观评价同业绩考核进行二维分布，对应配套的奖金发放和晋升机制。华为的劳动态度评价同岗位晋升和饱和配股有关，同当期奖金无关。

三、干部评价运营流程

（一）干部评价机构与职责

董事会、董事长、总裁、人力资源部、财务部、运营部、各级干部都应对干部评价履行相应的职责。

董事会对董事长及董事进行评价。董事长对总裁及高管班子进行评价。

总裁对经营管理干部评价负责，人力资源部牵头组织实施干部评价工作，财务部、运营部针对评价过程中需要提供的数据给予相应支撑，各级干部在职权范围内履行相应的打分权和被评价权。

（二）干部评价流程

构建以价值评价为核心的干部评价机制，利用“计划—执行—

反馈—改进”闭环机制传导组织战略，激发干部价值创造活力。

1. 评价周期

评价周期包括年度考核、任期考核。

2. 评价流程

干部评价包括以下环节。

（1）制定绩效目标。年初、任期初，确定各级干部绩效目标，签订年度、任期业绩目标责任书。业绩目标责任书应包括岗位基本信息、岗位职责、岗位绩效目标、能力成长目标、薪酬与绩效联动方式等内容。

高管层干部对公司发展负责，考核战略性指标、经营性指标、管理性指标；总监层及以下干部完成战略分解下的业绩指标和关键任务指标。具体绩效指标根据岗位性质有所侧重。

（2）过程管理。定期对各单位经营情况进行统计、分析，拟定经营分析报告。每年年中、年末主持召开经营分析会议，各级干部对业绩目标完成情况进行总结与分析汇报。

（3）考核。年末、任期末，组织各级干部考核，确定考核结果。储备层、中层由各部门负责考核，考核结果提交人力资源部审核备案。总监层由人力资源部组织考核，由分管副总裁、总裁进行评价。高管层由董事会考核。

（4）考核结果应用。绩效考核结果应用于当期奖金发放、中长期激励及职位晋升。储备层、中层考核结果应用方案由各部门提交人力资源部审核备案。总监层考核结果应用方案由人力资源部制定并提交总裁办公会审议。高管层考核结果应用方案由董事会制定。

（5）总结与提升。年度考核结束后，集团总裁主持召开干部总结与提升大会，与述职大会同时进行，干部开展述职与总结，汇报本年度业绩总结与下年度提升计划。

（三）绩效考核结果应用

考核期末（包括年末、任期末）应基于目标对干部进行价值评价。按照企业绩效管理规定，由不同考核主体按照相应权重打分，确定干部工作目标的完成情况和履职情况。

- 超越目标：在规定的时间之前完成任务，并且完成任务的数量、质量明显超出规定的标准，给公司 / 团队带来预期外的较大收益。
- 实现目标：达到规定时间、数量、质量等工作标准，达到岗位预期目标。
- 基本实现目标：基本达到要求，偶有小的疏漏，有时在时间、质量上达不到规定的标准，但并没有给公司 / 团队造成不良影响。
- 未实现目标。
- 离目标有较大差距。

应将目标完成情况即考核结果与干部奖金强挂钩，同时应将组织整体效益与干部奖金进行关联，以强化干部与组织之间的目标一致性，形成事业共同体。

四、干部评价结果应用

干部评价结果的应用主要有以下几个方面。

（一）自我反思

作为干部，应该具有自我反思、自我超越的能力。华为的干部行为规范就要求干部有自我批判的精神。

干部评价本质上是一种反馈机制，让干部知道自己的优劣势和差距，从而进行组织反思、思想反思和行为反思，通过自我反思，消除惰性，强化能力，提升效率，同时，干部反思有利于统一思想，达成共识，建立心理承诺。

一个合格的干部，除了具备自我反思的能力外，还要能够根据干部评价的结果，执行下一年工作计划和设定目标，并制定个人学习和成长计划。

（二）奖金应用

1. 季度或半年考核结果应用

从考核周期上来说，周期短的过程性考核，如季度考核或半年考核较适用于中低层级干部，以加强过程控制，防止结果偏差。

季度或半年度考核结果与季度或半年度绩效工资挂钩，于下一季度或下半年每月发放。

2. 年度考核结果应用

年度考核是中期性考核，目的是以年为周期不断改进业绩水平，提高干部个人能力，适用于各层级干部。

年度绩效考核结果主要与年度奖金挂钩，同时作为下一期工资调整、职位调整的重要依据。

3. 任期考核结果应用

任期考核是中长期考核，目的是以较长周期绩效为依据，全面、客观地衡量干部价值创造结果，鼓励各级干部推动企业中长期发展。

任期考核结果与任期激励挂钩，通常采取延期支付的方式，重点与其下一任期续聘、职位升迁挂钩。

|**洞　察**|

企业考核结果的应用

1. 某集团干部考核结果应用

- 考核得分高于 90 分者，具备进入上一级干部岗位后备池资格，享有优先培养与晋升机会，同时具备申请集团荣誉激励资格。
- 考核得分在 60 ～ 85 分者予以降级。
- 考核得分低于 60 分者，退出干部队伍。

2. 某上市公司干部奖金兑现

某上市公司将所有干部的奖金兑现与整体发展情况挂钩，包括职能部门干部与业务部门干部奖金，这将促使所有干部统一目标，增强内部协同，共同为实现企业整体目标努力。干部年度奖金的计算规则如下：

- 业务部门干部：

年度奖金 = 年薪基数 × 干部考核系数

×（1＋公司经营指标环比增长率）

● 职能部门干部：

年度奖金＝年薪基数×干部考核系数

×（1＋公司经营指标环比增长率×2/3）

式中，公司经营指标环比增长率＝公司利润环比增长率×30%＋公司收入环比增长率×30%＋公司收款环比增长率×20%＋公司新签合同额环比增长率×20%。

|洞 察|

阿里巴巴考核结果的应用

季度考核结果应用

1. 季度考核成绩对应本季度三个月的考核工资，在第三个月工资中一并体现，第一、二月不予扣减。如季度中间离职者按上季度考核成绩在离职结算时一并扣除应扣总额。

2. 员工考核总成绩达到 90 分即可以得到全额绩效工资，不足部分将按比例扣减，超出部分不增加评核工资。管理集团和各个大区每季度从考评总分超过 90 分人员中选出一名工作表现最优秀的员工，当季度给予 100 元奖励。

3. 核算公式：

该季度第三个月绩效工资

＝该月绩效工资基数－［（绩效工资基数－员工月实得绩效工资）×3］

其中，绩效工资基数如下：

● 5 级（含）以上人员、营销人员：绩效工资基数 = 总薪酬 × 40%

● 其余人员：绩效工资基数 = 总薪酬 × 30%

季度考核系数如下：

5 级及以上：考核系数 =（部门得分 × 50% + 个人得分 × 50%）/0.9

5 级以下：考核系数 =（部门得分 × 20% + 个人得分 × 80%）/0.9

员工月实得绩效工资 = 绩效工资基数 × 当季考核系数

年终考核结果应用

1. 年度绩效系数应用：作为年终奖和评选先进、奖励个人、岗位调整、个人培训与发展计划等人事活动的依据。

2. 年度绩效系数的核算：由个人季度最终成绩（与部门挂钩后）、个人年度考核最终成绩（与部门持钩后）、结合本年度表现和奖惩状况综合产生。

个人实发年终奖 = 个人应发年终奖总额 × 员工年度绩效系数

式中，员工年度绩效系数 = 四季度平均成绩（与部门挂钩后的）× 40% 个人年终成绩（与部门挂钩后的）× 60% 加扣分（表彰或处分）÷ 100。

|洞 察|

河南高速公路发展有限责任公司
中高层经营管理人员管理暂行规定（节选）

年度考核的程序和方法：对于公司副总经理和三总师，任务绩效、管理绩效和工作态度的分数由各个季度的考核分数汇总而成，工作能力的考核由公司总经理进行打分，最后按照一定的权重得出年度考评分数。对于公司中层经营管理人员，任务绩效、管理绩效、周边绩效和工作态度的分数由各个季度的考核分数汇总而成，工作能力的考核由主管公司副总经理进行打分，最后按照一定的权重得出年度考评分数。

考核结果的使用：每个季度根据中高层经营管理人员的考核结果决定其薪酬中的季度浮动收入分配。在年度考核结束时根据中高层经营管理人员的考核结果决定年度奖金的分配，同时根据中层经营管理人员的考核结果来决定其岗位调整，即对于考核结果较差的中层经营管理人员，由总经理办公会决定调岗乃至免职处理等。对于公司副总经理和三总师，如果连续两个年度考核结果为差，则由总经理提请公司董事会讨论决定解除聘任、调岗或免职。

（三）薪酬调整

干部岗位即使没有变化，也应存在薪酬等级和档位的差异。干部评价结果确定后，表现优秀者，可进行干部薪酬的晋级晋档；表现不达标者，可在职位不变的基础上进行薪酬的降级降档。

（四）职位晋升

干部整体评价不合格或某一个模块评价不达标，即可触发退出机制，需要退出当前岗位。当干部岗位产生空缺后，下一级干部评价优秀者进入候选人序列，通过竞聘、双选、任命等程序，进入更高层次干部职位。

(五) 培训发展

干部业绩评价、能力评价、知识评价结束后，可得出干部综合评价图谱。针对通用性干部能力缺失，可以建立通识课程培训体系。针对个性化的短板，干部个人应通过学习和发展，提升相应的素质和能力。

|洞　察|

西部矿业股份有限公司绩效管理办法（节选）

西部矿业股份有限公司针对高层管理人员绩效考核有如下规定：

…………

第十四条　公司参与绩效考核的高层管理人员职位包括：公司董事长、副董事长、执行董事、总裁、副总裁、公司董事会各专业委员会总监、公司董事会战略委员会高级研究员；公司各分公司总经理、总会计师或财务负责人；公司各全资子公司董事长、董事、监事（公司派驻）、总经理、总会计师或财务负责人；公司控股子公司、参股子公司中由公司派驻的董事长、副董事长、董事、监事、总经理、总会计师或财务负责人。

第十五条　公司高层管理人员绩效考核方式分为年度绩效考核和任期绩效考核。

第十六条　公司高层管理人员年度考核以自然年度为考核周期，考核被考核人当年度的业绩完成情况和个人工作表现，以年度任务绩效评估、个人绩效考核和“德、能、勤、廉”民主评议为主体，辅以重要责任指标考核、精神文明建设考核的方式进行。

第十七条　任期考核以被考核人任职期为考核周期，考核被考核人在任职期内的综合业绩完成情况和个人工作表现，主要包含任职期内绩效考核综合成绩和“德、能、勤、廉”民主评议等内容。

…………

第二十条　任期考核

公司高层管理人员任期考核在高层管理人员聘用到期、发生职务异动和（或）岗位调整时进行。

（一）任期考核以任期内被考核人各年度的综合绩效结果平均值作为被考核人任期绩效考核结果；

（二）任期考核的结果结合离任审计报告，共同组成被考核人在任期内的综合业绩和个人表现评判结果，可作为被考核人任期结束后续聘、解聘、升迁、调任等的依据；

（三）任期考核的结果作为被考核人任期内绩效工资结算的依据。

// 第十二章 //

干部激励：全要素激励体系设计

干部是企业中的骨干，肩负企业发展的责任和使命，在得到员工尊重和认可的同时，理应实现物质激励倾斜和精神激励常态化，获得工作上、发展上、激励上的全方面回报。另外，作为企业经营管理者，干部也是所有者的被委托方，在委托－代理关系中，需要将所有者与经营者的收益最大化地捆绑，所以，干部激励要包括当期的和中长期的激励模式，让资本与人力资本同心同力，实现共赢。

结合多年实践经验，华夏基石认为，干部的全要素激励体现在：工作上，给予责任、权力和机会，增强管理工作本身的激励性；发展上，提供多种干部能力培养方式和发展措施，配合机制和机会，提高激励性；绩效考核上，多措并举，正向激励与负向激励结合，鼓励干部全面发展；激励周期上，将即期、中期、长期的激励模式相结合。

一、干部激励的指导原则

1. 激励要素，多元复合

工作激励层面，干部享有人事权、自主业务权、财务处置权和自主管理权。物质激励包括工资、福利、奖金、利润分享、中长期激励，精神激励包括工作多样性、文化激励和荣誉激励等，发展激励包括职位升迁和能力成长。通过多元复合的全要素激励体系，让干部流血流汗不吃亏，冲锋陷阵无后顾之忧。

2. 激励周期，长短协调

作为企业长期可持续发展的中坚力量，干部的使命和责任不单单来自当期的财务业绩，更需要兼顾流程、客户、学习与成长等中期组织能力提升诉求，甚至要考虑商业模式选择、创新孵化、战略方向把控等长远责任，所以，激励周期也要长短协调。以岗位确定固定工资，以年度业绩确定绩效奖金，以任期业绩确定递延奖金，以职业发展确定中长期激励。

3. 分层激励，资源错配

不同层级的干部承担不同角色，一般分为领导者、经营管理者、业务监督者、业务执行者等。不同层级的职责差异明显，能力要求不一，业绩标准不同。所以，针对干部群体，要分层激励，资源错配。

例如作为业务监督者的中层干部，可以享有部门内员工建议、调配、任命、使用、激励、评价、培养与辞退等人事权，同时可以享有规则范围内的部门自主权和一定的财务自治权。而副职仅有人事建议权，无工作自主权和财务自治权。

同样，物质激励中，低层级的干部仅有工资、福利、奖金回报，中级及以上干部可以额外享有利润分享和中长期激励等。

二、干部薪酬体系设计

基于3P1M的薪酬模式设计已经成为主流，即通过岗位（position）、个人能力（person）、组织绩效和个人绩效（performance）、市场价格（market）等因素，设计企业的薪酬管理体系。

企业薪酬体系中，一般包括谈判年薪制、绩效目标制、业绩提成制、计时计件制、研发项目制等薪酬模式。针对干部群体，一般采取谈判年薪制和绩效目标制两种薪酬模式。

（一）谈判年薪制

谈判年薪制适用于企业核心经营管理干部，通过谈判以合同形式确定年薪。谈判年薪制分为固定协议制和浮动协议制。

固定协议制是约定干部绩效目标及干部个人薪酬总额，根据绩效完成情况兑现薪酬总额。主要适用于技术和管理类干部。

浮动协议制是在固定协议工资的基础上，约定所在业务单元业绩指标及薪酬总额，实现薪酬与业绩的强关联，根据绩效完成情况兑现薪酬总额。主要适用于业务类干部。

1. 薪酬结构

（1）固定协议制年薪。

固定协议制年薪 = 平时发放工资 + 年底绩效

式中，平时发放工资 = 月度固定工资 + 季度绩效。

（2）浮动协议制年薪。

浮动协议制年薪 = 固定协议年薪 + 超额业绩奖

在确定协议制年薪时，一般针对不同类型的干部采取不同的评价指标进行套级，例如战略效益、业务规模、管理规模等。战略效益解决的是不直接产生业绩的战略级重点工作所代表的价值，业务规模主要评定干部的经营责任，管理规模主要评定干部的日常管理责任。

|洞　察|

某企业经营管理干部套级模型

首先明确评分的维度、要素和权重（见表 12 - 1）。

表 12 - 1　评分维度

维度	要素	权重
战略效益	项目级别	30%
	项目数量	20%
业务规模	营收	20%
	利润总额	20%
管理规模	人员规模	10%

其次对评分要素进行分级（见表 12－2）。

表 12－2 评分要素分级

维度	要素	评分标准	权重	得分
战略效益	项目级别	承接省部级及以上重大项目	60%	18
		承接地市级重大项目	40%	9
	项目数量	10 个以上项目	50%	8
		5～10 个（含）	30%	6
		1～5 个（含）	20%	4
业务规模	营收	10 亿元以上	50%	8
		3 亿～10 亿元（含）	30%	6
		1 亿～3 亿元（含）	20%	4
	利润总额	8 000 万元以上	50%	8
		3 000 万～8 000 万元（含）	30%	6
		1 000 万～3 000 万元（含）	20%	4
管理规模	人员规模	200 人以上	60%	4
		100～200 人（含）	40%	3

最后，根据得分确定对应等级（见表 12－3）。

表 12－3 得分－等级对应表

得分区间	落位等级
50 分以上	5 级
31～50 分（含）	4 级
21～30 分（含）	3 级
0～20 分（含）	2 级

2. 固浮比

固浮比同职位等级负相关。一般而言，职位等级越高的干部，固定比例越低，浮动比例越高。表 12－4 为一个示例。

表 12－4　固定协议制年薪固浮比示例

职位等级	固定比例	浮动比例
高层干部	50%	50%
中层干部	60%	40%
基层干部	70%	30%

3. 绩效奖励

当干部完成业绩目标时，可根据谈判协议提取相应的业绩奖金。业绩奖金包括目标内业绩奖金和超额业绩奖励。一般企业实践中，超额业绩奖金的激励力度要大于目标内业绩奖金的激励力度，鼓励干部不断超越自我，持续创造高绩效。

（二）绩效目标制

绩效目标制薪酬模式由基本工资＋岗位工资＋特殊补贴＋绩效奖金＋专项奖＋中长期激励等多种方式确定。其中，基本工资和岗位工资合计为干部的固定薪酬。固定薪酬是对干部基本生活的保障，是对岗位价值付薪的基本体现。固定薪酬的支付依据行业、职能类型、层级等有所不同。需要结合市场竞争力确定固定薪资水平，根据岗位价值以外的付薪要素对产出的影响程度、职能特点等确定固定薪酬。

1. 基本工资

基本工资保障最基本的生活水平，一般根据公司整体发展状况、外部劳动力市场平均薪酬水平、物价等因素确定、调整。示例见表 12－5。

表 12－5　干部基本工资表示例　　单位：元

干部层级	工资
集团董事长级	10 000
集团总裁级	10 000
集团副总裁级	8 000
总监级	8 000
中层正职级	6 000
中层副职级	6 000
储备干部级	4 000

2. 岗位工资

岗位工资根据公司薪酬策略、岗位价值、市场工资水平确定，相对较为稳定。确定干部岗位工资时，要综合考虑业务规模和管理规模等因素。例如某物业公司根据业务规模确定不同层级干部的岗位工资（见表 12－6）。

表 12－6　岗位工资确定表示例　　单位：元

项目体量	总经理	中层干部	基层干部
S＜5 万㎡	10 000 ～ 20 000	6 000 ～ 8 000	4 500 ～ 6 000
5 万㎡＜S ≤ 15 万㎡	20 000 ～ 30 000	8 000 ～ 10 000	
15 万㎡＜S ≤ 25 万㎡	30 000 ～ 35 000	10 000 ～ 15 000	

3. 绩效奖金

绩效奖金是干部浮动薪酬中最为常见的激励形式，与企业战略目标达成进度密切相关。绩效奖金聚焦短期目标的实现，是对战略分解目标最敏捷的激励响应。常见的绩效奖金形式有基于业绩的奖金、任务达成奖励、超额利润分享、提成奖等。

一般而言，根据营收及利润等财务指标，综合确定干部绩效奖金收入。

|洞　察|

某经营部门负责人绩效奖金

某经营部门负责人的主要职责为规划预算管理、部门生产与经营、综合管理。在整体指标中，部门业绩指标占比70%，明确了利润目标（包括目标值、挑战值和提成奖比例）、考核收入目标、收款目标和新承接合同额目标。部门管理指标占比30%，明确了基础管理、人才引进、质量安全事故、新技术应用等指标。

该部门负责人的年度奖金 = 年薪基数 × 绩效考核系数 + 超额利润分享

- 年薪基数 = 35 +（本年度实际上交利润 /45）×（本年度实际上交利润 / 上年度目标；
- 绩效考核系数根据部门业绩指标和管理指标考核规则确定；
- 超额利润分享则按照协议规则确定。

|洞 察|

一般民营企业九类人才的薪酬结构

1. 高管：固定工资+绩效+个提+管理分红+超产奖（高管一般要附加一些福利性薪酬）

2. 营销类岗位：固定工资+绩效+销售提成（个提+管理提成）+销售管理分红+超产提成

3. 技术类岗位：固定工资+岗位技能工资+绩效工资+个提+负责项目的分红

4. 工程类岗位：固定工资+绩效+项目个人提成+项目分红+全年项目超产奖（工程类干部）

5. 生产类岗位：固定工资+绩效+技能工资+计件+计时+部门效益奖金+超产奖的系数

6. 职能部门岗位：固定工资+绩效+团队协作奖

7. 专家：固定工资+绩效+个人交付产品产生利润的分红+共同参与项目的奖金（进度、质量、成本）

8. 董事级干部：固定工资+绩效+超产提成+公司利润分红

9. 客服岗位：固定工资+绩效+固定客户业绩提成（一般是正常业务提成系数的30%）+公司完成超产目标后客服部门所占公司奖励的比例（个人比例）

4. 干部福利

福利保障通常被认为是激励因素中的保健因素，如果没有福利保障，可能会导致干部的不满，因此福利保障是不可或缺的物质激励方式。可以将福利保障分为公共职业福利与个性化职业福利。

公共职业福利是指国家通过一定的法律手段在某些行业和企业中要求普遍提供给员工的福利，如社会保险、劳动保护、职工探亲假、与职业关联的特殊津贴等。

个性化职业福利是指企业在法定福利要求之外、力所能及地自主地为干部提供的福利。个性化职业福利通常围绕多元的需求，为干部提供健康保障、养老保障、安居保障、财富保障等丰富的福利保障。

常见的干部福利包括以下几种：

（1）健康福利。干部作为企业发展的责任主体，身心承受的压力极大，所以，干部福利首要提供的就是健康福利。

一般而言，干部健康福利可以选择以下服务内容。

● 专科专家保健：定期为干部提供上门问诊，提供营养、运动、生活方式等方面的建议。

● 全科医生保健：提供健康信息采集、体检报告解读等专业健康指导，并提出健康评估规划。

● 慢性病管理：进行健康评估，制定营养、运动、治疗方案，并进行日常干预与指导。

● 紧急就医：预约紧急就医服务，夜间突发情况的就医陪同等。

在企业实践过程中，健康福利会根据不同层级的干部进行差异化选择，高级别的干部不仅个人可以享受相关福利，甚至连家人都可以享受。

（2）工作津贴。针对不同的干部岗位和层级，设置不同的工作津贴。津补贴一般包括以下几种类型。

- 驻外津贴：主要给予外地派驻的干部。
- 交通补贴：用于干部交通费用补贴，金额不等，部分企业给高管配有专车和专职司机。
- 住房补贴：用于家庭非工作地的干部，从几千到几万元不等。
- 通话补贴：用于干部日常通话费用补贴。
- 其他补贴：包括但不限于餐补、高温补贴、公费旅游、服装补贴、再教育补贴等。

表 12－7 为某上市公司中层干部额外福利津贴。

表 12－7　某上市公司中层干部额外福利津贴

津贴项目	具体内容
福利基金	每年 2 万元额度，主要用于参加国际学术交流活动、业务考察、学习以及交通补贴等
体检	任期内每年安排全方位身体健康检查一次，费用由公司承担
出差	出差可享受四星级酒店住宿标准；交通工具为飞机或卧铺；费用实报实销；出差补贴 100 元 / 天
其他	其他待遇按照公司相关规定执行

|洞　察|

日东科技（控股）有限公司干部薪酬管理办法（福利部分）

一、干部享受以下国家法定福利项目：工伤保险、医疗保险、养老保险，具体执行标准参照工作地政府和公司的有关规定。

二、公司福利：

● 餐补：按经理级以上20元/天、课长级15元/天的标准发放；在食堂干部餐厅就餐不发放餐补；对属于轮值管理的干部，餐补按照实际上班的标准计算。

● 车补：公司鼓励领导层和管理层购车，按规定享受公司车补的福利（具体标准参《集团费用报销指引》）。

● 住房补贴：领导层和管理层享受一定标准的住房补贴，标准如表12－8所示。

表12－8　日东科技住房补贴标准

级别	住房补贴标准（元/月）
总经理、总监、高级顾问以上	800
副总、总助、中心经理、首席律师、顾问	600
部门经理、资深工程师、集团中心课长	500
投资公司课长、副课长、主任工程师	300

a. 在工厂所在地上班的领导层和管理层，原则上由公司提供住房。公司按照以下标准（见表12－9）提供带家电和基本装修的住房。

表12－9　日东科技住房标准

级别	住房标准
总经理、总监、高级顾问以上	套房
副总、总助、中心经理、首席律师、顾问	单间公寓
部门经理、经理助理、资深工程师、主任工程师、课长、副课长	套房中的一间

b. 未入住公司住房的干部，给予 150 元 / 月交通补贴（已拿公司车补的干部不补贴）。

● 带薪年假：必须在所在年度内最多分两次休完，过期不补休，具体标准如表 12－10 所示。

表 12－10　带薪年假标准

入职年限	1～5 年（不含 5 年）	5～10 年（含 5 年不含 10 年）	10 年或以上
休假时数	5 天	7 天	14 天

● 公司每年安排体检一次。

（3）家庭关爱。子女教育及父母养老计划也是有效激励干部的福利项目。

（4）税务筹划。针对高层级干部薪酬较高的现状，企业可采取调整薪酬模式、人才公积金、信托基金、补充商业保险、企业年金、政策返还等多种方式为干部进行合理的税务筹划，有效降低个人税负。

在实践中，民营企业更多地关注干部需求和支付能力，而国有企业更严格地按照政策规定提供福利。

|**洞　察**|

国企高管职业福利

2014 年，《关于合理确定并严格规范中央企业负责人履职待遇、业务支出的意见》通过中央政治局审议。该意见首度将国有企业负责人履行工作职责过程中的工作保障和所发生的费用支出界定为企业负责人履职待遇、业务支出，对央企负责人职务待遇明确“七项内容”“四个禁止”。对央企负责人公务用车、办公用房、培训、业务招待、国内差旅、因公临时出国（境）、通信七项具体内容设置上限标准，并明令禁止企业用公款为负责人办理理疗保健、运动健身和会所、俱乐部会员、高尔夫等各种消费卡，同时对按照职务为企业负责人设置定额消费、支付履行工作职责以外、企业负责人向子企业和其他有利益关系的单位转移各种个人费用支出、企业为退休或调离的企业负责人提供履职待遇、业务支出等行为明令禁止。

三、干部非物质激励类型

有高成就动机的干部才能成为一个实干型好干部，高关系动机和权力动机的干部不应该成为企业干部团队的主体。企业在日常经营管理中要及时满足干部的成就动机，满足其自我发展的需求，引导干部追求创造高绩效和高价值。如果干部沉迷于物质激励和权力欲望，就容易导致官本位、不思进取等现象发生。

另外，针对干部仅仅强调金钱的激励往往难以激发工作的积极性。试想，腾讯的马化腾身价上千亿，张小龙年薪接近 3 亿元，华为有将近 2 万人年收入超过 150 万元，如何激励他们？新的刺激点必须放在社会、心理方面，物质激励固然重要，但更多的还是要关注干部的事业方向、工作认可和发展机会。

工作的成就感和挑战性，工作成绩带来的外部认可，职务本身的使命感和责任感，都是有效的激励要素。

(一) 工作回报

工作的成就感是干部的最大回报。这就要求合理制定目标，提供配套的保障措施，让干部带领团队取得实绩，鼓舞士气，强化干部价值贡献；让干部在工作中得到尊重和认可，创造高绩效，实现自我超越。

合理的人权、事权、财权也可以有效激发干部的责任意识，提高工作自驱力和满意度。

- 人权：在一定范围内，员工或者低层级干部的建议、调配、任命、使用、激励、评价、培养与辞退等权力。
- 事权：在职责范围内有自主的业务权，甚至有部门内部的自主经营管理权。
- 财权：拥有一定范围内的财务自治权和签单审核权。

表 12－11 为某上市公司中层干部管理权限。

表 12－11　某上市公司中层干部管理权限

权力	具体内容
财权	对部门预算内各项费用开支有决策权
人权	对部门内人员选拔、培训、考核以及奖金发放有建议权 对部门内人员录用、任职、晋升或降级、处分、解聘等有建议权
事权	对部门业务运行方式、质量控制以及管理体制有决策权 对生产部门生产和经营活动有组织协调权

当然，不同管理层级的干部，人权、事权、财权有所不同，如

表 12－12 所示。

表 12－12　某上市公司不同管理层级干部的权力

层级	人权		事权		财权
	员工权	干部权	业务权	部门权	
高层干部	√	√	√	√	√
总监层干部	√	√	√	√	√
中层正职	√		√	√	√
中层副职	√		√		

中国传统文化中有“官本位”的基因，极易混淆权力和责任的区别。在企业实践中，要明确告知干部，管理是一种责任，而非一种权力。同时，在干部任用过程中，要建立审计监察机制，让干部在规范的权力体系中自行决策，避免肆意妄为，形成圈子和山头，甚至导致塌方式腐败。

（二）发展激励

针对不同成熟度的干部提供有针对性的人才培养计划，是企业在内部职业发展通道清晰化的基础上主动提供的人才发展激励。人才培养计划不仅可以让企业找到能承担更大责任的干部，还可以让干部获得专业技能，更可以让干部感受到企业对自身价值的认可、对自身发展的重视。

企业的发展激励主要包括职位升迁、能力成长和工作多样性。

● 职位升迁：进入干部序列，有机会成为更高级别干部，承担更大责任，实现更大成就。

● 能力成长：进入干部序列，配套对应的能力成长措施，可以享受干部管理学院的专项培养计划。

● 工作多样性：干部优先安排轮岗，对于个人提出的轮岗申请，优先给予机会。

当然，企业在实践中要更多地关注干部的能力成长，通过课程学习提升其专业化能力；通过行动学习提升其解决问题的能力；通过导师制提升其对问题的掌控力及领导能力；通过轮岗丰富干部经历，提升全局工作管控能力。

华为鼓励干部“之”字形成长。腾讯也对干部发展非常重视，面向基层、中层、高层的高潜及储备干部，有针对性地实施“育龙计划”“潜龙计划”“飞龙计划”“新攀登计划”等系列人才培养计划。干部在专项培养计划中获得能力提升、价值认可，更获得了对职业发展的稳定预期。

（三）精神激励

尊重和认可是干部工作的动力源泉，在精神激励层面要给予干部更多的文化激励和荣誉激励。

文化激励，要塑造干部承载企业发展的文化，激发干部的使命感和责任感，同时淡化权力观念，真正让员工给予干部更多的发自内心的尊重和认可。干部关爱员工，员工用爱回报干部，打造“官兵一家亲”，实现上阵“亲如兄弟”，共同打胜仗。

荣誉激励，要在企业整体荣誉体系中加入“优秀干部”“优秀团队”等荣誉，明确界定标准，定期进行评选，让优秀干部站在舞台中央，享受鲜花和掌声。

四、干部中长期激励模式

中长期激励与短期激励相对应，其设置目的在于与短期激励相平衡。中长期激励多面向干部队伍，因为干部队伍通常拥有一定的决策权，而决策不论大小，都有可能影响企业长期发展。将干部长期利益与企业长期利益绑定，有助于避免干部盲目追求短期利益，从而损害企业的长期利益。常见的中长期激励形式有利润分享、股权激励、项目跟投、事业合伙人等。

（一）中长期激励的七大原则

干部中长期激励的设计要遵循以下原则。

1. 对赌

在中长期激励设计中，为保证责权利相统一，需要引入对赌思维。即企业与干部之间就标的事项的经营目标达成协议，如超额完成目标，则按约定的标准给予干部高额奖励。对赌协议的签订，不仅有利于降低企业风险，保证企业利益，同时也可以进一步激发干部达成协议目标的激情与活力。

2. 杠杆

这一方面指企业通过设计中长期激励项目使既定的投入获取更

大的融资空间、获得弹性更高的收益，另一方面指参与项目的干部通过企业配资等方式使自己投入的有限资源获得更高的收益。

通过杠杆的设计，可以使受到中长期激励的干部获得更大的收益，使激励效果以乘数放大。

3. 周期

将干部长期个人利益与企业长期战略目标捆绑是设计中长期激励的初衷之一，中长期激励的条件与特定节点的经营业绩成果挂钩，因此，在设计时需结合项目标的的经营周期合理确定激励周期。每项激励需与项目标的的经营周期相统一，以保证激励条件的客观性、公允性；同时，需考虑单个激励项目小周期的衔接性，保证长期激励的持续性。

4. 劣后

"劣后"来源于金融术语，相对于"优先"而言，指在长期激励中将被激励对象确定为劣后受益人，其权益将对优先受益人及企业进行支持，在项目遭受损失时，被激励对象的权益用于对企业的补偿，取得盈利时，企业按事先约定比例优先参与分红。劣后机制的设计，并不是为了剥夺被激励对象的利益以保证企业利益，而是为了进一步激发被激励对象，实现利益分享。

5. 动态

中长期激励方案并非自诞生之日起就一成不变，方案的激励效果随着逐步落地得到检验，同时，由于与企业长期利益捆绑，随着企业经营状况、内外部环境、战略目标等发生变化，对中长期激励的要求也会发生变化，需要适时回顾中长期激励方案，跟随企业战略演进不断更新激励目标、动态调整激励方案。

6. 递进

如前所述，由于职业发展阶段、财富状况、所处的生命周期等不同，干部会因需求不同而存在不同的工作动机。因此，需要根据被激励对象不同的需求层次，递进选择不同的激励方式；根据被激励对象需求的发展，逐渐配套更高层次的激励方式。

7. 追选

中长期激励除了具有激励属性以外，还是一种承诺的试探，体现了干部对责任的担当。除了愿意共享利益，干部是否愿意与企业共担风险？通过强制干部对企业以真金白银进行投入，干部与企业会因为共担压力成为更加一致的利益共同体。通过在中长期激励中设计干部对企业的强制投入，如利用自有资金购买股权、进行跟投等，可以实现对干部的二次识别，甄选出认同企业文化、看好企业未来的干部，重构企业与干部的心理契约，为企业长期发展奠定基础。

（二）干部中长期激励方式

1. 利润分享

利润分享计划是指干部根据其工作绩效而获得一部分企业利润

的激励计划，由企业建立并提供资金支持，提取企业增量利润进行分享。

利润分享计划一般分为固定比例利润分享计划与分段利润分享计划。

- 固定比例利润分享计划，指按照固定的比例将企业利润中的一部分分享给干部，奖励比例与利润完成程度无关的分享计划。
- 分段利润分享计划，指将奖励比例与利润完成值的多少挂钩，分段设定利润奖励比例的分享计划。

固定比例利润分享计划操作简单，但在这种计划下干部对更高利润的追求不敏感，激励性较弱；一旦利润完成情况不理想，企业可能面临较大的支付压力。分段利润分享计划则具有更强的激励性，追求更高利润的导向清晰，但难以合理分段。

实际操作中，将两种分配方式有机结合的超额利润分享计划因具有较明显的激励效果，且实操相对容易而应用更为广泛。超额利润分享计划中会设定利润界限，当利润完成值超过分配计划界限后，将超额利润按照一定比例分给员工，既保证了企业的目标利润，也对干部追求更高利润有激励作用。

|洞　察|

碧桂园的成就共享计划

碧桂园于2012年末推出成就共享计划激励制度，当项目资金回笼和利润指标达到要求时，管理团队可获得高额奖金包。计划推出次年，碧桂园首次晋级销售额千亿元俱乐部。

● 奖励对象：区域总裁、项目总经理、项目团队、区域团队、集团相关职能中心 / 子公司的技术支持团队。

● 计划覆盖周期：原则上以单个项目为考核单位，考核过程覆盖该项目整个开发周期。

● 考核周期：每半年按照预测净利润进行考核，并计提现金奖励金额、授出购股权。

● 奖励条件：成就共享计划中，获得奖励需同时满足两大前提：一是一年内实现集团自有资金投入全部回笼；二是项目累计回笼资金 > 自有资金投入 + 年化自有资金标准收入，其中，年化自有资金标准收入 = 自有资金按年折算后的金额 × 30%。

● 奖励兑现方式：按照项目拓展的主导层级，分为区域主要拓展的项目、集团主导拓展的项目，设立不同的分配比例。

区域主导拓展的项目：成就共享股权金额 =（净利润 − 自有资金按年折算后的金额 × 30%）× 20%。

集团主导拓展的项目：成就共享股权金额 =（净利润 − 自有资金按年折算后的金额 × 30%）× 一定比例（为 10% ～ 15%）。

奖励兑现分为现金及支付购股权两种方式。其中，现金奖励金额根据项目预售、收楼及结算三个阶段分别按比例发放；支付购股权仅区域总裁、项目总经理享有。

● 终止与扣回条款：

（1）无论何种原因，在考核期内出现亏损的，亏损额的 20% 由区域总裁及项目总经理承担；

（2）若一年内现金流不能回正，则该考核单元失去继续参加成就共享计划的资格；

（3）如参加成就共享计划项目最终未能获得奖励，将视情况对区域及项目管理层进行处罚。

除以上与项目盈利直接相关的处罚条款外，还对发生质量 / 安全 / 成本责任事故、谋取个人私利、自身管理原因返工导致成本增加等情形给予相应扣减及终止等处罚。

成就共享计划通过高额奖励让公司与员工实现利益共享，严格的扣减与终止条款让公司与员工实现风险共担，对获得成功的项目和区域实行强激励措施，实现高级人才在公司内部创业，共享公司发展成就，实现公司与个人利益同向最大化。

2. 股权激励

股权激励是指通过附条件给予干部部分股东权益，使其与企业形成利益共同体，促进共同成长，从而帮助企业实现稳定发展的长期目标的一种长期激励机制。

股权激励的作用源于股权自身的价值，股权是公司的股东对公司享有的人身和财产权益的一种综合性权利，包括所有权、剩余财产分配权、投资受益权、知情权、优先购买权、经营权、管理权、表决权等。

因此，股权激励相较于其他中长期激励方式，除了有经济利益层面上的激励，还会因享有相关管理权限而增加参与公司管理的价值激励。当然，干部享受权利的范畴也会因股权激励计划不同而有所区别。

股权激励的设计要点如下。

（1）激励对象。股权激励方案的设计初衷为激励和保留与公司命运休戚与共的核心人才，因此，股权激励对象通常为公司核心干部以及技术骨干。

（2）股权类别。分为权益类和现金类。

● 权益类：限制性股票、股票期权。

限制性股票，指需满足一定条件限制方可获取的股票。实际操作中，通常会以公司相关财务数据及指标作为激励对象获取股票的业绩条件。

股票期权，指赋予持有人在某一特定日期或该日之前以协议价格购进或售出一定数量股票的权利。实际操作中，通常也会对股票期权的获取附加一定条件，如入职年限、业绩条件等。

● 现金类：虚拟股权。

虚拟股权，又称干股，是指公司授予激励对象一种虚拟的股票，激励对象可以据此享受一定数量的分红权和股价升值收益，但没有所有权，没有表决权、分配权等，不能转让和出售，在离开企业时自动失效。

虚拟股权与实股最大的区别在于股东权益的不完整性，虚拟股权的持有者只能享受到分红收益权和股价升值收益，按持有虚拟股权数量享受公司税后利润分配，但不能享受普通股股东的权益（如表决权、分配权等），所以虚拟股权的持有者会更多地关注企业经营状况及企业利润情况。

（3）行权条件。股权激励的核心在于行权条件的设置，即约定被激励对象需达到何种目标要求才能对已获得的股权行权。行权条件主要落实为具体的要求与指标，通常体现为业绩考核，被激励对象在公司的业绩考核为合格的情况下才能行权。

（4）惩罚与退出机制。为体现股权激励收益共享、风险共担，股权激励方案的设计需明确惩罚与退出机制，以避免被激励对象由于道德风险、风险意识较弱等原因给公司经营造成损失。

（5）考核机制。明确了行权条件与惩罚机制，必须配套科学合理的考核机制，明确考核指标、考核周期，将考核结果与行权紧密关联，保证激励与约束机制的落地。

|洞　察|

复星国际股权激励

2016 年 1 月 11 日，复星国际公告了“根据购股权计划授出购股权”，即全球合伙人计划：按行使价每股股份 11.53 港元，于 2016 年 1 月 8 日向首批 18 位全球核心管理人员授出共 1.11 亿份普通股股份购股权。约定 5 年等待期，自授予日起第五年开始，3 年行权期内分别按照 20%、30%、50% 行使购股权。承授人在达成与集团相关的特定绩效目标后，才可行使购股权，绩效目标由董事会设立。

同日，郭广昌发布《致复星全球合伙人的一封信》，详细阐述了复星实施股权激励计划的背景、目的、条件、愿景。信中，郭广昌指出："我们非常清楚复星能走到今天，公司不是一个人或几个人的公司，功劳也不属于个别人，这是每一位具有企业家精神的同学们共同努力、共同奉献智慧的结果。"

对于股权激励计划的授予条件与退出机制，信中如是说："复星合伙人产生的前提——对复星文化和价值观高度认同，深刻理解复星的发展战略，善于学习，处于持续创业状态，有能力、有激情为公司发展贡献力量、不断创造价值。复星合伙人将是我们在竞争中生存、壮大的保证，也是让我们这个企业向高效、扁平、融通的智慧生命体继续进化的保证。""我感觉，是否能成为合伙人最重要的一个标志就是，你是不是处于一种企业家状态……如果你不在这个状态了，你就得考虑是否退出了。"

通过设置股权激励计划，郭广昌希望企业更高效、更有活力，"我们要给年轻人更多的机会，复星合伙人将真正为复星的发展不断创造。也只有这样，我们才可能在全球打造一个植根于中国、具备世界竞争力的伟大企业"。

此次股权激励并非复星集团股权激励的终点，为了让更多复星合伙人为复星的发展不断创造价值，向打造"具备世界竞争力的伟大企业"迈进，复星国际先后于2018年3月28日、2019年3月27日再次认购合计超千万股股份，分别授予全球核心管理人员与集团优秀员工。

|洞 察|

海康威视战略投资者股权转让

1. 海康威视简介

杭州海康威视数字技术股份有限公司是由国务院直属的中国电子科技集团下属第五十二研究所控股的A股上市公司，是国内领先的安防视频监控系统提供商。公司成立于2001年，注册资本500万元，由国资背景的浙江海康信息技术股份有限公司（51%）和外资股东香港自然人龚虹嘉（49%）共同投资设立。

2. 实施方案

为激励管理层将公司做大做强，外资股东龚虹嘉向公司经营团队承诺，若未来公司经营状况良好，将参照公司的原始投资成本向公司经营团队转让15%的股权。

经营团队果然不负所望，公司成立后发展迅速。为了兑现承诺，2007年11月，龚虹嘉向管理团队持股的杭州威讯投资以75万元的“白菜价”转让了所持的15%股权，此外，海康威视总经理胡扬忠及常务副总经理邬伟琪还合计持有康普投资20%股权，相当于间接持有海康威视1%股权。

3. 特点分析

这种激励方式绕开了一般的股权激励方案的既定规则，不增加成本、不摊薄收益，激励效果明显。但是直接转让股权会引起治理结构较大的改变，对于国有企业来说，由于国家政策的限制，在实施股权转让激励时要注重治理结构的变化。

3. 项目跟投

跟投制缘起于私募股权投资领域，是对风险投资期间投资管理人进行风险管理约束的机制，由于干部需要投入自有资金到项目中，体现了很强的收益共享、风险共担的精神。

与其他中长期激励不同，项目跟投分为自愿跟投与强制跟投；其中，强制跟投不仅是一种权利，更体现了干部对项目承担的责任。一般会要求对项目的影响较大的干部必须跟投。

项目跟投的资金来源为公司与干部个人，按照一定的比例共同出资参与项目投资，同时，公司可以配资或提供低息贷款等向干部个人提供资金杠杆，放大激励效果。

|**洞　察**|

万科项目跟投

2014 年万科提出“共创、共享、共担”的项目跟投机制。2014 年 4 月 1 日之后的新项目都可跟投，将项目纳入跟投范围倒逼团队更加谨慎地开拓项目。

1. 跟投人员的范围

干部强制性跟投，员工自愿性跟投。

2. 跟投额度

整体跟投额度上限设定为项目预测资金峰值的 10%，同时规定跟投金额的总额不能超过万科所占权益的 20%，以保证公司决定权的稳定。

3. 投资运作方式

每个跟投项目设立对应的有限合伙企业，跟投人与有限合伙企业签订投资协议后，直接认购一个单独的项目，这种架构下跟投人跟投哪个项目由其自行决定。

4. 跟投收益分配

万科于2017年对跟投人与公司的优先劣后次序进行调整，当跟投项目内部收益率高于门槛收益率后，跟投人才能按照出资比例分享剩余收益；当内部收益率高于超额收益率时，跟投人可按出资比例对应收益的1.2倍分配收益。

5. 离职人员退出机制

万科在制定项目跟投制度时对离职人员退出机制做了三项规定：

- 员工在跟投项目过程中不得转让或提前退出。
- 跟投人员在离职后可以继续享有已经认购部分的收益权。
- 无权再继续认购基金跟投的部分。

万科事业合伙人机制落地后，开盘认购率增长4%，开盘周期缩短近5个月，首期开盘毛利率增长6%，营销费率大幅下降，凝聚了人心，中层流动量大大降低。持续优化迭代的项目跟投机制，为万科带来了诸多益处——投资项目优化，决策效率提高，运营效率提升，部门墙被打破，员工主人翁意识提升。在万科股权之争激烈时，公司销售依然持续增长，项目跟投制度起到了凝聚团队的重要作用。

|洞　察|

某国有控股企业的项目收益分红实施方案（2010年）

1. 资质条件

（1）申报实施时，企业近3年承担国家级项目不少于一个，其中，国家级别项目为科技部、国防科工委、工信部、国家环境保护部、国家（地方）标准委、国家质检总局、自然基金委、地方政府投入项目。

（2）申报实施时，企业近3年的净利润均为正，企业的经营效益持续增长。

（3）申报实施时，公司近3年研发费用占企业年销售收入比例均在2%（含）以上，且研发人员人数不低于在岗职工总数的10%。

2. 激励总额（见表12-13）

表12-13　项目收益分红激励总额

总额设计	分红权实施期间，采用当年项目净收益作为基准值，鼓励分红权实施期间每年净收益逐渐提升，并将净收益的提升比率与分红权激励总额挂钩，即以相对上一年的净收益增加比率作为净收益增量的计提比例
	分红权激励总额 = 项目净收益 $\times X\%$ + 项目净收益增量 $\times Y\%$
激励总额上下限	下限：当年的单个项目收益分红激励总额不得低于当年单个项目净收益的5%，即激励总额下限为当年项目净收益的5% 上限：项目收益分红激励总额不高于项目净收益的9%，同时各项目收益分红激励总额原则上不高于当年项目净收益增加额的50%，单个项目收益分红激励总额不高于110万元；申报实施项目收益分红激励的，激励总额（指所有项目）不高于公司当年净利润的15%

3. 兑现条件

（1）基于项目当年的净收益增长态势及未来3年主营业务做强做优的发展方向，分红权实施期间整体经营将遵循保增长、促发展的战略导向。

（2）在满足分红权激励总额兑现条件的基础上，基于长期发展战略要求，提升整体经营业绩要求，具体如表12－14所示。

表12－14 项目收益分红的经营业绩条件

类别	指标	标准分值	目标	考核导向	说明与计算公式	评价标准
财务指标	项目净收益	30	$R\%$	反映项目盈利能力	项目净收益达成率＝当年实际达成的项目净收益/当年期初的目标值 $R\%\times 100\%$	标准分值×达成率，最高得分不超过30分；达成率低于80%，不得分
过程管理	销售数量	30	$S\%$	反映市场的需求情况	销售个数达标率＝每年实际销售数量/每年目标销售数量×100%	标准分值×达标率，最高得分不超过30分；达标率低于80%，不得分
	课题结题通过率	10	$Z\%$	完成项目研发进度并结题的通过情况	通过率＝通过的结题课题/所有的结题课题×100%	标准分值×通过率，最高得分不超过20分；通过率低于80%，不得分

续表

类别	指标	标准分值	目标	考核导向	说明与计算公式	评价标准
过程管理	客户满意度	10	T%	反映客户的满意度情况	客户满意度问卷所有分值取平均分	总分在 95 ～ 100 分得 10 分；总分在 90 ～ 95 分得 8 分；总分在 85 ～ 90 分得 6 分；总分在 80 ～ 85 分得 4 分；总分在 75 ～ 80 分得 2 分；总分低于 75 分不得分
学习成长指标	专利申请达成率	10	4	反映项目中专利申请的情况	申请专利数量每减少一个扣 2 分，最多不超过 10 分	
	技术文章达成率	10	4	反映项目相关技术文章的发表情况	技术文章发表数量每少一篇扣 2 分，最多不超过 10 分	

4. 激励个量管理（见表 12 - 15）

表 12 - 15　项目收益分红的激励个量管理

个量设计	在确定整体项目收益分红的基础上，按照激励对象的项目收益分红岗位系数、调节系数及业绩考核结果等因素核定激励个人的分红比例
	个人项目收益分红 = 个人分配系数 × 项目收益分红激励总额
激励总额上下限	激励对象个人项目收益分红所得原则上不超过激励总额的 30%，人均项目收益分红原则上不得高于其薪酬水平与项目收益分红之和的 40%，个人项目分红收益不高于 50 万元

5. 业绩考核

在公司业绩考核达标的基础上，公司根据激励对象个人年度业绩考核结果确定激励对象的业绩考核系数。具体如下所示：

激励对象业绩考核系数 = 激励对象业绩考核得分 /100

激励对象业绩考核得分低于 60 分时，取消其项目收益分红资格。

6. 分红发放方式

为体现约束与激励相结合的原则，树立风险责任意识，对激励对象分红权所得实施延期支付，分红权实施期间，按激励对象每年分红权所得的 30% 提取累计，至有效期结束后统一考核发放，剩余的 70% 在有效期内每年兑现。

7. 激励管理

（1）方案制定方。绩效考评委员会是分红权激励方案拟定机构，负责分红权激励方案的日常管理事务。

（2）激励监督方。公司职工代表大会作为分红权激励实施的监督机构，有权指定代表列席分红权激励会议，对公司分红权激励工作实施情况进行监督、询问，并每年向董事会汇报监督情况。

4. 事业合伙人

事业合伙人激励机制旨在通过一定的机制或手段，将干部与企业战略目标绑定，使干部发生从员工向所有者的身份转变，最大限度激发干部为企业发展努力的动力、激活潜在的干事创业能力，共同实现企业愿景。

事业合伙人通常出现在企业创业（或二次创业）的阶段，用以打造对企业文化高度认同的优秀企业家队伍，实现对企业利益与风险的共享共担，持续激发干部的奋斗激情，保障企业未来发展的核心竞争力。

常见的事业合伙人激励机制，除了前面介绍的利润分享计划、股权激励计划、项目跟投等形式以外，还有内部创业、阿米巴经营、产业链合伙人等。只要符合以下特点，就可以称为事业合伙人。

- 志同道合，利他取势；
- 共担共创，增量分享；
- 相互赋能，自动协同；
- 价值核算，动态进退。

|洞　察|

海尔创客生态圈

2018 年，海尔作为一家传统家电企业逆势增长，公司净利润从 200 多亿元增长到 300 多亿元，成为世界家电行业的领导者。让海尔持续增长的秘密就是张瑞敏一手打造的“创客生态圈”。

海尔自 1998 年开始进行流程再造，2005 年提出“人单合一”的经营模式，随之而来的是企业平台化、员工创客化、用户个性化。伴随平台化，企业 1.2 万名中层管理者消失，海尔的 8 万多名员工变成 2 000 多个自主经营体。员工从雇佣者、执行者转变为创业者、合伙人，成为创客。如果创客有了一个好的产品创意，海尔可以提供软硬件设备的支持及供应链整合的服务，涵盖从研发设计到试制与中试，再到模具设计，甚至生产、销售、物流配送的服务支持。海尔的M-LAB创客实验室则主要以丰富的活动、充足的经费以及先进的设备，支持大学生自己成立创客组织。在海尔的创业平台上，创客们能够整合全球一流资源快速满足用户需求，实现“世界就是我的研发部”“世界就是我的人力资源部”，从而使小微创业更加高效、更易成功。例如著名的“雷神”游戏本孵化项目，创始人即是在海尔推行内部变革时成为小微主的海尔员工，3个平均年龄25岁的年轻人合伙创办了年营收超20亿元的雷神科技。

|洞　察|

航天恒星岗位分红权

1. 航天恒星简介

航天恒星空间技术应用有限公司是中国空间技术研究院（航天五院）的上市平台——中国卫星（SH.600118）的全资子公司，是航天五院利用空间技术优势结合卫星应用产业发展前景而全力打造的天地一体化领军企业。公司成立30年来，致力于卫星导航、卫星通信、图像传输、物联网、建筑智能化五大领域核心技术的研究与开发，为军方、政府、行业及海外市场用户提供一流的产品和服务。公司位于西安高新技术产业开发区，投资建设了中国第一家卫星应用产业园，占地102亩，设有2家子公司、2家分公司，共有员工500余人。

2. 实施方案

激励岗位序列及分布情况：分红权激励对象包括科研管理、专业科研两大岗位序列，各序列岗位数分别占总体激励岗位的15%、85%。本次激励岗位共54个，100%体现向科研岗位倾斜的导向。岗位分红权激励方案首期拟激励对象包括科研管理人员、专业科研人员共计101人，占公司2010年在岗职工总数的12%。

激励总额以航天恒星科技经济增加值（EVA）及经济增加值改善值（△EVA）作为提取基数，在净利润增长水平不低于实施前3年的净利润平均增长水平的条件下提取，激励总额不超过航天恒星科技当年税后利润的15%；分红权激励采用延期支付方式发放，航天恒星科技每年提取个人岗位分红权的30%，留存至分红权有效期结束后统一考核发放，剩余的70%在分红权有效期内每年兑现。

3. 特点分析

岗位分红权激励的一个重要的目的是充分调动科技和管理骨干的积极性，留住核心岗位人才。对于激励对象来说，自离岗当年起不得享有原岗位分红权。本方案的亮点之一就是激励额度、企业业绩与岗位、个人绩效挂钩。这样一来，通过分红权激励，企业发展与科研、技术骨干的利益就有效地捆绑在一起，企业和个人自然也就成了“事业共同体”，共赢才是唯一的目标。科研、技术骨干人员的分红权激励分配是根据其岗位的重要性和年度业绩完成情况来确定的。

干部激励是一个系统工程，要实现全要素激励，就要采取发展激励、物质激励、文化激励、目标激励、关怀激励等多种方式，实现干部的有效激励。

当然，任何外在的激励因素都是次要的，而且是边际效用递减的。企业要树立标杆，引导氛围，让干部转变角色认知，肩负使命，履行职责，做企业价值观的践行者和引领者。最后，让工作本身、责任感、团队发展、目标达到等成为干部最大的激励因素。

// 第十三章 //

干部退出：耗散结构，常退常新

根据热力学第二定律，热量的传递是自动从高温向低温转移，在一个封闭系统里最终会达到热平衡，这个过程就叫“熵增”，平衡最后的状态就是熵死，也称热寂。华为任正非将此理论应用于公司运作和管理，提出封闭系统终究是要熵死的，没有活力的封闭的企业必将灭亡，企业要想长期保持活力，就要建立耗散结构，对内激发活力，对外开放，与外部交换物质和能量，不断提升企业发展势能，不断拓展业务发展的空间。

干部管理体系亦然，干部队伍内的新老交替、流转进退有如生物体的新陈代谢，只有建立耗散结构，建立干部退出机制，不断用新干部代替老干部，才能推动整个干部队伍的进步。正如毛泽东同志在《矛盾论》中指出的，“世界上总是这样以新的代替旧的，总是这样新陈代谢、除旧布新或推陈出新的”。

干部队伍作为事业成败的关键群体，能否保持活力直接影响到组织的生命力。然而，当前我国干部退出方面仍然存在比较大的障碍，论资排辈、占位平庸、职务能升不能降、待遇能高不能低等现象普遍存在。刨根溯源主要是思想观念滞后、干部价值取向模糊、考评体系不健全等。

组织和人一样，有成长、成熟和衰退的过程。组织活力的最佳年龄区为 1.5 ～ 5 年，超过 5 年就会开始出现老化，解决的办法是通过人才流动对组织进行激活。这一理论证明了人才退出的必要性，干部退出可在企业内部营造竞争气氛，提高员工士气，同时有助于企业为员工开辟更宽阔的职业生涯通道，留住优秀人才。一套科学合理且具有实操性的退出机制包括明确退出的形式、设计公开公正的退出程序以及做好退出的保障机制三大方面。

一、干部退出三原则

1. 契约导向和绩效导向相结合

干部退出机制的设计，必须以健全有效的契约化管理和绩效管理为基础。在与干部签订契约之初，企业就应与干部通过自主协商在合同中、任期目标责任书中详细约定聘期，双方的权力、责任、义务及绩效目标，奖惩依据，解聘情形及责任追究等。以双方约定的退出情形和绩效考核结果作为干部退出的主要依据。

2. 坚持公开、公平、公正

人员的退出，尤其是干部的退出，不论对企业还是对干部都是很敏感的问题，部分企业为了避免尴尬，将干部的退出机制设计得较隐秘。但是这种不公开的干部退出机制可能会导致负面的小道消息的传播，对企业产生不良影响。

为了避免此类问题，干部退出机制的设计在程序上应该秉持公开、公平、公正的原则。首先，干部的退出条件、相关政策和补偿措施都应该在企业内部公开，至少让所有的干部都知晓；其次，企业在解聘相关干部时应该秉持公平的原则，对所有的干部一视同仁，不能区别对待；最后，在干部退出事宜的办理流程上，应该做到公开、透明，杜绝暗箱操作。

3. 规则理性与执行人性相结合

设计干部退出机制和具体操作时应坚持人性化和柔性化的原则，在退出前与干部进行充分有效的沟通，尤其是对由于绩效考核不合格或企业因素被动退出的干部，要让他们从心理上接受，尽可能减少干部的退出对企业生产经营和声誉产生的负面影响。

二、干部退出的形式

干部退出是指当达到退出条件时，由本人申请或所在单位安排，经组织程序审批，干部退出所任岗位。退出包括多种情况和形式，总的来看，可以概括为主动退出、自然退出以及被动退出三大类，包括业绩考核退出、价值观考核退出、问责退出、触发红线行为退出、期满轮换、自愿选退、到龄转退等七种形式。

1. 主动退出

干部主动退出可以分为聘用合同期未满主动辞职和聘用合同期满自动离职两种情况。如果干部对现状不满，想要追求更大利益或更好的职业发展，而企业不能提供足够的资源或机会，就有可能导致干部退出，跳槽到新的企业。这种情况下的退出应当遵循协商自愿的原则，解除干部与企业的劳动关系，企业可视退出的具体情况给予一定的补偿。

此外，干部的主动退出还有可能是由于其他一些意外事件，突如其来的疾病、事故、死亡等。这种意外退出常常会使企业所有者措手不及。因此，企业所有者应该未雨绸缪，建立企业内部干部的梯次选拔机制，避免干部意外退出带来的损失。

|洞　察|

松下电器公司的提前退休计划

在日本企业实施提前退休计划较普遍，员工没有达到国家政策规定的年龄，可以自愿向企业申请提前退休，一般提出申请的员工都已接近退休年龄，或身体状况不佳，只要满足正常退休要求，企业都会批准。企业批准员工申请，需要将所欠员工的薪金付清，并且需要履行经济合同，为员工支付相应金额的退休金。虽然提前退休计划下是分期支付养老金，但累计起来并非小数。以终身雇佣制度闻名的松下电器公司，在2001年提出让其6%的员工提前退休，公司称“作为改善工作待遇的一部分，我们向工会提出了让员工提前退休的计划”。松下电器8万名员工中58岁以上、在公司工作满

10年的员工都可申请提前退休。提前退休计划也可以视为企业人才退出的一种方式。

2. 自然退出

干部达到法定退休年龄而退出企业是干部退出机制中应考虑的一种重要方式。干部在职时收入一般较高，在我国现行的养老保险制度下，退休后降幅较大。这就导致了“59现象”的出现。如何帮助干部实现退休后“软着陆”，缩小反差，就需要科学设计干部退出机制。

干部在职期间为企业的发展发挥了作用，企业应该制定较为可行的养老计划，保证干部无后顾之忧。退出机制的设计应主要考虑通过社会化的模式丰富干部的收入结构，由企业为其购买有关社会保险，保障其退休生活。设计时主要有两个原则：一是丰富其退休后的收入结构；二是以社会化为主。可以考虑在职时办理补充养老保险，增加其退休后的养老金，也可以延长其股权、期权行权期限，让他们可以在退休后继续享受企业发展的成果。此外，针对老年人医疗费用相对较高的实际，企业可为干部办理一份期限较长的医疗补充保险，帮助其减少医疗费用支出，减轻压力。

通常，企业应当明确红线行为，令干部遵守法律法规以及商业行为准则，守住企业经营管理的底线。对干部触发红线的行为，应视严重程度予以处罚，以警示员工，减少企业损失。

|洞　察|

福建省三钢（集团）有限责任公司干部退出机制

福建省三钢（集团）有限责任公司根据自身实际，在完善干部退出机制上采取以下措施。

1. 科级、处级干部离岗休养

制定下发《三钢科处级干部实行离岗休养的通知》，规定距法定退休年限两年的科处级管理人员，原则上退出管理岗位，享受岗位工资部分按离岗上月标准全额发放，效益工资按原岗位每月实际发放标准的50%计发，年终一次性奖励按离岗当年标准的50%计发的离岗休养待遇。科处级干部在离岗休养期间享受科处级待遇期满后，改按一般管理人员离岗休养标准执行。2018年，对科处级干部离岗休养办法进行修订，主要调整离岗休养待遇，分为处级按正处级、享受正处级、副处级、享受副处级职级，和科级按正科级、享受正科级、副科级、享受副科级职级，每月分别享受相应的固定工资待遇，不再享有效益工资和年终奖。

2. 管理岗位富余人员安置

对未达到离岗休养条件的科处级富余干部实行转岗分流。其中机关科级以上干部转岗分流的，按需优先安排于新上项目的管理岗位或车间办事员岗位；对其他富余科级以上干部，转岗分流到各二级单位生产操作岗位的，所在单位有条件的优先安排到常白班或两班倒岗位。转岗安置后享受原职级待遇三年，三年后按实际岗位享受待遇。2015年修订的《三钢领导干部管理工作规定》明确：改任非领导职务人员可享受原职级待遇一年；因机构调整改任非领导职务人员可享受原职级待遇两年。一般管理富余人员愿意转岗分流的，转岗后实行易岗易薪；不愿意转岗分流，自愿提出离岗休养，符合离岗休养条件的，退出工作岗位，实行离岗休养。

3. 被动退出

被动退出是指在任干部未达到约定业绩目标或出现过错时，按照明确的程序进行降级、退出干部队伍、辞退等。包括以下情况：

（1）绩效低于预期目标时退出岗位。通过年度、任期业绩考核，考核不合格者退出现任岗位。业绩考核不仅影响当期奖金，当业绩严重低于预期目标时可采取退出岗位等措施。

哥伦比亚大学的汉布瑞克和福克托玛提出了干部生命周期理论：干部的生命周期因其任职期间领导能力的变化规律可以划分为五个阶段，即受命上任、探索改革、形成风格、全面强化和僵化阻碍，其领导经验与经营业绩之间呈现一种倒U形关系，达到一定阶段以后，干部的经营业绩会呈现一个下降的趋势。因此，在聘期内，干部的职位不是固定不变的，若出现未达到年度绩效目标或考核不称职，企业可按事前约定采取调整职位、提前解聘或不再聘任等市场化的方式使干部优上劣下、优胜劣汰。这种情形下的退出，应由董事会或专门的绩效考核委员会根据聘任合同以及年度目标责任书对干部的年度绩效或者任期内绩效进行考核，由选聘考评委员会根据其绩效考核结果决定续聘、改聘或解聘。对经营不善、未能达到聘期绩效目标而又难以改进的干部，要坚决淘汰退出，防止对企业造成更大的损失。

绩效考核结果和干部真正退出之间应设计一个缓冲机制，比如通过岗位调整使干部能力得到更恰当的发挥或者提供相应的培训提升其能力等。因业绩不合格退出干部岗位的人员，原则上降级使用，可按照降级后的岗位进行新一轮的考核。

|**洞　察**|

内蒙古电网公司高层管理人员退出机制

内蒙古电网公司不断深入探索高层管理人员的绩效考核管理办法，构建了更适合企业发展的现职干部制度。该制度强调高层管理人员的整体素质以及岗位技能等，若管理人员不具备相关能力，将会由正职改为副职；对于领导能力欠缺的高层管理人员，将会免去原先职位，调至非领导岗位；对于不适合在企业内部任职的管理人员，进行一定的交流；对经验达不到要求、能力不够的高层管理人员，根据其实际能力重新分配岗位。

（2）价值观不符时退出岗位。企业文化要深入人心，可采取价值观考核的方式，而价值观考核的结果只有在应用于干部选拔、干部退出时方能发挥作用。

华为的文化之所以强大，与其价值观考核密切相关。华为的干部晋升要过几道关，价值观考核是最重要的一道关，价值观不过关，业务能力再强也得不到晋升的机会。核心价值观是华为干部选拔的基础，只有在核心价值观方面跟华为高度契合的人（同心人）才可以被选拔。

在阿里巴巴，价值观考核和业绩考核同等重要。业绩好但价值观不符合要求的人照样要退出。

干部的价值观评价不合格时一般会要求退出，也可给予一定期限整改，经考核合格后可再次申请干部岗位。

（3）问责强退。当出现重大安全质量事故、重大亏损项目、腐败或其他给企业造成重大经济损失、重大负面影响的事件时，企业对相关责任人实施问责，追究其主体责任、监督责任、领导责任。对情节较为严重的责任事故主体，采取经济处罚及行政处罚，强制退出。

|**洞　察**|

某集团干部红线八条

- 未经同意在外界兼职或担任顾问。
- 利用工作之便接受任何形式的回扣。
- 未经同意，参股或与他人合伙开办企业。
- 不遵守保密规定，有意或者无意泄露公司机密。
- 利用个人职权，贪污、受贿、公权私用，为自己或他人谋利。
- 以任何形式（网络、媒体等）散布对公司不利的言论。
- 不服从公司正当工作安排。
- 其他触犯国家法律法规和劳动合同约定的违规违法行为。

|**洞　察**|

河南交通投资集团问责强退制

河南交通投资集团内部推行问责强退制。问责对象在其部门内或者是企业经营环境中造成的故意或过失，最终导致其岗位职责无法落实，造成经济损失以及质量安全问题，企业的合法权益也因此受到影响，对经济社会发展造成极大不利的，最终通过责任追究将强制性退出。有下例行为的予以问责追究：行政不作为、违法违规、缺乏行政能力、违反效能规定、违反廉政规定。

集团规定，因相关工作决策不利于集团发展，工作作风有待改进，工作没有很好落实，导致后期工作难以开展的相关管理人员，如果是正职将根据制度降级，如果是副职将直接免职。

（4）期满轮换。成功的干部管理必须实现有序轮换。干部在一个地方工作多年，容易形成山头，且很难持续激发活力，同时也易造成技能单一、本位主义。

对干部任期的最长周期作出规定，如中层干部最多两个任期、高层干部最多三个任期，到期必须轮换，有利于干部积累工作经验，形成全局视野，成为复合型人才。

干部管理中，干部轮换很难做好。很多企业中，干部数量不多，技能比较单一，很难轮换，更重要的是，干部自己不愿意流动，加之有些人以功自居，谁也动不了，更不要说能上能下了。干部“动得了”，对于提升干部综合能力、激发组织活力的作用非常明显。

华为在全公司推行干部轮换制，除了部门内的小循环外，很多干部的岗位调整往往是跨系统的大循环，比如说研发部门的去市场部门，去供应链或采购部门，经过多个业务领域的历练后，干部的综合管理素质、对业务以及端到端流程的理解都会更深刻。无论是开发产品，还是了解客户需求、服务客户，抑或是生产制造各个环节，干部样样精通。较之于一般企业的楼梯式培养，华为的“之”字形培养路线培养出的是具有综合能力和系统思考力的干部，这些多面手用上十八般武艺，在市场竞争中怎会不打胜仗。

三、退出程序要公开公正

有条件的企业应成立干部退出工作委员会，选择合适的人担任委员会委员，负责企业干部退出机制的建立、完善以及工作部署、检查指导和事项审议，当然也可以由企业的董事会或董事会下设的专门机构来承担这一职责。企业的人力资源部门或办公室则应负责具体的操作性事务。

关于具体的退出流程，应针对前文提到的几种不同的退出形式进行不同的设计，包括申请提出、审核、复审、审批、办理工作交接和财务清算等各个操作环节以及各环节之间的衔接过渡等内容。

通常来讲，干部的退出流程如下：对于主动退出的干部，由其本人提出书面申请，其直接上级签署意见后交人力资源部审查。

对于其他情形退出的干部，退出流程如下：

- 直接上级按照管理权限，根据相应的制度标准提出退出人员名单，交人力资源部审查；
- 干部退出工作委员会研究审议干部退出事宜，对审议通过事项（可根据具体情况设计规则，比如有过半数以上或超过 2/3 的与会人员同意，视为通过），经委员会审批签字确认（特殊情况须报董事

长审批);

- 若审议未通过，则继续留任；
- 对于审核通过的，由相关部门协助办理离任审计、追究相应的责任；
- 人力资源部协助办理相关的离职或调任手续；
- 对于离职解聘的干部还应办理财务清算、社保转接、补贴等手续。

四、确保干部退出“软着陆”

干部退出机制的建立和实际操作是一个繁杂的过程，还需要有其他配套制度，比如营造有助于退出机制实施的干部能上能下、能进能退的企业文化氛围，建立规范完善的聘任制和任期制，建立科学有效的绩效考核和激励约束机制、责任追究机制、干部退出补偿机制、顾问制度，建立干部后备梯队等。只有这些科学的管理体系得以建立和有效运转，干部的退出管理机制才能真正建立起来并有效运转。

1. 营造能上能下的文化氛围

企业应当确立组织整体利益大于个人利益、个人服从组织安排的价值观。

华为的干部管理能够做到“三维流动”：

- 横向的流动，即岗位轮调；

- 纵向的流动，即能上能下；
- 内外的流动，即能进能出。

三维流动很大程度上归因于华为的人才观：“华为尊重人才，但绝不迁就人才”，在这一思想的指导下，每个人在华为都有充分发挥才能的机会，但居功自傲或者恃才傲物，公司也绝不会放纵和迁就。华为强调干部是公司资源，特别是中高级的干部，由公司总部统一管理，以保证干部能够跨领域、跨体系调配。

要营造能上能下、能再上能再下的组织氛围。一时的挫折与失败不可怕，可怕的是意志就此消沉，因此企业应当建立组织的自我批判能力，引导各级干部正确面对问题与责任，将退出当成正常的职业经历，退出后的干部在能力、业绩达到条件时仍可参与干部岗位选拔。

2. 妥善设计干部退出安排

在中国的政治历史上，对创业元老退出处理得最好的莫过于宋太祖赵匡胤，杯酒释兵权，劝做富家翁，以富贵换取元老们放弃对兵权的把持，兵不血刃地消除了家国发展的隐患，建立了文官治国的体制。这些被解除兵权的元老散居各地，对皇帝忠心耿耿，也成为皇帝监控和震慑地方行政长官的有效工具，成为体制外的一支重要统治力量。

建立一套行之有效的元老退出安置机制，用足够的经济利益让元老心甘情愿地退出高层管理岗位，以便让新的制度和机制畅行无阻。在消除元老负资产效应的同时，仍尽量保留和发挥其正资产效应，应该成为公司处理干部退出问题的基本指导原则。

干部退出的安排一般包括以下方面。

（1）职务转换。企业可聘请符合条件的退出干部担任一定职务，兼顾干部与企业共同价值。这类职务包括业务 / 技术专家、管理顾问、企业大学教授、内部创业家等，充分发挥退出干部的正向作用。职务转换中应当注意标准与条件，不能一味地将管理岗位无条件地转向专业 / 技术序列，否则会造成企业双通道之间的不平衡。

企业可聘请专业技术过硬、经验丰富、具有较高行业影响力的退出干部担任业务 / 技术专家，其行政管理关系归属企业各专业条线职能管理部门，例行开展专业积累、人才培养等工作。

设立企业大学，聘请符合条件的退出干部担任专业教授、文化讲师，负责开发内训课程体系及各级干部能力提升工作、文化宣讲与传承等人才培养工作。

企业可设立顾问委员会，如战略 / 技术 / 专业委员会，聘请符合条件的退出干部担任委员会顾问，以支撑决策、提升管理效率。委员会可在市场调研分析、行业影响力与品牌建设、技术研发与产品标准化建设、专业人才培养与指导、重点专项任务牵头与指导等方面发挥作用。

为鼓励内部创业，培育新业务增长点，企业可设立内部创业专项基金。现任干部及退出干部可提交内部创业申请，阐述商业计划，经审批通过后，由干部进行投资并协调相关资源进行创业。

|洞　察|

企业干部退出的多种机制

1. 某国企干部竞聘上岗制

某国企采取全体干部竞争上岗的方式，优化企业干部队伍，让不达标的干部自觉从岗位上下来。2009—2010 年通过竞岗上任的 30 人当中只有 9 人是通过调整留下来的，其他人都是新选拔上来的。

2. 某电力企业管理人员职业发展多通道制

某电力企业推行管理人员的职业发展多通道机制，让不适合担任领导职务的高层管理人员从事专业性工作，即从管理通道横向切换到非管理通道，使高层管理人员自然地退出，但保持其职级不变。一般由高层管理人员自行申请更换通道，由公司领导进行审核，最终确定其在新通道中的位置。企业内部加强首席专家队伍建设，对不适合继续担任领导职务但具有较高专业技术水平的高层管理人员，及时调整到专业技术岗位序列，担任首席专家等技术职务，使其较为体面地转到专业技术发展通道，继续发挥其专业能力和作用。

3. 华为公司内部创业制度

华为的内部创业制度让高层管理人员有创业的打算，也算是一种人才退出机制。

（2）物质保障——金色降落伞模式。物质激励主要针对企业高层干部，以股权激励为手段，通过采取“股权激励 + 现金补偿”等方式，让干部心甘情愿地离开现有管理岗位，为企业的核心员工腾出足够的发展空间。现金补偿部分可让干部在离开原有高管岗位后仍能过上体面的生活，股权激励部分则使干部的身份从高管转变为股东，干部未来的收入仍与公司的业绩紧密相关，从而让干部心系企业，充分发挥其正资产效应。

“股权激励＋现金补偿”的金色降落伞计划是一种长短结合的退出机制，比单纯的股权激励和单纯的现金补偿方式更有优势，在方案的设计上也较为灵活，其核心要素有两个，即高额激励和长期激励。唯有高额激励方能让高层干部心甘情愿退居二线，唯有长期激励方能让高层干部永远与企业同心同德。

但在实施金色降落伞计划时，很多企业没有兼顾这两个核心要素，习惯于采取一次性支付高额离职补偿金的方式让高层干部尽快离职，这样不但加大了企业的现金压力，也对离职后的高层干部失去了制约，导致高层干部开始二次创业或者加盟同行企业，成为企业的竞争对手。而有些企业不愿意对元老进行高额激励，导致高层干部心生埋怨，私下里也许会做出伤害企业的行为。

企业在设计金色降落伞计划时，要考虑如下因素：

一是现金补偿金额的计算。具体补偿金额一般由企业与高层干部双方协商确定，对于离职的高层干部，一般以法定离职补偿金为基数，乘以相应倍数（如 2 ～ 3 倍）。而对于离岗不离职的高层干部，则可以其月薪或年薪为基数进行计算，薪酬标准应当考虑在任干部的收入现状，退出干部一般发放固定薪酬，应当低于在任干部薪酬最低值的一定比例，避免出现“倒挂”现象。

二是现金补偿的发放。现金补偿的发放一般采取两种方式，即一次性支付方式和延期支付方式。一次性支付方式即在高层干部离职或者离岗后以现金形式一次性支付。延期支付则是在高层干部离职或离岗后 2 ～ 3 年内有条件分期发放。

延期支付有利于强化对高层干部的长期激励约束，所附加的条件一般包括竞业禁止限制条款、商业机密保护条款、离任审计及终身责任追究条款等内容，可以避免因离职高层干部成为竞争对手或泄露商业机密而给企业造成经济损失。

三是股权激励计划的制定。股权激励部分由于具有长期性和未来收益的不确定性，对高层干部的长期激励约束效果要好于现金补偿，让退出后的高层干部能够更加关注企业的经营，并愿意持续贡献自己的经验和知识等正资产。股权激励也能极大地降低公司的现金支出压力。

股权激励的形式多样，如股票期权、期股、限制性股票等，具体的激励计划（如数量、股票价格及授予和行权方式等）可以由企业与高层干部协商确定，也可纳入公司的整体股权激励计划统一考虑。

|洞　察|

企业金色降落伞机制实例

2016 年 6 月 29 日，宝安集团股份有限公司股东大会以 86.35% 的赞成率通过公司章程的修改，加入“当公司被并购接管，在公司董事、监事、总裁和其他高级管理人员任期未届满前如确需终止或解除职务，必须得到本人的认可，且公司须一次性支付相当于其年薪及福利待遇总和十倍以上的经济补偿，上述董事、监事、总裁和其他高级管理人员已与公司签订劳动合同的，在解除劳动合同时，公司还应按照《中华人民共和国劳动合同法》另外支付经济补偿金或赔偿金”。海印股份、兰州黄河、友好集团均规定：当公司被并购接管，在公司董事、监事、总裁和其他高级管理人员任期未届满前如确需终止或解除职务，必须得到本人的认可，且公司须一次性支付相当于其年薪及福利待遇总和十倍以上的经济补偿。

（3）荣誉激励。企业可对符合条件的退出干部予以荣誉激励，表彰其对企业的贡献。2016年，阿里巴巴创业元老陆兆禧退休担任“荣誉合伙人”，不再行使合伙人的相关权利，但仍可以享受部分分红与奖励。马云曾高度评价陆兆禧对阿里巴巴的贡献：“他在公司发展的每一步都起到了至关重要的作用，他对于阿里巴巴的核心价值的奉献和承诺，为我们每个人都树立了榜样。”荣誉激励对于退出后的干部本人及公司在任干部、员工均起到了较好的激励作用。

3. 完善干部后备梯队

干部后备梯队决定了企业能否有条件退出不胜任干部。华为每年都会分层淘汰10%的干部，包括高层干部，这与其完备的人才梯队直接相关。很多岗位都有后备干部，才能让不称职的干部退出而不担心业务运转受到影响。图13－1显示了干部后备梯队的结构。

现任
继任1
Ready Now
·已经达到目标岗位所需的全部标准
·基于关键的职责进行赋能
·干中学，“Just-in-time”学习
继任2
One-Job Away
·离目标岗位标准还差1～2项关键能力
·在未来1～2年成熟
·着眼于未来工作所需的核心关键能力
继任3
Two-Job Away
·在未来3～5年成熟
·尽早识别未来所需的关键经验，
并尽早安排

图 13－1　干部后备梯队

第三篇

干部梯队建设

人材者，求之则愈出，置之则愈匮。一个组织能否基业长青很大程度上取决于是否有源源不断的优秀人才，正如管理学大师德鲁克所言，“没有接班人就没有成功”，杰出领导者的一项关键指标就是要有好的接班人。

中国改革开放 40 多年来，很多企业进入新老交替时期，事业能否顺利交接、平稳过渡成为摆在企业家面前的一道难题。接班人的培养并非一朝一夕，雀巢前 CEO 包必达曾表示从上任第一天起就开始考虑培养接班人。IBM 推出“长板凳计划”，将培养接班人作为一项公司制度常抓不懈。

2018 年教师节，54 岁的阿里巴巴董事局主席马云通过公开信宣布了他的退休计划，并公布了未来的接班人人选张勇。相对于大多数企业一把手恋权不放或后继无人，阿里巴巴的最高权力交棒显得有条不紊、胸有成竹。顺利交班绝非偶然，马云在公开信中说：“对于一家以活 102 年为目标的公司，任何人都不可能永远担任公司的 CEO 或董事长。10 年前我们就问自己这个问题，如何保证马云离开公司以后，阿里巴巴依然健康发展？我们相信只有建立一套制度，形成一套独特的文化，培养和锻炼出一大批人才的接班人体系，才能解开企业传承发展的难题。”

干部的职业生涯是有限的，组织要想获得可持续的发展就必须建立一个依靠制度出人才的机制——层层后备机制，即根据企业发展战略对用人需求及标准进行规划，结合干部现状明确差距，进而盘点并选拔关键岗位继任人，对其进行培养与动态管理，确保在组织需要的时候有人可用。通常这一机制有多种名称，如后备计划、继任计划、接班人计划、管培生等，本书根据培养目标与层级划分为三类：针对企业最高行政权力的接班人计划、针对中高层关键管理职位的后备干部计划、针对干部队伍源头建设的青年干部计划（见下图）。

	青年干部计划	后备干部计划	接班人计划
	员工	中高层干部	一把手
	青年干部	后备干部	接班人
导师人选	中基层干部	上一级干部	现任一把手
选拔对象	校招优秀员工	下一级干部为主，适当扩大范围	高管、事业部层干部
定位	蓄水池	人才培养加速	领军打造
培养目标	中基层干部及业务骨干	中高层干部	一把手接班人
责任机制	人力资源部组织 中层干部负责	人力资源部组织 上一级干部负责	董事会组织 现任一把手负责
层层后备机制			

组织中人员规模的基本结构为金字塔形，层层后备计划就是根据干部成长规律，从源头建设着手，通过打造干部蓄水池、推动干部加速成长、层层优中选优，确保组织各层各类岗位“手中有人，心中不慌”。

// 第十四章 //

接班人计划：基业长青的砝码

一、接班人计划六步法

接班人是层层后备机制中的“关键少数”，是准企业家，他们以组织价值观、战略视野和卓越的领导力推动企业发展。接班人计划需要企业负责人与决策层予以重点关注与针对性设计。接班人计划既是系统设计，其成功实施需要建立在多层次、多代人传承的基础上，又具有极强的特殊性，与企业的长期业务战略紧密相关。

企业最高行政权力的接班计划一般包括家族式、行政式两大类型，家族式具有较强的特殊性，本书重点研究适应现代企业制度的行政式接班。

根据华夏基石多年接班人咨询经验，我们将行政式接班人计划的成功实施提炼为关键的六步：第一步，企业负责人与决策层高度重视并配置资源是最高权力顺利交棒的先决条件；第二步，选拔什么样的人必须取决于企业长期战略及商业驱动力，即必须将企业战略要求落实到选拔标准上以确保企业经营的持续性及稳定性；第三步，选拔过程必须坚持法治，摒弃人治，以集体决策代替个人一言堂，防止个人专权下选拔结果的偏离；第四步，必须多轮次、长周期、全方位考察筛选候选人，最高领导的接班人很大程度上影响企业未来走向，试错成本极高，其选拔必须慎之又慎；第五步，层层后备是基础，只有打造接班人备选池才能确保选人成功率；第六步，接班人某种程度上是赛马赛出来的，培养只是辅助手段，因此必须坚持以赛代培的理念，选拔那些业绩、能力、价值观均最优的候选人。

第一步：接班人计划是企业负责人与决策层的直接责任

被誉为“全球第一 CEO”的杰克·韦尔奇离任时曾谦卑地表示：“未来 20 年通用电气的发展才能定义我的成功。”事业成功传承是企业家的使命与责任，韦尔奇为物色接班人耗费了大量的时间与精力。许多管理者将人才培养工作完全交由人力资源部负责，这是责任感缺失的表现，人力资源部是政策和制度的执行者与落实者，企业未来发展战略只有企业家最为清晰，只有现任领导人亲力亲为方能保障接班人工作顺利开展。

根据现代企业治理结构，董事会负责聘任公司总经理及核心高管，总经理/总裁负责日常经营管理工作并提名公司副总经理等高管人员。在接班人计划中，总经理承担选拔标准拟定、候选人推荐与考察、候选人跟踪培养与任用等准备工作，由董事会集体决策最终人选。

为确保接班人计划顺利实施，企业现任领导人可选择部分高管组成接班人评估小组，对候选人的一系列培养工作进行跟踪管理。杰克·韦尔奇在接班人计划实施之初便和另外两位副总裁共同组成三人小组，全程参与候选人选拔工作。

|**洞　察**|

接班人计划实施过程中的阻碍与挑战

● 不重视型：没有考虑设立接班人计划。

● 恋权不放型：往往一边表态支持继任计划，执行接班程序，一边消极抵制领导权过渡。

● 自我中心型：往往选择能力不如自己但忠诚的接班人。

● 控制型：事无巨细地插手具体事务，难以放手让继任者干事。

● 求全责备型：总认为年轻人能力不够，不容许出差错，打击候选人信心。

第二步：必须将企业长期战略要求落到选人标准上

为确保企业战略的延续性与传承性，必须制定明确的选人标准。中国共产党提出的“德才兼备”“把好政治、年龄和文化三关”可谓概述了接班人选拔标准。通常应在价值观、品德、绩效、能力等方面确立标准选拔继任干部。最高领导者的接班人对于组织的影响重大，因此在通常的标准之上更加强调以下三方面的匹配。

第一，价值观方面，必须坚信组织的使命愿景和价值观，勇于担当和全情投入。接班人必须是公司理想和信仰的捍卫者，通过自己的激情活力与身体力行，为组织树立精神榜样，确保组织沿着正确的道路，朝着正确的方向和目标行进。

第二，领导力方面，必须具备卓越的商业才华、坚定沉着的领导力和健康持续增长的业绩表现。接班人作为未来的领导人必须嗅觉敏锐、临危不乱，能驾驭全局、掌控现实，以业绩增长为前提，确保组织的良性运行。

第三，概念能力方面，必须具备超强的逻辑思考能力，洞察未来，创新商业模式和业态，精准决策，带领组织实现创新和转型发展。

中国人民大学教授、华夏基石管理咨询公司董事长彭剑锋教授提出新时代领导力三要素：使命、责任、能力。使命源于责任，使命驱动责任、担当与能力发展，使命与责任是能力价值创造的前提，能力是使命与责任担当的基石。

第三步：法治代替人治，集体决策选拔候选人

董事会最终确定接班人的标准与选拔流程，候选人的评估应集体决策，防止组织中官僚文化与个人特权的干扰。集体决策可在董事会及高管范围内组建选人用人委员会，同时下设多个支撑机构进行分工配合。

选人用人委员会一般应包括董事会关键成员，如董事长及独立董事等，同时应加大经营负责人即CEO的选拔权重，兼顾高管层中业务 / 技术专家的评价意见。为确保集体决策程序，可设置提名、集体评议、一票否决等环节。选人用人委员会在每次评估时，必须

有 2/3 以上成员到会，保证与会成员有充足时间听取情况介绍、发表意见。与会成员对选拔事项应发表同意、不同意或弃权等明确意见。在充分讨论的基础上采取口头表决、举手表决或无记名投票等方式进行表决，应到会成员超过半数同意后形成任用决定。

支撑机构包括参与接班人计划的职能部门，如企业大学一般负责候选人的测评、培养方案制定、培训组织实施、培养过程中的考察和评价及档案管理等，人力资源部门或干部管理部门一般负责候选人选拔标准的制定、选拔程序等政策文件的制定、选拔工作的组织及安排等。

第四步：多轮次、多备选、长周期、全方位考察候选人

为确保最终选出合适的接班人，候选人的筛选与评估应该多轮次、长周期进行，每轮次根据所要考察的能力素质及候选人的能力现状量身定制考察安排。接班人的选拔时间不设限，直至选出合适人选在合适时机实现权力过渡，在此过程中应对候选人业绩、能力、价值观等进行全面考察。通用电气的接班人选拔工作的周期为 15 ～ 20 年，阿里巴巴同样长达 10 年之久。正所谓“邦之兴，由得人也；邦之亡，由失人也。得其人，失其人，非一朝一夕之故，其所由来者渐矣”。接班人计划要能成功，必须以长远的视角付出艰苦卓绝的努力。

为确保候选人群体的斗志和活力，以及某人淘汰后仍有多人可供观察，应扩大选拔范围，确定多名备选人，当然人选越多成本越高，因此应坚持精干高效、宁缺毋滥的原则。通用电气通常在第一

轮会拟选 100 名候选人，并根据现任职位及年龄、素质等分为三类：必然人选、热门人选、潜力人选，经过跟踪观察，在第六年的时候加大考核与选拔力度，将人选范围缩小为 24 人，再经过多轮次考察，最终筛选出 3 人由董事会确定。

企业可根据事业周期设置每轮次时间，既避免时间过短难以评价结果，又避免时间过长导致惰怠。一般建议每轮次时间与任期时间相同，可设三年为一轮次。董事会将接班人的动态评估纳入年度例行性会议事项进行讨论，以持续跟踪候选人发展状况，及时淘汰相形见绌的候选人。为保障董事会评估的效度，人力资源部应建立候选人详细档案，记录业绩、关键事项等重点内容，同时采取候选人年度述职、评价中心技术等评价方式。企业负责人应在日常工作中考察候选人，观察关键行为以判断其价值观。

特殊情况下董事会甚至可采取"压力考察"的方式，为每一位候选人制定培养和发展计划，不断变换工作岗位，让候选人在不同的行业、区域和环境条件下接受各种新的考验。

第五步：打造接班人备选池，提高选人成功率

1. 扩大选拔范围，规划年龄结构

通常接班人会从高管中选择，但为了选拔出年富力强的后起之秀，也可将选拔范围扩大到事业部负责人层次、中层中高潜力人才。对候选人群体应进行年龄结构的设计，确保在紧急情况下有相对成熟的人选可直接上任，无特殊情况时则按计划执行。通用电气公司

24人的名单中最年轻的只有36岁，年纪最大的58岁。后者是紧急情况下的候选人，理想情况下应优先选拔年轻干部，以确保上任后的连续任职时间。

2. 系统规划，推动优秀人才涌现

接班人计划并非孤立的单点设计，而是层层后备机制中的一部分。阿里巴巴接班人的顺利交棒不仅在于马云的高度重视、亲力亲为，更重要的是建立了“人才济济、良将如潮”的人才梯队，一套易于找到接班人的管理模式，包括合伙人制度、政委制、班委制等。2004年华为引入轮值CEO制度，高层领导轮流执政，每人半年，基于实际结果寻找最合适的接班人选。

建党之初，中国共产党就逐步在实践中摸索出预备干部管理机制，这一机制就是按层级配套“整套架子”预备干部，在每一层级增设副职作为后备跟班锻炼，选拔区、村两级干部到县级担任副职，县级干部到地级担任副职，依此类推，直至中央一级。这一做法不仅促进了干部的纵向交流与熟悉了解，有助于开阔视野、提升全局意识，同时开创了锻炼干部的重要方法。

配套接班人计划的实施，应同步推动中高层干部后备、青年干部储备池的建设，保障层层优中选优，江山代有才人出。

|洞　察|

阿里巴巴的合伙人机制

2009年阿里巴巴建立了合伙人制度，如今已经拥有多元、年轻的管理和人才梯队。阿里资深总监以上的核心管理人员中，80后占到14%。管理干部和技术骨干中，80后已经占到80%，90后管理者已超过1 400人，占管理者总数的5%。在36位合伙人中，女性占1/3。

第六步：以赛代培，接班人是“赛马赛出来的”

唯有实践方能检验干部，干部培养只是辅助手段。

赛马最主要的做法是进行职务锻炼，用接班人的要求去考量、培养、安排，以补足候选人阅历和能力。在锻炼的第一阶段可为候选人安排分（子）公司管理职位、基层一线管理职位或者和政府机构、合作伙伴接触频繁的职位，使候选人充分掌握业务实际情况。在第二阶段可安排到更具挑战性的岗位，如开拓空白市场、艰苦地区、海外地区等亟须取得突破的风险岗位上磨炼。中国共产党在培养省部级第三梯队干部的时候即有意将其安排到综合部门、经济发达地区加以锻炼，对缺乏基层经验的便安排到县级单位历练。为了充分考察、历练候选人，必要时还可设置一些障碍或条件，多给候选人上战场的机会，在战斗中打出来，在赛马中赛出来。

接班人最终的选择与评估要严格摒弃论资排辈、平衡照顾、少数人一言堂、感情亲疏等乱象，以结果论英雄方能使最终接班人无可争议。同时应注意，业务发展较好的时候很多问题会被掩盖，以结果论英雄要区分开“因人成事”与“因事成人”，以判断最终成果是候选人个人能力所致还是平台的作用更大。

对接班人的培养应具有极强的针对性，坚持“缺什么补什么”。为提高培养针对性，可定期对干部进行能力测评，与企业负责人的领导力要求进行对标，发现存在的不足，制定相应的能力开发计划。课程培训的主要目的是提升专业能力；行动学习 / 案例学习的目的是提升解决问题能力；导师制一般是配备更高层级干部为导师，帮助其提升大局掌控力及优化领导风格；使用最多的手段是轮岗 / 挂职，提供挑战性工作，丰富其工作经历。

其他注意事项

接班人计划应全程保密，目的是防止候选人对自己期望值过高，急着上位而产生自负心态，同时防止挫伤淘汰的候选人的积极性，令其滋生消极情绪甚至离职。接班人计划历时多年多轮，在此过程中候选人名单应严格保密，现任负责人及董事会只以业绩考核等名义进行暗中跟踪观察。

此外应采取措施确保顺利接班。保障措施主要包括两方面：一方面，企业应对最终候选人做“接班未成”的替代方案，即最终一轮热门接班人如未成功接班，可能被视为失败者，不仅士气低，还可能无法配合新任领导人工作。为此，在接班人计划实施的最后一年或半年，企业应当着手准备这些候选人的继任者，做好风险防范。韦尔奇交班给伊梅尔特后，另两位候选人随即退出企业。阿里巴巴张勇接班后，曾被“议储”的候选人陆兆禧也离开了。另一方面，为确保新任领导者正常开展工作，老一辈领导者应在一定的辅助期后尽可能彻底放手，马云在宣布即将退休后用了一年时间完成最高权力的顺利交接与过渡，此后便完全交权，这也确保了继任者张勇能够充分施展才华。

二、案例借鉴

（一）继任地图：通用电气的接班人计划

通用电气（GE）是享誉世界的百年企业之一，是世界上最大的提供技术和服务业务的跨国公司。成立至今，GE 取得了辉煌的成绩，这与公司重视人才培养有着密不可分的联系。在 GE，每一个重要岗位，从人力资源总监到地区总裁，从全球业务集团总裁到全球 CEO，都必须实施“接班人计划”。其中最经典的就是韦尔奇选拔下任接班人杰夫·伊梅尔特的故事。

韦尔奇在自传中这样描写选择接班人的工作：选择接班人工作不仅是我职业生涯中最重要的一件事，而且是我面临的最困难也是最痛苦的选择。韦尔奇从 1994 年 59 岁时开始着手考虑接班人的问题，他为这项工作制定了四个基本指导原则：一是继任者必须成为 GE 无可争议的领导人；二是选拔过程要彻底排除官僚主义的干扰；三是确保公司董事会全体成员对选拔工作的高度关注和切实参与；四是尽可能选择足够年轻的接班人。韦尔奇还和其他两位副总裁一起归纳出“理想 CEO”应具备的条件和要素，包括诚实、价值观、经验、愿景、领袖气质、锐利、名望、公平及勇气等核心素质。整个选拔过程历时六载，每年董事会对候选人进行两次评估，韦尔奇都会参与；同时韦尔奇牵头的三人小组还为每一位候选人设计了一个量身定制的个人发展计划。候选人从最初的 24 人逐渐减少到 8 人、3 人，最终才确定了杰夫·伊梅尔特。

杰夫·伊梅尔特将医疗系统业务带入了新时代，他构思了全球产品公司的概念，该概念成为通用电气每项业务的典范：从世界的每一个角落寻找人才、配件、资源等，最后在一个地方完成产品。杰夫·伊梅尔特通过多次跨国公司的并购，将各国资源有效整合。他的业绩也很突出，公司销售收入从 1996 年的 39 亿美元增长到 2000 年的 72 亿美元。

（二）阿里巴巴接班人计划

2018 年 9 月 10 日，马云发出题为“教师节快乐”的公开信宣布：一年后他将不再担任集团董事局主席，届时由现任集团 CEO 张勇接任。他会全面配合张勇，为过渡做好准备。2019 年 9 月 10 日，在阿里巴巴成立 20 周年年会上，张勇正式接替马云任阿里巴巴董事局主席兼 CEO。2019 年“双 11”期间，天猫的全天交易额再创新高，达到 2 684 亿元。这在一定程度上表明了接班人计划实施的成效。

阿里巴巴的接班人计划为公司打造了多元且年轻的管理和人才梯队，回顾阿里巴巴的发展历史，不难发现接班人计划早有迹象可循。

2009 年 9 月 10 日，阿里巴巴的“十八罗汉”一起辞去了创始人职位，建立了合伙人制度。2013 年 5 月 10 日，在淘宝 10 周年庆典的舞台上，马云正式将 CEO 一职交给了陆兆禧。自当日起陆兆禧成为阿里巴巴集团新任 CEO，马云专任董事局主席。随后阿里巴巴又相继推出了班委制、政委制、五新执行委员会等一系列创新制度，有效保障了如今“良将如潮”的人才梯队。

马云在公开信中评价张勇为合伙人制度下人才梯队中的“杰出商业领袖”。在张勇加入阿里的 11 年里，强烈影响了阿里的整体战略和走向。天猫是张勇内部创业的成果；天猫“双 11”这一现象级商业盛事是张勇 10 年前的创造；2014 年，张勇力主举全集团之力发展“ All in 无线”，使手机淘宝成为世界上最大的移动电商平台；张勇主导的新零售引领了 2017 年以来的全球商业模式升级；阿里许多重大的投资决策也是由张勇主导的，包括牵手苏宁、银泰，入股高鑫零售，设立盒马，收购饿了么，使线上线下融合的新零售成为新的趋势。

// 第十五章 //

后备干部计划：赛马不相马，层层出人才

一、后备干部计划六步法

后备计划对企业持续成功的重要性不言而喻，在美国，50% ～ 70% 的高层管理人员的更替来自组织内部，在通用电气，这一比例高达 85%。为打造一支年轻、有发展潜力的干部后备队伍，需要制定从员工到高管的后备计划。各级干部中表现优秀者均有机会进入上一级干部后备池。后备人才实行动态管理，通过优胜劣汰持续赛马，保证后备人才始终处于激活状态。干部选拔时应优先考虑后备人才，避免备而不用，流于形式。

区别于接班人计划针对“关键少数”，是基于人的管理，后备计划覆盖面更广，基本涵盖中高层关键职位，是基于职位的管理。后备机制的建立能够带来两大显著作用：一是能够打造人才辈出的机制，通过干部常态化规划、盘点、选拔、培养、使用机制，持续满足企业业务发展需要；二是能够充分激活干部，增强队伍活力。对于现任干部而言，有后备意味着自己不再是无可替代的，“有为才能

有位”；对于员工而言，表现优秀即可获得加速发展的机会。

华夏基石将后备计划的实施提炼为六大步骤，在此过程中企业高层应一以贯之给予重视及资源支持。第一步，根据企业战略明确干部胜任力模型，制定干部队伍规划，即通过分解业务目标确定后备干部的数量、结构及能力；第二步，组织资源是有限的，必须向影响组织成功的关键岗位倾斜，按一定原则筛选确认需要建立干部后备池的关键职位；第三步，结合企业通用干部胜任力模型及职位要求制定后备干部选拔标准，加大对实现组织承诺的考察；第四步，与组织管控相适应，制定分层后备选拔程序，确保优秀人才能够源源不断涌现；第五步，基于后备干部评估结果制定培养计划，坚持训战结合锤炼干部；第六步，动态更新后备池，优胜劣汰，确保后备干部始终是精兵强将。图 15－1 展示了后备干部计划六步法。

第一步：根据企业战略明确干部胜任力模型

从企业战略以及相应的组织和人力资源策略出发，明确实现组织目标所需的核心能力，将其落实为干部胜任力模型，也称领导力模型。领导力模型的构建既要承接组织核心能力，又要符合能力素质的一般规律。麦克利兰认为传统的性向测验和知识测验并不能预测候选人在未来工作中的表现，人的工作绩效由一些更根本、更潜在的因素决定，即冰山下的部分，这些因素能够更好地预测人在特定职位上的工作绩效。一般包括 12 项关键资质：（1）沟通能力；（2）分析判断能力；（3）计划组织能力；（4）管理控制能力；（5）应变能力；（6）执行力；（7）创新能力；（8）领导能力；（9）决断力；（10）人际关系能力；（11）团队合作能力；（12）承受压力的能力。

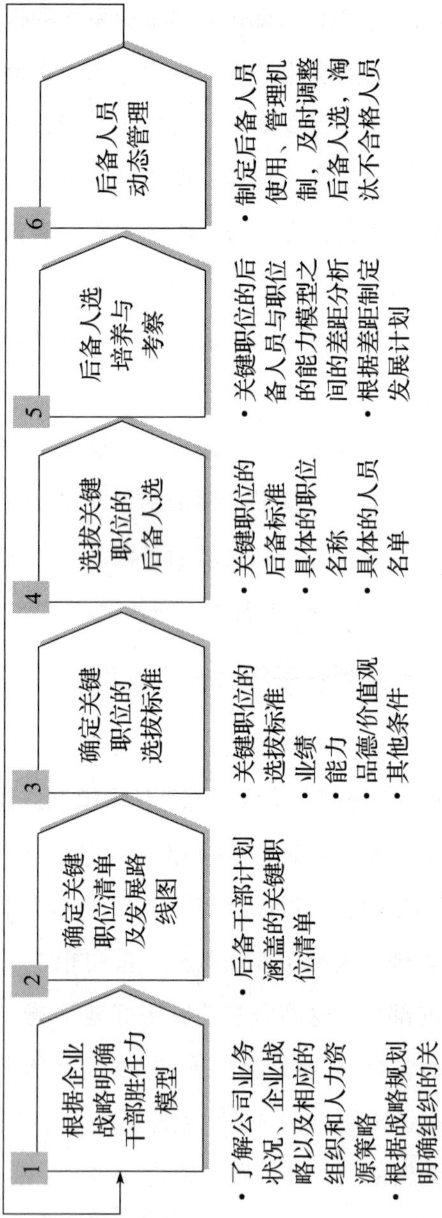

图 15－1　后备干部计划六步法

表 15－1 为干部胜任力模型示例。

表 15－1　干部胜任力模型示例

分类	要素	A 级	B 级	C 级	D 级
高境界	业绩导向	业绩导向			
	学习成长	学习成长			
	阳光诚信	阳光诚信			
强合力	协同共赢	推动战略合作	建立工作伙伴关系	建立工作伙伴关系	…
	组织发展	建立组织人才优势	团队建设	团队建设	…
	资源整合	调动资源	计划组织	计划组织	…
重市场	系统思考	制定战略	运营决策	运营决策	…
	变革创新	引领变革	推动变革	推动变革	…
	客户导向	客户导向	客户导向	客户导向	…

干部胜任力模型体现全体干部的通用能力要求，应作为后备干部选拔培养的能力标准。应注意的是，在应用胜任力标准进行选拔时应对其进行分级定义，即同样的能力在不同层级的职位上有不同的要求。中粮集团为适应全产业链战略要求，制定了“高境界、重市场、强合力”的领导力素质模型，并对能力标准进行了分级以分层选拔干部，如组织发展能力在最高层级的职位上要求“建立组织人才优势”，在中低层级的职位上降低为“团队建设”。

第二步：确定关键职位清单及发展路线图

1. 干部分层

我国党政机关主要按行政层级进行后备队伍建设，企业也可进行分层，如将后备干部分为高层后备和中层后备，其中按成熟程度可分为近期可提拔使用的后备干部和中长期培养的后备干部。

分层的依据是干部角色划分，主要目的是适应企业管控模式以划分后备干部的管理权责。北京市某大型国企后备干部分为四层，并分级授权以完善治理结构，如图 15－2 所示。

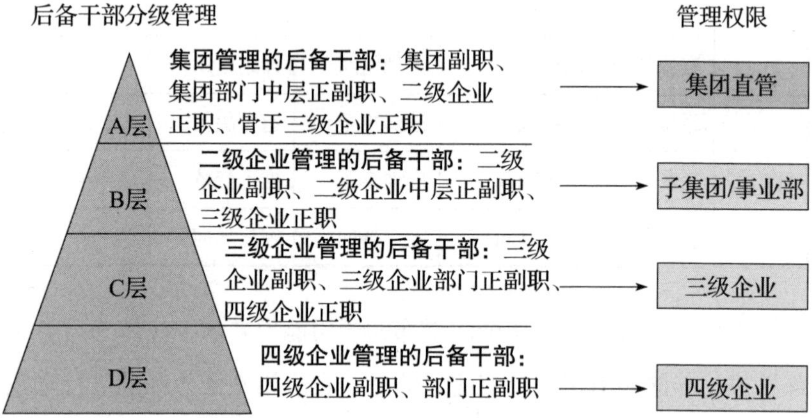

图 15－2 后备干部分层管理权限

2. 明确关键职位清单

组织资源是有限的，后备计划的制定应针对关键职位，将有限的资源用到影响战略实现的关键人物身上。关键职位根据组织核心能力演绎而来，其筛选应符合以下原则。

- 原则 1：关键职位与组织的关键能力紧密相连，并对组织的未来发展起至关重要的作用。
- 原则 2：这些职位较适合从内部培养和选拔，而非外部招聘。
- 原则 3：这些职位在组织内部属于中高层级。
- 原则 4：根据公司业务发展、组织架构和目前的继任者变化情况确定是否制定新的继任计划或者补充继任者的岗位。

层层筛选后确定要设后备干部的职位清单。以某集团公司为例，通过两层筛选，最终确定了集团和事业部需要建立后备干部池的职位清单（见图 15－3）。

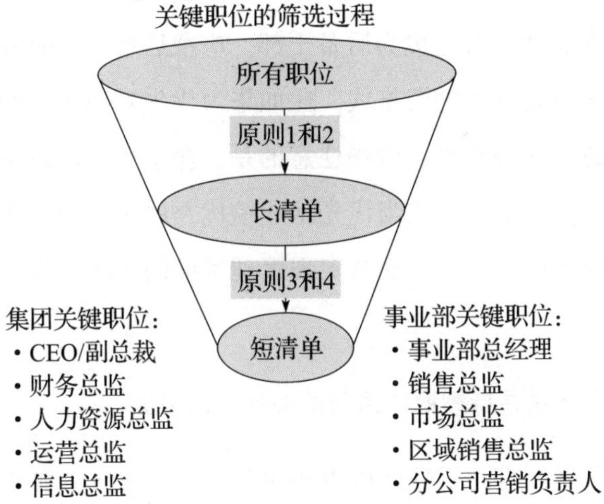

图 15－3　关键职位的筛选

第三步：确定关键职位的选拔标准

后备人才的主要培养目标为中高层干部，基于职位管理，选拔前应明确职位的任职资格标准以作为选拔依据。值得注意的是，胜任力模型是对企业全体干部通用的要求，侧重于能力素质等“软标准”，而任职资格标准是针对职位或职种的，侧重于知识技能、学历经验等“硬标准”。通常，选拔标准应当软硬结合，包括以业绩为代表的硬性条件，以能力素质为代表的软性条件，品德 / 价值观作为一票否决项，此外在同等条件下进一步考虑艰苦地区任职等优先条件。最终选拔时应用人才分类九宫格或四象限法识别核心人才。

1. 绩效是必要条件和分水岭

干部是磨炼出来的，不是培养出来的。选好人是第一步，只有业绩优秀者才能被选拔为后备干部。应视后备干部储备需求，根据绩效考核确定入选的资格线。比如华为优先对绩效与能力双优的30% 干部进行选拔培养。值得注意的是，业绩作为选拔条件，不仅仅指干部本人的业绩，应当优先从业绩优秀的团队中选拔后备。出成绩的团队出干部，不能连续实现管理目标的团队或部门不给后备名额。

2. 能力素质是持续取得绩效的关键成功要素

正如前文所言，干部选拔中往往存在一个误区，那就是单纯以业绩为标准。然而，业绩代表过去，能力素质才能预测未来创造业绩的潜力；如果单纯看业绩而忽视能力，选出的可能是业务能手而非合格的管理者。

为了将业务需求与用人标准相结合，企业应根据发展战略及文化价值观建立干部胜任力模型，并对其进行分级以选出真正符合企业实际需要的后备干部。能力素质标准的来源包括通用干部胜任力及目标职位胜任力两方面。

3. 价值观是干部的资格底线

品德与作风是干部选拔的底线要求，只有将价值观要求纳入干部选拔标准，方能保证价值观的贯彻执行，用什么样的干部就会在组织中确立什么样的标杆和努力方向。没有价值观的守护，企业无法走得更远。

通常通过关键事件来考察价值观。2019 年阿里巴巴公布了新的价值观“新六脉神剑”，并设计了考核办法以考察全员价值观履行情况。华为采用劳动态度自检表促使员工自行检查反思价值观遵循情况，并将上级评价作为最终结果应用于晋升发展，在选拔后备干部时，品德作为一票否决因素。

4. 学历经验及其他条件

学历通常作为门槛条件，为防止唯学历论，建议放宽学历要求。任职经验是对能力的验证，通常包括行业任职经验、项目经验、管理经验等。如华为在选拔三级管理者时提出的经验标准包括：具有 3 年以上该专业 / 技术工作基层工作经验，本部门副职工作半年以上，至少管理过同一类专业或技术人员。

还可将公司倡导的关键行为及特殊贡献纳入考量，在上述标准相同的情况下作为加分项或优先条件，包括：在关键时刻或者急难险重任务中表现突出、作出重大贡献；在条件艰苦、环境复杂、基础差的地区或者单位工作实绩突出；在空白市场/领域取得有效突破；等等。

5. 利用九宫格法识别后备人选

综合考虑上述四类标准，首先根据硬性条件对干部进行第一轮筛选，再根据业绩与能力对考察对象进行分类，最后选择业绩与能力双优的高潜干部进入后备名单。

图 15－4 显示了后备人选的识别情况。

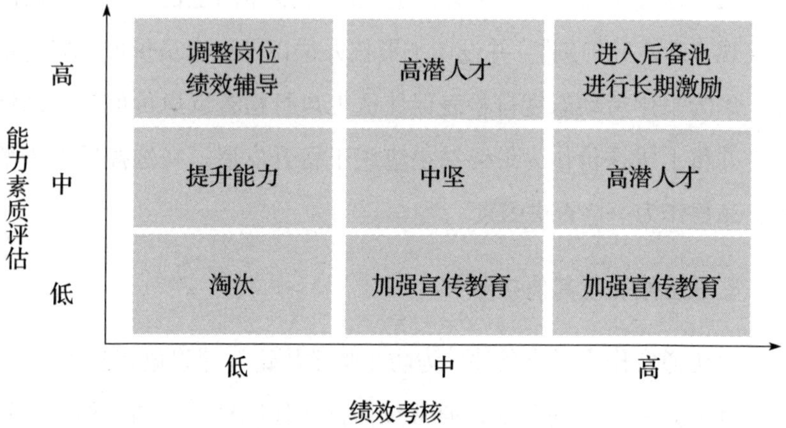

图 15－4　后备人选的识别

第四步：选拔关键职位的后备人选

明确后备干部标准后，企业应根据选拔目的及职位选取恰当的选拔方式，制定公正科学的选拔程序，根据业务用人需求明确选拔周期。

1. 选拔原则

（1）注重发展潜力，重视培养提高。企业可通过评价中心技术测试候选人发展潜力，结合年龄因素，选拔未来有较高发展潜力及培养价值的人选，避免组织资源的错配。

（2）坚持备用结合，实行动态管理。原则上，上一级干部应从职位后备池中择优选择。不承诺进入后备池即可保证上位成功，后备坚持动态管理，在管理过程中通过全方位的评价进行末位淘汰，及时淘汰不合格干部。由于淘汰而产生的后备名额一般不进行个别选拔。

（3）服从组织大局，统一调配使用。后备干部培养主要依靠干中学、训战结合的方式，为此可根据组织用人需要将后备干部轮岗/挂职至关键岗位，岗位历练的结果作为选拔的重要依据。不服从动态轮换与调配者退出后备池。

2. 选拔组织

参与选拔过程的机构及主体包括人力资源部（干部部）、各业务体系管理团队（分（子）公司/事业部领导班子）、公司各级管理者等。人力资源部负责干部选拔的组织，对各业务体系的选拔工作提供培训支持。各业务体系管理团队对本体系干部后备的选拔工作集体负责，各业务体系管理团队一把手是本体系干部后备选拔组织工作的第一责任人，对本体系选拔组织工作过程和选拔结果负责。公司各级管理者本着对公司负责的态度，积极参与公司干部后备队伍的选拔推荐工作。

3. 选拔方式

后备干部的选拔方式主要为推荐制，按照组织管控模式进行层层授权，由最熟悉员工情况的用人者进行层层推荐。一般程序为：根据后备干部选拔标准，两名及以上较高一级干部共同推荐（每个推荐者应独立给出推荐评价意见），经业务体系人力资源部对推荐名单和推荐资料进行审查，报业务体系管理团队评议通过后，将后备名单交由公司人力资源部进行资格与程序审查，合格后入选相应层级后备池。

推荐材料应充分表明后备人选符合业绩、能力、价值观等选拔标准，具备特殊条件的可破格提拔。

第五步：后备人选培养与考察

区别于现任干部的履职培养，后备干部培养主要为向上培养，即将目标职位的胜任力作为标准与现状进行对标，发现差距进而制定针对性培养计划，选择恰当的培养方式。

后备干部培养中，人力资源部或企业大学对整体培养方案和培养过程负责，包括培养体系的规划、设计与组织实施，过程评价、过程记录和档案记录。业务部门负责在实践中培养与考察干部，包括后备干部的岗位锻炼与考察、周边（或跨部门）锻炼与考察、艰苦环境或挑战项目的锻炼与考察等。

后备干部培养应全过程记录与评价，以及时考察其能力提升情况，各阶段考察内容及考察主体如表 15－2 所示。

表 15－2　后备干部培养与考察评价表

考察与评价时间	考察与评价内容	考察与评价负责人
培训阶段	后备干部对相关知识和技能的掌握情况以及表现出来的领导潜质等	人力资源部/企业大学
本部门岗位锻炼阶段	绩效、任职能力、价值观等	各业务部门
跨部门锻炼阶段	岗位适应能力、合作性、价值观等	各业务部门
培养全过程	品德考察	人力资源部

第六步：后备人员动态管理

干部后备队伍是一个动态的资源池，培养过程中不断有人转出或退出资源池，新的后备人员可以不断补充进池，但各级干部后备队伍的总体规模根据岗位配置需求保持相对稳定。

1. 设置与任期相同的后备周期

后备并非无限期培养，一方面容易浪费组织资源，另一方面后备干部长期备而不用容易导致流失。为此，通常设置与干部任期相同的后备周期，为干部任期换届提供充足的优秀人才储备，同时后备周期到期后仍未提拔使用的后备干部退出后备池，重新推荐选拔。

2. 定期淘汰

后备干部出现以下情况之一，应当退出后备队伍：

（1）团队协作意识差，不承担部门责任，不履行人员培养责任；

（2）工作实绩不突出，发展潜力不大；

（3）培养过程中触及“高压线”；

（4）年度考核不称职、综合评价排名末尾5%；

（5）工作失职，造成较大损失或不良影响；

（6）违反公司规定受到党纪、政纪处分；

（7）由于健康原因，不能担负繁重工作任务；

（8）拒不服从组织工作安排或培养安排；

（9）由于其他原因不宜继续作为后备干部。

3. 优先任用

坚持新提拔干部一般从后备干部中产生、同等条件下优先使用后备干部的原则，大胆起用后备干部。在任用过程中摒弃求全责备观念，当后备干部展现出七成以上胜任度时即可任用。

二、案例借鉴

（一）中粮集团打造后备经理人计划

中粮集团有限公司成立于1949年，现已成为中国领先的农产品、食品领域多元化产品和服务供应商。2010年，在中粮集团担任董事长一职5年之后，宁高宁提出了“打造国际水准粮油食品企业”的战略构想。随着公司业务的快速发展，人才缺口问题凸显。同年3月，为全产业链战略储备人才的“中粮集团战略领导力(SLDP)培训班”正式启动，宁高宁将其命名为“晨光计划”，希望通过这个培训班为中粮文化注入新的元素，培养所在行业的领军人物。

1. 培养理念：定制化培养激发个体潜能

晨光计划围绕开发学员潜能的核心使命进行顶层设计，明确定制化培养激发个体潜能的培养理念，针对学员特点提供相应的培养机会，最终实现发挥个体最大潜能和培养行业领军人物的目标。

2. 学员选拔：过五关斩六将层层筛选

晨光计划学员的选拔过程极为严格，宁高宁亲自命题并担任评委。

第一关，经过基本条件审核、业绩和胜任力考察、领导推荐、集团人力资源部门审核等初选环节；

第二关，复选笔试环节（考察逻辑分析、系统思考等方面的能力）；

第三关，行为面试环节，由咨询公司专家和业务单元一把手、人力资源部负责人组成面试小组，根据潜力评价要素对候选人进行行为面试；

第四关，宁高宁和部分集团高管团队成员进行最终面试。

3. 课程设计：定制化开发贴合中粮实际

中粮集团要求所有的课程都要在“五步组合论”（选经理人、组建团队、做战略、市场竞争、价值创造与价值评估）的管理框架下从一把手的角度出发进行设计，并要求开发针对中粮实践的案例。

4. 培养环节：标准化课程与定制化模块

（1）标准化课程。深度定制化的培养方案共包括六个针对学员领导力测评整体短板的学习模块，分别是角色、组织、战略、运营、价值和总结，中间还穿插有两次团队学习。

（2）定制化模块。除了标准化的通用课程，针对每个学员的领导力测评结果，还设计了个性化的培养内容，比如导师制、挑战性工作及轮岗，以补齐学员的能力短板。

（二）IBM 的长板凳计划

IBM 的领导力建设渗透到公司每一个层面，具有长远战略眼光的人力资源建设使 IBM 在风云突变、竞争激烈的 IT 行业中占据了绝对优势。IBM 通过长板凳计划使企业领导人尤其是跨区域的领导人有备无患，从基层到高层，从西方到东方，优秀的接班人层出不穷。

长板凳计划是一个完整的管理系统，接班人的成长关系到管理者自己的位置和未来，所以管理者会尽力培养接班人。每个主管级以上员工在上任之初都有一个硬性目标，那就是制定自己职位的接任计划。在 IBM 的人力资源管理库中，每个重要管理岗位都会有两个以上的替补人员。

IBM 判断员工能否成为未来之星通常从两个重要的方面着手，一个是任务指标、客户满意度，另一个是员工是否具备领导者的素质。前一项可参考硬性量化的数据，后一项需要运用 360 度评价体系综合评价。

IBM 在大中华区从中高层管理接班人中挑选 100 名企业未来的潜在领袖。对这些人的选拔由 IBM 中国最高级别的领导层执行，坚持 360 度评价方式，即业绩和“上下左右”的评价。

IBM 共认定了 21 项优秀商业特质，作为包括高层领导人在内的所有领导层应具备的领导才能。这 21 项商业特质涵盖四个方面：必胜决心（包括行业洞察力、创新思维、坚持目标、挑战思维和横向思维），执行力（包括团队领导、直言不讳、团队精神、决断力、敢于承担风险和值得信任），组织持续力（包括组织能力、领导力、工作奉献度、跨组织影响力、推动成长与绩效、发展社团和培育能力），核心竞争力（包括对业务的热忱、建立客户伙伴关系的能力以及对 IBM 的前途充满热忱）。这 21 项优秀商业特质与 IBM 的三个价值理念“成就客户、创新为先和诚信负责”对接。

// 第十六章 //

青年干部计划：为有源头活水来

一、青年干部计划：人才源头建设

中国共产党早在 20 世纪 60 年代就提出大力培养和选拔优秀年轻干部，国家每年从应届高校毕业生中选调优秀学生去基层锻炼，条件成熟时择优逐级提拔到领导岗位上来。选调生是党中央加强年轻干部源头建设，建立来自基层一线的干部培养链的有效做法，作为战略决策延续至今。优秀人才储备同样能够保障企业用人无后顾之忧，近些年来很多企业借鉴西方企业培养未来领导者的做法，建立管理培训生制度，如京东管培生、苏宁 1200 工程、碧桂园超级“碧业生”等。

管培生是青年干部计划的典型方式，是企业针对年轻人的培养计划，即招聘大量有潜力的优秀应届毕业生，到企业各业务线或职能部门的基础岗位轮岗历练，结合导师制、集训、课程培训等培养手段，经过考核观察发现员工擅长的能力，选出部分优秀者在合适的时候加以提拔。管培生既是企业内部的快速发展通道，也保证了优秀人才源源不断地充实到管理岗位。

管培生进入公司就能得到更多的资源倾斜，拥有更多发展机会和更高的薪资，然而并非所有的管培生都能脱颖而出，在历时 1 ～ 3 年的轮岗培训中竞争异常激烈，数据显示平均只有不到 30% 的新人能够挑起大梁走上管理岗位，在联合利华这一比例只有 10% ～ 20%。这也体现了与后备干部计划、接班人计划相同的选拔逻辑：赛马相马相结合。培养未来领导者的苗子，既要选择高潜质的种子选手，又要在历练与拼杀中层层筛选，保证最后走上管理岗位的都是身经百战的精兵强将。

（一）选拔：重在素质与潜力

某种程度上讲，选好人是第一关，尤其是对即将倾注大量资源、组织战略级的人才项目。应届毕业生尚未展现出工作能力，因此对他们的选拔应当格外关注发展潜力及文化认同，我们将其提炼为“三高”。

- 高认同：主要对应届毕业生的价值观进行测量，需要对组织有较深的了解，高度认可组织事业及文化，与组织匹配性高。
- 高潜力：潜力代表未来发展空间，通常从智商、情商、领导力、性格方面进行测试。
- 高素质：具备思维、语言、沟通表达等方面的基本素质。

为便于校园招聘操作落地，应将以上标准落实为考察指标及方法，精心设计考察环节及考察形式。一方面多重考察确保效度，另一方面充分利用面试的组织展示雇主品牌。

|洞 察|

京东管培生招聘组织流程

京东管培生校招的流程为：笔试（行测文字题、行测数学题、逻辑推理题、京东集团常识性知识题、英语题，如为金融方向还会有10道英语专业知识题），电话面试（考核基础沟通能力），群面（形式为无领导小组讨论，考察思维分析能力、人际沟通能力、压力反应能力、人际影响力、团队意识等），半结构化面试（了解过往经历、个人性格及场景下的解决问题思路），PPA测验即托马斯性格测评，专业面，终面即VP面试（考核对行业了解程度、对公司的认可等）。

华夏基石在过往人才发展咨询案例中发现，保持与重点对口高校的长期合作关系、精心策划校招宣讲、组织内部高管及优先员工宣传展示，尤其是毕业于目标院校、在组织中有较大发展的员工现身说法，能够提高校招的质量。

（二）培养：定制职业发展路线

作为组织战略级的人才发展项目，在实施之前应对应届生入职后的职业发展路线做详细规划。应届生入职后的主要培养手段为轮岗，此时业务及岗位的选择、周期、轮岗期间的管理等问题均会影响培养的效果。华为采用“721”规律加强员工入职培训。“721”规律即 70% 的才干提升来自实践，20% 来自导师的协助，10% 来自讲堂的学习。华为通过打造系统的入职练习、岗前练习和在岗练习渠道，成功处理新人的融入问题。

企业应将核心主业中的关键岗位，尤其是能够接触到组织中产品与服务的主价值链环节安排到轮岗路径中，按照纵向与横向相结合的方式安排职业路线。纵向指的是新人应当从一线开始起步，在达到一定程度后接触到管理机关的政策及人际关系。横向指的是沿着价值链环节，经历研产销等关键业务机构中的关键岗位。京东管培生的轮岗岗位分为必选和可选，其中 5 个必选岗位与主营电商业务即采销、仓储、配送、售后、客服相关。

为清晰地展示新人入职后的发展路线，让新员工明确目标，可将其在培养期间的职业经历绘制成职业发展路线图。以华夏基石为某上市商业地产设计的管培生职业发展路线图为例（见图 16－1），其管培生为期两年，第一年为轮岗见习期，主要是半年的商业地产业务板块轮岗、半年的地产开发板块轮岗；第二年为归口部门内轮岗见习，即根据新员工专业背景将其分配到各职能、业务管理部门进行轮岗。两年的轮岗期间均配合导师制、课程培训、行动学习等多种培养手段，并开展动态考察，两年期满对新员工进行评价，根据评价结果定岗定级，这也是定薪的重要依据。在此过程中，满一年的时候、触发特殊事件的时候均对新员工进行动态淘汰，比如淘汰考评结果排名末 10% 及触犯组织商业行为底线的人员。

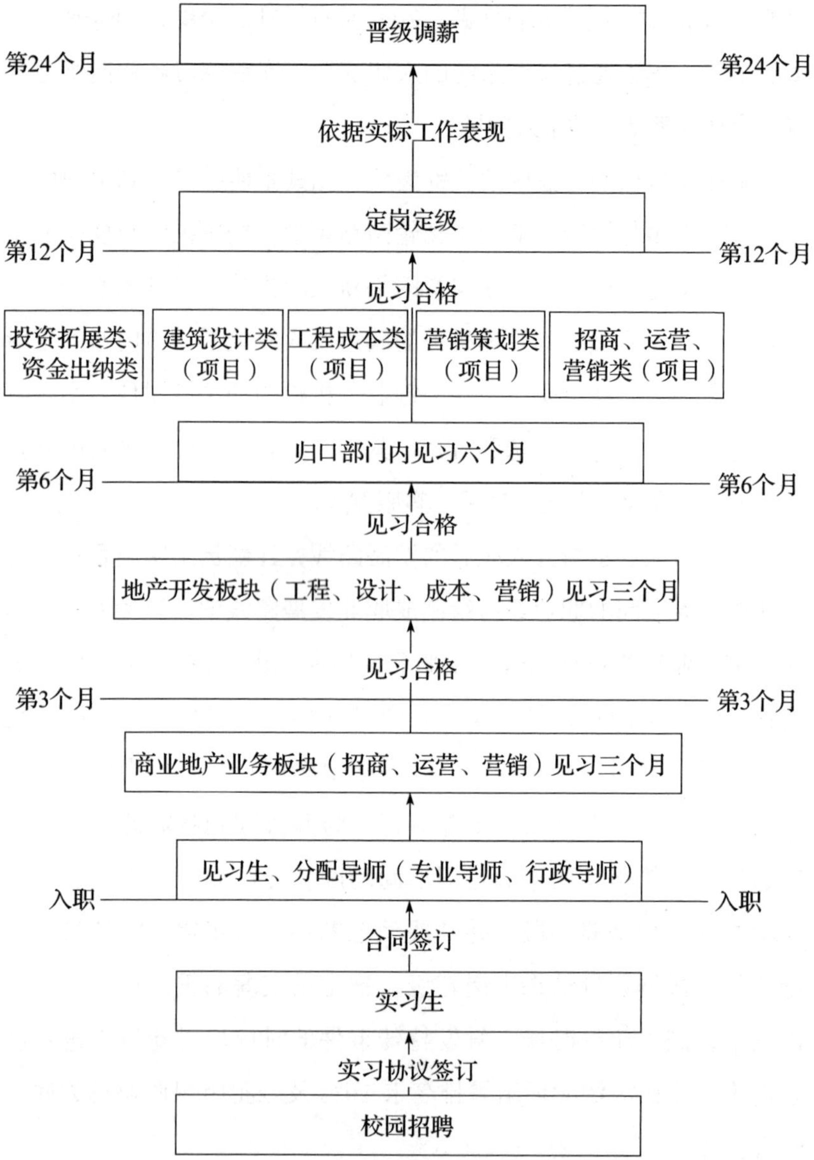

图 16-1　管培生两年期职业发展路线图

每个培养阶段以轮岗为主导，配合其他培养手段。每年或每半年人力资源部应与新员工导师一起为其量身定制培养计划，以激发活力、培养领导力。表 16－1 为新员工培养计划示例。

表 16－1　新员工培养计划

<table>
<tr><td>基本信息</td><td colspan="2">姓名</td><td>部门</td><td>岗位</td></tr>
<tr><td>个人现状</td><td colspan="2">职级</td><td colspan="2">盘点建议</td></tr>
<tr><td rowspan="9">培养计划</td><td>培养方式</td><td>责任主体</td><td colspan="2">培养安排</td></tr>
<tr><td>重大项目历练</td><td rowspan="2">所在单位</td><td colspan="2"></td></tr>
<tr><td>导师制</td><td colspan="2"></td></tr>
<tr><td>相关岗位历练</td><td>人力资源部</td><td colspan="2"></td></tr>
<tr><td>线下组织课程培训</td><td rowspan="3">培训中心</td><td colspan="2"></td></tr>
<tr><td>行动学习</td><td colspan="2"></td></tr>
<tr><td>拓展训练</td><td colspan="2"></td></tr>
<tr><td>外送交流</td><td>专业部门</td><td colspan="2"></td></tr>
</table>

（三）融入：价值观融合是前提条件

没有意愿，能力就是空谈。领导干部必须高度认可并践行组织价值观，纳入青年干部计划的新员工可塑性极强，必须在其最初进入组织的时候即进行价值观融合。

价值观融合最重要的是将企业文化所包含的组织使命、愿景进行场景化、案例化的讲解，尤其重要的是宣传企业价值观所倡导的关键行为。

|洞　察|

价值观融合宜早不宜迟

在京东管培生专属培养计划中，管培生项目组全程参与，帮助管培生融入公司、了解公司文化，持续关注管培生的成长与发展，并在相应的阶段配备专属导师，以激发和培养其全局视野、思维决策、变革应对等领导能力。

华夏幸福的“常青藤项目”是针对校招管培生的人才培养项目，为了使新员工快速融入及成长，公司设置了由直接上级、人力资源及常青藤对接人、业务部门及职能中心专业导师、华夏幸福大学学习导师及外部导师组成的“常青藤项目”融入支持系统。

（四）考察：机会均等，宽进严出

培养过程的持续跟踪与考察是实现赛马的重要手段，所有新员工面对同样的规则，谁能够脱颖而出，谁就能优先提拔。在为期1～3年的专项培养过程中难以考察新员工的业绩表现，因此主要采取综合考察的方式，将培养期间各项成绩按权重加总，根据总分及在当期新员工中的排名决定是否晋升及加薪等。

华夏基石为某上市商业地产公司设计的管培生计划按阶段进行考察。在两年的培养期内，根据公司业务发展需要、任职资格能力标准，通过导师制、知识培训、轮岗见习、岗位实践等方式培养管培生。培养期包括三个阶段：入职培养期、轮岗见习期、岗位实践期。共有四次考核：试用期考核、职业方向测评、定岗定级考核、晋级调薪考核。每次考核时所有相关人员均按其职责给管培生打分，包括但不限于导师、培训师、人力资源部主管人员、轮岗部门负责人等。每年进行排名并实施末位淘汰，两年后进行大排名，按照大排名结果晋升靠前一定比例的人员，淘汰末尾一定比例的人员。被淘汰的新员工进入普通发展序列，若完全不符合用人要求，可考虑退出企业。

考察时应注意的是，虽然青年干部计划为快速发展通道，但主要体现为对任职年限、任职经历等组织原有硬性晋升条件的突破，对新员工的能力素质考察应当与岗位任职资格、领导力胜任力模型进行对标，关注能力匹配性，避免揠苗助长。

（五）发展：倾斜资源，快速发展

新员工是组织人才储备的重要来源，企业应重点保护并在资源上予以倾斜，多方参与促进他们的成长成才。对于优秀新员工的资源倾斜主要体现在快速发展方面，职位、职级、待遇均比普通发展序列有较大的增长幅度。

为避免引起组织内部不平衡，新员工在定岗后不占部门薪酬、职级名额，薪酬可由人力资源部根据个人能力及表现确定，甚至可设置单独的薪酬标准及管理体系。同时，新员工晋升也可采取绿色通道方式，不挤占部门原有职级晋升名额。这一措施可保障用人部门领导愿意培养并推荐优秀员工。京东早期的管培生最大的优势之一是能够越级向副总裁汇报。领导的例会、重大项目的讨论，部门都会给予管培生机会前去旁听。同时，管培生每周都需要撰写周报发送给京东最高领导。优秀的管培生还能获得与京东最高领导共同参加活动的机会。灵活的轮岗历练计划、例外的晋升及待遇体系、参与公司重大会议的机会、高层干部重点关注等对优秀新员工都是鞭策与激励。

|洞　察|

众多企业重视管培生的培养

● 宝洁为每位入职的管培生配备导师，并在职位轮岗、个人能力提升上作出明确的规划。

● 腾讯的产品管培生有机会接触所有“明星产品”的业务，由大牛导师亲自指导。

● 交行总行对管培生实行分行轮岗 + 总行海外轮岗的两年轮岗机制，便于他们充分了解商业银行整体运作体系。

二、案例借鉴

（一）华为打造战略预备队，加强青年骨干培养

华为的战略预备队通俗一点说就是连接资源平台和作战平台的“特种部队”，其既懂装备又懂作战；而各代表处是“常规军”，平常作战常规军就够了，但当战略机会点到来时，为了保证不丢失任何战略机会，需要战略预备队的参与。简言之，就是把

一些级别较高、绩效很好的骨干员工抽出来，加入时长 6 个月的战略预备队，实现这些员工能力的转换以及战略目标建构能力的提升。

2013 年，华为第一批战略预备队正式建立。任正非对战略预备队的定位主要是应对未来重要作战场景中的能力和资源的储备。华为的战略预备队的构成为：解决方案重装旅、重大项目部、项目管理资源池。对预备人员的培训围绕公司的岗位需求展开。预备队的管理主要由岗位需求管理、富余人员调配管理、预备队培训管理、上岗试用管理四部分组成，并遵循以下四个管理原则。

1. 竞聘考核上岗原则

岗位需求不仅向原岗位人员或在部门内部开放，还会向预备队人员开放，各类人员不论职务高低，均有机会参与竞聘考核，胜出者优先安排上岗。

2. 动态管理原则

一旦有岗位需求产生，可安排预备队人员参与竞聘考核，考核合格后，从预备队中调出，转入上岗培训，而原来在岗位上未通过竞聘考核、符合战略预备队管理要求的人员也可转入预备队。

3. 任职能力与岗位要求匹配原则

对任职者的选拔应以应聘者的任职能力与岗位任职要求指匹配为原则。

4. 淘汰原则

培训期间累计两次考试不合格、培训期（最长半年）内未能竞聘上岗者、重新上岗后试用转正考核不合格者，相关部门可以淘汰。

（二）飞利浦的高潜力人才梯队建设“三步法”

由于存在高潜力人才对其所遇到的挑战认知不够、高潜力人才跨部门跨职能的轮岗学习管理不统一、高潜力人才职业发展的培训支持不够等问题，飞利浦公司制定了“三步走”的高潜力人才梯队建设计划，旨在快速培养高素质的符合公司发展需求的领导人才。

第一步：识别职业路线中的关键职业阶段

识别高潜力人才。高潜力人才一般具有四种特质：追求卓越，具有学习催化力，具有进取心，具有敏锐的感知力。

识别关键职业阶段。飞利浦将高潜力人才晋升为高管的职业路线中，职业发展分为三个关键阶段：第一个阶段是个人贡献者阶段，要求能够领导一个高绩效的团队，这大概需要花费 3 ～ 5 年，进入高潜力人才库；第二阶段是团队经理阶段，要求能够领导一个事业部，需要花费 3 ～ 5 年，进入顶级潜力人才库；第三阶段是事业部经理阶段，要求能够领导全球性的组织，这需要花费 4 ～ 6 年的时间，进入高管后备人才库。表 16 – 2 列出了三个关键职业阶段的详细内容。

表 16 - 2　职业路线中的关键职业阶段

	关键阶段 1 个人贡献者 团队经理	关键阶段 2 团队经理 事业部经理	关键阶段 3 事业部经理 全球高管
能力发展需求	跨职能部门经验 项目管理经验	跨事业部经验 终端客户经验	跨区域管理经验 组织变革管理机会
个人发展需求	领导自我：洞察自我的优缺点	领导他人：怎样有效管理他人	领导变革：怎样有效管理全球的跨职能变革
基于工作经验的发展	跨职能 / 部门轮岗 完整地管理一个项目团队	跨事业部轮岗 管理收益与损失	跨生产线 / 全球轮岗 管理国际化集团层面的项目
基于人际关系的发展	帮助建立与职能部门领导的社交网 360 度反馈 - 自我意识	帮助建立与事业部领导的社交网 360 度反馈 - 团队管理	帮助建立与集团管理者的社交网 训练变革管理能力
基于教育的发展	项目和团队管理的开发培训	商业战略、财务、团队管理知识培训	内部领导讲授的个性化领导力发展课程

第二步：提供不同阶段的发展性支持和干预

飞利浦的高潜力人才梯队计划的第二步是针对不同阶段职业发展的挑战，为高潜力人才提供发展性支持与干预，以促进高潜力人才的快速发展与进步。

第三步：建立评估与退出机制

不同阶段的人才评估标准。高潜力梯队人才建设的第三步，就是建立评估与退出机制，保证高潜力人才库的人才质量。在每一个高潜力人才发展阶段，都要建立不同的评判标准。表16-3列出了飞利浦公司三个阶段高潜力人才的评估标准。

表16-3 各层级人才库的选拔标准

高潜力人才库 选拔标准	顶级潜力人才库 选拔标准	高管后备人才库 选拔标准
1. 在3～5年内领导高绩效团队的潜力 2. 朝阳产业、项目和人才管理能力 3. 跨职能与区域轮岗的意愿 4. 成为商业领导的野心	1. 在3～5年内成为事业部领导的潜力 2. 管理复杂的跨职能汇报关系的潜力 3. 管理多个高价值客户关系的潜力 4. 在组织内长期发展自己事业的承诺	1. 在4～6年内成为高管人员的潜力 2. 管理国际化或者集团层面项目的潜力 3. 领导和管理全球化的、跨职能变革的能力 4. 对组织愿景与价值观的认同

不同阶段的退出比例。从高潜力人才库到顶级潜力人才库，退出率为75%，而从顶级潜力人才库到高管后备人才库，退出率达85%。每年每个阶段的人才都要重新评估，淘汰10%表现不佳的，加入10%的新鲜血液。

（三）京东管培生

1. 京鹰会

京东集团自2007年起创建管理培训生项目“京鹰会”（TET），作为公司战略级人才项目，旨在从内部培养高度契合京东价值观、真正熟悉京东业务、推动并实现战略落地的中高层管理者。为了帮助新加入京东的高潜质毕业生快速成长，公司为管培生提供专属培养计划，以“领导阶梯”为培养阶段，以“从实践中成长”为指导理念，培养计划中包含轮岗历练、项目竞赛、职务拓展、影子计划、高管助理、京鹰沙龙等多种方式。通过这些定制的培养计划，一方面促进个人角色的不断转换、加深多业务领域的理解，另一方面全面提升领导力，打造复合型管理人才。

2. 技术博士管培生

为了实现未来商业模式的颠覆，探索创新模式下的智能商业体，成为行业内以技术驱动为商业应用的解决方案专家，京东从 2016 年开始启动“技术博士管培生项目”(DMT)。

该项目旨在甄选国内外顶尖院校在技术领域的优秀博士毕业生，通过商业场景输入、专向领域轮岗、全球技术交流等一系列发展举措，加速培养技术革新领域中的攻坚者、转化者、引领者。

3. 京锐实习生计划

京锐实习夏令营（JD RUN）面向海内外顶尖学府的优秀本科生、硕士生、博士生及 MBA 在读生开放，提供在京东总部为期 8 周（每年 7—8 月）的暑期实习平台，让学员有机会体验京东的核心业务，了解京东的价值主张。实习期内会安排丰富的业余活动及分享，让学员在体验业务、了解工作之余，进一步将生活、兴趣与工作完美结合，在一个真实的商业情境下学习实践。另外，京东会为其中的优秀学员提供京东集团全职人才项目（TET/IMT）的绿色通道。

图书在版编目（CIP）数据

干部管理：八步法打造能打胜仗的干部队伍 / 张小峰，吴婷婷著 . -- 北京：中国人民大学出版社，2020. 10
ISBN 978-7-300-28490-3

Ⅰ . ①干…　Ⅱ . ①张…　②吴…　Ⅲ . ①企业领导学　Ⅳ . ① F272.91

中国版本图书馆 CIP 数据核字（2020）第 161342 号

干部管理
——八步法打造能打胜仗的干部队伍
张小峰　吴婷婷　著
Ganbu Guanli——Babufa Dazao neng Dashengzhang de Ganbu Duiwu

出版发行	中国人民大学出版社		
社　　址	北京中关村大街 31 号	**邮政编码**	100080
电　　话	010–62511242（总编室）		010–62511770（质管部）
	010–82501766（邮购部）		010–62514148（门市部）
	010–62515195（发行公司）		010–62515275（盗版举报）
网　　址	http://www.crup.com.cn		
经　　销	新华书店		
印　　刷	北京联兴盛业印刷股份有限公司		
规　　格	148mm × 210mm　32 开本	**版　　次**	2020 年 10 月第 1 版
印　　张	11.375 插页 2	**印　　次**	2025 年 9 月第 9 次印刷
字　　数	239 000	**定　　价**	65.00 元